広瀬善男・国際法選集 Ⅰ

国家・政府の承認と内戦 上

広瀬善男・国際法選集 I

国家・政府の承認と内戦 上

――承認法の史的展開――

信 山 社

緒 言 ――「構造的」テロ論 ――

二〇世紀は戦争の世期であった。二一世紀初頭の今日、東(南)アジアから中東、北アフリカに及ぶ広大な「不安定の弧」と呼ばれる地域で、テロやゲリラ戦を特徴とした新たな形態の武力紛争が続き終熄の気配がみえないのも、二〇世紀の特質がそのまま投影されているからだろう。どの研究者でもその研究には時代的制約を当然受けるから、現在の状況分析をふまえ、今後の世界秩序の展望と構想を試みる場合もそうした制約は免れ難いだろう。二〇〇五年、年初の今、まだ終っていないイラク戦争を振り返るとき、次にみる私の分析と観測が十年後、二十年後の識者の批判に堪えうるかどうかに自信はないが、自らの学問的手法にかけて問うてみたい。

一九八〇年代末に冷戦が終了し、当時の米大統領ブッシュ(父)が西側世界の勝利を背景に、米ソ協調による「新世界秩序《ニュー・ワールド・オーダー》」の到来を誇らしげに掲げ、国連秩序の原則によりルール・オブ・ローの確立を予見(言)したことは記憶に新しい。しかし間もなく始まった湾岸戦争からユーゴ・コソボの紛争、北アフリカ各地での内戦、ソ連分裂後のロシア周辺諸国の内部武力紛争等戦乱は止むことがなかった。ブッシュの右の「新世界秩序」到来の認識も、米ソ関係を中心とした冷戦終結効果の予測としてはたしかに誤っていなかった。しかし第二次大戦後、半世期に及ぶ「冷戦」の定着は東西の直接の「熱戦の回避」(第三次大戦の防止)にとどまり、――それは一面、キューバ危機(一九六二年)の回避に端的に示されたように、核による相互確証破壊戦略の効果ともいえよう。――世界の「消極的」平和を維持しえたにすぎなかった。言いかえれば、冷戦中、米ソはそれぞれの勢力圏内の民族相互の対立抗争の芽を摘みとることに全く無関心であっただけでなく、相互にそうした民族間の対立関係を利用しあって自己の勢力拡大に努めたことを忘れてはなるまい（多くの途上国に残った武器の拡散もその結果だし、冷戦後における密貿易やブラック・マーケットでの途上国政府による武器調達競争もその名残りであった）。

かって連合国は第二次大戦の終了を見込んで戦争末期に、国連による戦後平和秩序の構想に衆知を結集させたが、それにも拘わらず間もなく始まった「冷戦」はその終結の見通しのないまま進行し、冷戦後を見据えた「積極的」平和秩序の構想を何れの国の指導者も示すことなく、恒久的な人類の平和秩序確立の条件整備を全く怠ってきたという歴史的事実を見落とすわけにはいかないだろう。第二次大戦後、「冷戦」の特質（その崩壊の予見不可能性を含めて）がこれである。

こうしてブッシュ（父）の「新世界秩序」の予想は幻と化し、世界は民族（部族）紛争を軸とした混沌の時代に突入した。その直接の理由は何かと言えば、それは人民自決原則の集権的コントロールを司る国連中心主義体制の不確立であり、その主要責任は少なくとも冷戦後においては、冷戦に勝利した西側、わけても米国が負うべきであると言って過言ではないであろう。わけても二〇世紀最後の一〇年に胎頭した米国の一国軍事主義による覇権確立のイデオロギーが最大の問題（危険因子）であり、クリントン民主党下の米国体制に於てもそれはあてはまる。たとえば一九九九年のコソボ紛争におけるＮＡＴＯの一方的軍事行動は、地域機構による安保理権能の簒奪を意味し、二〇〇三年の米国による国連をバイパスしたイラクへの先制攻撃の先例を作ったと言ってよいだろう。拙著（21世紀日本の安全保障、明石書店、二〇〇〇年、第一章Ⅱ）や拙稿（「地域機構の人道的介入と国連の統制――「コソボの教訓」――」大内和臣、西海真樹編、国連の紛争予防・解決機能、中大・日本比較法研究所、二〇〇二年、所収）でも指摘したように、当時ユーゴの民族紛争から生じたジェノサイド（NATOの軍事介入前には実際にはなかったが）の危機は地域機構による武力行使手段で対応する前に、ミロセヴィッチ大統領体制下の当時のユーゴと強いきずなをもっていたロシアを、内戦回避のための最終的ネゴシエーターとして活用し解決する余地があったことを見落としてはならないだろう（もしそれが不調であったならばロシアも最終的に米国に同調し、安保理の全会一致の決議での対応が可能であったろう）。「武力行使はあらゆる非軍事手段が構じられた末の最後の手段である」と結論した国連改革ハイレベル諮問委員会答申（二〇〇四・一一・三〇、二〇一項）の勧告を、この際十分吟味する必要があろう。即ち紛争の解決をもたらす可能性のある手段を尽くし切ることが平和に責任のある安保理事会の義務であったはずである。右のハイレベル諮問委員会答申はこうも述べている。「自衛権を規定した国連憲章五一条は、文言からみて制限的解釈を要求しており、武力攻撃が急迫して（imminent）いない段階での予防的な（preventively、anticipatory）先制攻撃は許されない。かりに相手が核能力をもった敵性国やテロ集団であったとしてもそうであり、安保理事会への付託を第一とすべきである」（答申、一八八〜一九〇項）と。——但し注意すべきは、ジェノサイド等の重大な人道破壊の状況が存在した（その可能性が強い場合を含めて）場合には、当該国政府の住民保護責任が履行されえない限り、国連（安保理）が憲章第七章に基づき、軍事干渉の許可を含めた「国際的保護責任」をもつこと（答申、二〇一〜二〇三項）も明確にしている。——その意味では、NATOのコソボへの一方的軍事行動はその後のイラク戦争で顕在化した安保理権能の形骸化の先駆であり、国連無力化の先兵となったと言えよう。国際社会はこのことを警鐘として記憶すべきなのである。

こうして米国の一方的先制攻撃によって開始されたイラク戦争が右の国連改革ハイレベル諮問委員会が警

告した憲章違反の「予防的」先制攻撃に相当する行動であったことは識者の多くが肯定するところである。そしてその後の事態(イラク国内の政治的混乱と治安の悪化)が端的に示したように、費用対効果(cost and benefit)を全く顧慮しない大国の暴走から生じた、当事国(国民)のみならず国際社会全体が被った損害はとうてい見逃すことのできない問題なのである。そうとすればこうした負の遺産の発生を事前に防止するためにも、国連(安保理)は武力行使に際しては次の二つの条件を今後は十分考慮しなければならないだろう。一つは特定の事案について先行する累次の既存の安保理決議があっても、その効力は、武力行使の容認効果に関しては制約的であるべきで、最後の強制手段の実行については安保理の明示的な決議を改めて必要とすることを明確にすべきことである。たとえば一九九〇年の湾岸戦争時の武力行使容認決議六七八(九〇・一一・二九)は九一年の恒久停戦決議六八七(九一・四・三)の採択で効力を終了し(決議六七八の目的であったイラク軍のクウェートからの追い出しとクウェートの主権回復は実現)、後者の停戦決議に含まれていた大量破壊兵器の処理と廃棄に関する条項も、その後の国連査察委員会の活動に関する後続決議の法的根拠としては効力をもつが、かりにフセイン・イラクに右決議の違反があったとしても、その制裁としての直接の武力行使の根拠として(決議六七八と連結させて)援用することは許されていないとみるべきなのである。またその後、大量破壊兵器の廃棄に関する査察委員会の活動にイラクの不協力と妨害があったとして採択された決議一一五四(九八・三・二)には「履行されない場合は最も深刻な結果を招く」という警告が付せられていたし、イラク戦争が切迫した段階で採択された決議一四四一(〇一・一一・八)にも、「イラクは、その大量破壊兵器の廃棄と査察への協力義務の度び重なる違反の結果として『深刻な結果』(serious consequences)に直面するだろうことをくり返し警告してきた(has repeatedly warned)」というふうな警告文言が挿入されていたことも確かである。しかしこうした厳しい文言があっても、それはあくまでも警告にとどまりそれ自体が武力行使の容認を意味するものではなかった。つまり関係する累次の事前の決議だけで国連加盟各国に、今後はいつでも自己の判断だけで自動的に武力行使を可能とし許容するという効果までをもたせたとみることはできないのである。そうみるべきが国連の「集団安全保障」の体制（その一環として、安保理の機能不全の場合は「平和のための結集決議」の援用による国連総会の活用がありうる）なのである（詳細は、拙著、日本の安全保障と新世界秩序、信山社、一九九七年、一四六～一五〇頁。同、21世紀日本の安全保障、前掲書、七八～八三頁、参照）。

二つには、国連憲章上の「武力による威嚇の禁止」（二条四項）原則を誠実に履行し、軍事力に優る国がしばしばとりがちな相手国への武力による「脅迫」を明確に禁止する実行を憲章慣行として確立することである。米国がイラク戦争に先立ち、安保理の明確な同意なしにイラク周辺に大軍を派遣配置したことが、米国に引返しの不可能な状況を自ら作り出し（ルビコンを早々と渡り）、攻撃のための正当化事由を捏造（武力制裁目的としてのイラクにおける大量破壊兵器存在の虚証）してまでも自らを軍事行動に追い込まざるをえなくしたことである。その誘因は大量の軍隊の派遣によるフセイン・イラクへの「威嚇」行動にあったと言わざるをえない。一軍事大国による武力脅迫を押しとどめえなかった国連安保理にも責任があるとしなければならないであろう。かりにイラク戦争開始直前の仏、独等の主張（性急な攻撃への反対）を米国が聞き入れ、武力攻撃の開始を二、三ケ月遅らせ（その場合にはフセインは常任理事国のすべてを含む安保理事会の大勢が武力行使に傾いた以上、安保理の要求を全面的に受け入れる可能性はあったが）、安保理一致の決議で攻撃が開始されたならばどうであったか。国連自体にとっても自らの事実誤認に基づく重大な困難が待ち受けていたかもしれない。たしかに米英の一方的武力行使よりも安保理決議を通ずる方が、国際法上の due process of law の見地からみて説得力のある強制措置の展開にはなったであろうが（コソボ事件についても安保理決議を経た武力行使であったならば、ミロセヴィッチの抵抗はより早期に弱体化したと思われる）、本来、大量破壊兵器の破壊が目的の国連の武力制裁であったのだから（イラク内少数民族クルド族に対するジェノサイド問題は当時は存在しなかったし、いわんやイラクへの民主主義の強制導入という正当化事由の設定は、後知恵的言い訳けにすぎずその場合でも現行の国際法規範である内政不干渉原則には抵触する）、その前提がくずれた以上（因みにイラクが大量破壊兵器を持っているかどうかの挙証責任は、イラクが明確に不保持を証明しない以上、国連が負うのが原則である。アリバイくずしは検察がすべきものだからである）、国連が米国の尻馬に乗って早期に攻撃を仕掛けたならば、国連（安保理）の重大な判断ミスが明白となり、その威信低下という国連発足以来の悲劇が発生した可能性すらあったと言えよう。この点でも安保理の決議なしにイラクを威迫する（憲章二条四項違反の）米軍の大量の事前展開が、安保理そのものの思考停止（現状追随）を招いたとみざるをえない失敗が改めて問われることになったであろう。

　かてて加えて、イラク・フセイン政権と国際テロ組織アルカイダとの関連を示す明確な証拠がないまま、9・11（二〇〇一年）事件でイスラムに対する「十字軍」的反撃を明言したブッシュ大統領の軽はずみな使命観に興奮した米国民への政治的迎合から、「文明の衝突」をすらいとわないキリスト教教条派の跳梁を許し（中東アラブ諸国出身者への米国内での極端な規制措置をみよ）、反テロを名分にイラクへの対応方針の決定に際して客観的で冷静な判断を不可能にする社会的心理状況を作り出したことも軽視できない事実である。因みに当時の米国社会には、同性婚や中絶の禁止を憲法規範として明記すべきだとするプロテスタント福音派原理主義の影響が強まり、道徳と法との分離を中核観念として発展してきた（一八世紀以来のヨーロッパ啓蒙主義の影響による）国家の「近代化」路線に冷水を浴びせる傾向が強まっていたことも、イラク戦争発生の背景として見落としえない社会現象であったといえよう（それが二〇〇四年のブッシュ氏の大統領再選に貢献した）。こうした社会勢力が「ネオコン」（米国新保守主義）を支え一国軍事主義の母体となり、9・11事件の対応も本来ならば基本的には「人間の安全保障」の問題（自衛権で対応すべき「国家の安全保障」の問題ではなく）として、国連が中心となり国際社会全体が責任を負うべきものであったにも拘わらず（形式的には安保理の介入によったが）、米国の力に全面的に頼り、それが前記のイラク戦争における米国単独主義の横行を許す基盤を培ったと断言してもそう大きな誤りではないであろう（拙稿、「地域機構の人道的介入と国連の統制」、前掲論文、はじめに、参照）。

　こうしてみると、大量破壊兵器の処理をめぐる当時のフセイン・イラクへの的確な対応としては、かつて私見で主張したように（拙稿、「地域機構の人道的介入と国連の統制」、前掲、九九～一〇〇頁）、この問題に関する累次の安保理決議への非協力というフセイン政権の相次ぐ違反に対する制裁は、過去のクルド人に対する化学兵器使用への科罰を含めてフセイン政権首脳の国際刑事裁判所への訴追という新たな安保理決議の採択によってしばりをかけると共に、反面、既に政権に対する打撃という点では実効的でなくなっていた長期に亘る経済制裁（弱者たるイラク国民に対してだけ効果をもった）の大幅解除（武器関係を除く）を断行し、湾岸戦争後、疲弊し切った民衆の生活改善による自発的な反フセインの抵抗意思を育てることに重点を移すべきであったであろう。その場合には短期間でのフセイン政権の崩壊は望みえないであろうが、しかし長期的視点からの（フセインの死後をも視野に入れた）イラクの新生（もともとイラクは政教分離を実現させたイスラム世界ではトルコと共に珍しい世俗国家）を期待する方向に政策転換すべきであったと思われるのである（なお、その点で後述の「構造的」国際テロの認識を含めた中東問題全般の根本的解決の方向を検討することが必要となる)。

こうしてイラク戦争の開始（二〇〇三・三・二〇）に関する米英両国の jus ad bellum 上の違法責任は疑問の余地はないと言わなければならない（法的効力をもつわけではないが、アナン国連事務総長もそうした見方を公表した)。たしかに右の米英の単独軍事攻撃を政治的に正当化し法的にも是認の余地があるとする議論はある。しかしここでは詳論しないがこうした意見の説得力は乏しい。ただ大規模戦闘終了後の国連（安保理）決議が、占領軍の治安活動への各国の軍隊派遣による協力を求めたにも拘わらず、仏独ロ中の大国を含む国際社会の大多数が消極的であった事実を指摘するだけで、米英行動の非合理性への認識が国際社会の一般的意識であったことを明確に認識できるであろう。

だとすればその不法行為の結果をそのまま是認し不問に付するのみならず、その不法基盤の上に国連決議を積み重ねることは、正に"Ex injuria jus oritur"（不法から権利が生ずる）を地で行ったことを意味しよう。のみならず、このことは既に第一次大戦後の戦間期の時代においてとうに確立していた「不承認主義」(Ex injuria jus non oritur）という国際法原則にも反する非理となろう。違法行為国が大国の米英だというだけでこうした不条理がまかり通るのであれば、二一世紀を迎えた国際法秩序の正統性に重大な疑問が生じ法への信頼感を大きく減殺するであろう。

この点で、イラク戦争はかつて日本が陥った満州事変以後の日中戦争を想起させよう。いずれも「新世界秩序」の建設を呼号して実定秩序の武力による打破を試みた点で、である。即ちいずれも「自存自衛」を口実に、一方は国際社会による経済封鎖の実力突破をめざして自国の生命線を勝手に大陸隣国に拡張し、自国を盟主とする「(大東亜）共栄国」の計略構想をもち出して正当化を試み、結局、泥沼化に呻吟したこと、そして他方は、現実の危険がないにも拘わらず先制防衛のため大量破壊兵器の強制撤去が不可欠だとして遠い外国にまで侵攻し、後に事実誤認（同兵器の不存在）が明白となるや、「自由」な政治社会の全世界への拡張（新世界秩序の実現）が自己の使命だと臆面もなく論点（目的）転換を試み、他国の歴史的実情を無視して「同盟・有志連合」（米国を盟主とする若干国の利益共同体）による武力強制をはかり、結局、テロの拡大と武装勢力の強固な抵抗を作り出し、現地住民に多大の人命の損失と財産破壊をもたらすという悲惨な結果を招来したことである（侵攻国の兵員の損害や経済的損耗はここでは問わない）。「占領体制下の選挙を通じてイラクを自由国家に変えた」などという自賛は、イラクの惨状を前にして政治的に意味をなさない。「政治」とは最少のコストで最大の人民の幸福を探求する人間の営みを言うからである。いわんやjus ad bellum上の免責事由とは全くなりえないことを承知すべきだろう。更に満州事変（日中戦争）との対比で今少し論じてみよう。

一方は、先進資本主義国家に対する後進資本主義国家による新植民地主義的ファシズムの挑戦であったに対し、他方は、市場経済の拡張を武力で実現することで自国のグローバルな政治支配を確実にして、ポスト近代国家の基礎を固めようとする野望を秘めていた点でも通底するということである。更に言えば一方は、ゲルマン、大和民族の優位観に偏執した民族的集団主義の視野狭窄の暴虐行動であったに対し、他方は、超保守の宗教原理主義グループによる単細胞的な民主主義の乗取りという一種の歴史の徒花《アダバナ》であった点でも類似しよう。しかしもし両者に相違点があるとすれば、後者には抑制均衡を旨とする啓蒙主義派の根強い政治思想が、ヨーロッパ源流の近代国家観としてなお伝統的に存在し続けている（いた）ことであろう。

もとより国連内の力関係（パワー・ポリティクス）を考えれば、米英のイラク軍事占領の事実を「事実として」肯定し、その上でなお続く武力紛争状況の早期終結と治安の回復、そして市民生活の再建復興を戦後処理上の国連の責任として検討し実行してゆかなければならないこともまた否定できないだろう。そうでなければイラク国民の救済と混乱した国際社会の平和秩序を早期に回復することは残念ながら可能ではないからである。しかしながら、その場合でも右の米英の軍事行動自体の非理性（憲章違反の不法性）は消滅するわけではないから、そこに新たな処理問題が国連の重荷として発生している（した）ことも否定しえない事実である。こうしてここに一定の正当性をもつ（かりに米英側に民主化と人権確立のための現政権打倒という別の正当化事実があったとしても――しかし一国の「民主化」を目的とした外国の軍事干渉を合法とみる国際慣行はない。A. Tanca, Foreign Armed Intervention in Internal Conflict, 1993, P. 36, n. 75. ――、それを相殺する）民衆的抵抗の基盤が生まれ、軍事的対抗手段をもたない民衆が抵抗手段としてテロを選択する以外にない土壌が国際的にも拡大することになるのである。「構造的」国際テロと私が言う事態がこれである（かってのフリーダム・ファイタースの抵抗運動はこの先例）。そして更に始末に負えない問題は、テロに対して社会がもつ一般的反感を利用して、右の「構造的」国際テロをも同じその「テロ一般」のカテゴリーに押し込め、同類のものとして反論を許さない社会的雰囲気を作りあげたことである。「構造的」テロが民主国家であれ抑圧国であれ、いずこの国にも存在する単発の一般的政治テロとは異質の特徴をもっていたにも拘わらずである（一九七〇年の国連「友好関係宣言」は人民自決原則による民衆の抵抗権を規定する。一九七七年の「ジュネーブ人道法諸条約追加第一議定書一条四項も同旨）。「反テロ」の宣伝が、泣く子も黙る葵の御紋となり政府による大衆盲目化の工作手段と化したことは、簡単には容認できない問題である。

そうとすれば、国連はこうした事態を正確に認識し、言論界もどのようにこれにかかわるべきかを深刻に検討する責務がある（あった）はずである。即ちこうである。イラク戦争の基本的責任が米英両国に帰属することをまず認識した上で、原状回復（フセインの政権復帰）が不可能である以上（それはより複雑な世界的混乱と損失の発生を不可避にする）、国連はイラク戦後のイラクの秩序回復と復興の政治的経済的負担は基本的に起因者である米英に帰属すること（違法な環境汚染者に損害賠償を課するＰＰＰ原則（poluters' pay principle）と同様法理での責任帰属論）を前提に（米国のニカラグアにおける準軍事及び軍事活動の違法性を肯定し、損害賠償を命じた一九八六年の国際司法裁判所判決も参照のこと）、国連加盟各国の協力を要請すべきである（あった）のである。こうした米（英）による反省と陳謝が国連で素直に表明されれば、独仏等を始め国際社会の大多数の賛同と協力を得られた国連中心の治安維持力の配備と復興支援が可能となったであろう。換言すれば国際的テロによる「構造的」抵抗の図式が緩和され、戦後イラクの混乱と損害拡大にいくらかの歯止めをかけ、イラクの全民族と宗派による早期の正規政権の成立にこぎつけることができたはずである。

そうではなく現状のように、イラク内武装勢力の抵抗を「テロ犯罪」と同視する認識では単なる対症療法に終り、根絶をめざす根本治療（完全治癒）には結びつかないモグラ叩きに終わる可能性が高いと言わざるをえないであろう。

政治の功罪は、目的の正当性と手段の合理性が判断基準として重要であるが、結果としての「費用対効果」からも論ぜられなければならないのである。この点でイラク戦争はベトナム戦争と同様に、米国の重大な失策であったと言わざるをえないだろう。国連は今やこれをどう収拾し偏向した国際政治の枠組を作り直し、将来につなげるかの重大な責任を負わされているのである。後述もする「構造的」国際テロの解決と密接にからむ課題であるのである。しかしながらイラク戦争の大規模戦闘終了後における泥沼化状況をどう解きほごすかについて、残念ながら安保理の機能は極めて不完全であった。たしかにイラク戦争は大規模戦闘の終了という意味では短期間に終了した。安保理決議一四八三（〇三・五・二二）により、米英軍は国連憲章第七章上で（jus in bello 上の）占領軍としての地位（「イラク暫定占領当局（CPA）」）を認められたから、米英の行動はその後国連体制上の「集団的安全保障」上の措置としての性格を一応認められたことにはなる。更に安保理決議一五四六（〇四・六・八）により、イラク人による「暫定政府」（Interim Government of Iraq）が成立した後では、米英軍等駐留外国軍は右のイラク暫定政府の同意に基づく国内治安維持力（占領軍ではなく）へと性質転換を名目的には完了したといえよう。従って右のイラク駐留外国軍は米英軍を含めて、国連の集団的（地域）安全保障活動の一環とみなされうる立場を獲得したと形式的には言えるであろう（従って現状としてのイラク国内の武力紛争は、安保理決議遂行上の国際的性格の武力紛争と国内武力紛争の両面の性格をもつ）。しかしこの安保理の決議の効力はあくまでも米英軍のイラク駐留行為の、決議以後の合法性を確保したものにすぎず、イラク「開戦」に関するユス・アド・ベルーム上の米英の違法責任まで免除したものではない。

つまりこう言えよう。右にみた大規模戦闘終了後の一連の国連の措置（決議）は、ほぼ全面的に米国の意向に従って作成されたもので、基本的には jus in bello 上の処理にとどまり（少なくとも「イラク暫定政府」の成立までは）、米英による開戦に関する jus ad bellum 上の責任の表明も陳謝もなく、損害賠償の負担に関する議論もいっさいなく、安保理事会は安易に米国の主張と政策を承認したと言ってよいだろう。そこにイラク内の抵抗勢力の成長を促す要因があったとみざるをえないことである。抵抗勢力はイラク暫定政府を米英の「占領軍」の傀儡政権にすぎないとし、その後の（二〇〇五年の本稿執筆時に至ってなお衰えをみせない）はげしい武力抵抗（自爆攻撃を含む）の継続は周知の事実である。――右の安保理によるイラク戦争の事後の「合法化」措置も、国連憲章体制上で安保理とは別の機能をもつとされる国際司法裁判所による「イラク開戦」に関する判断が仰がれる場合には（勧告的意見等の形で）違法性を宣言される可能性が高い。この点で一九八四、八六年の「ニカラグアにおける準軍事及び軍事活動事件」に関するＩＣＪ判決及び一九九二年の「ロッカビー事件」に関する同裁判所裁定を参照のこと。なお拙著、日本の安全保障と新世界秩序、信山社、一九九年、九二〜一〇一頁も参照。

——もとより、こうした抵抗武装勢力（いわゆるテロ集団を含む）は、伝統的国際法上の「交戦団体」（belligerency）としての地位を実体的にはもっていない。相当規模の武力紛争を伴う「内戦」状況が存在しないからである。しかし一定の国民の支持やしばしば一部地域を支配する（した）事実はあるし（イラク内スンニ強硬派やパレスチナ過激派の支配力をみよ）、わけても「（自決権の行使による）外国占領軍への抵抗」という目的をもち（一九七七年のジュネーブ人道法諸条約第一追加議定書一条四項）、政権闘争の性格を明確に有している。そうとすれば少くとも「反徒団体」（insurgency）という国際法上の地位は認めえよう。そして、「反徒団体」の活動する紛争状況は「内戦」（civil war）ではないとしても、「国内武力紛争」（internal armed conflict）ではありうるから、人道法諸条約と同・附属議定書の適用はある。つまり交戦人道法の適用は武力紛争の規模（強度）とは関係がないからである（ジュネーヴ人道法諸条約共通二条）。

——イラク戦争を開始したブッシュ政権を支えたいわゆる「ネオコン」の分析としては、軍事占領後のイラクの政治形態として第二次大戦後、民主主義国家に転換した「日本モデル」があったと言う。しかしそこには日本とイラクの社会的政治的環境の異質さの考察が全く欠如している稚拙さがあると言わざるをえない。当時の日本には、①国民の間に明治期以来の欧米文化への憧憬（脱亜入欧）があり、一時期ではあれ大正デモクラシーの経験があったこと②第二次大戦の敗戦と連合国の占領を受け入れた天皇制の国民支配力が極めて大であったこと③朝鮮系やアイヌ系などの少数民族は存在したが、社会的抗争を引き起こす要因はなく、また多神教社会で宗教部族的対立がなかったこと、がこれである。イラクとは全くの異質社会である。——

なおここで日本の戦後社会の特異性についても触れておきたい。第二次大戦の対外侵略に関する戦後責任のとり方に関してである。この問題で日本はよくドイツと比較され、不十分と批判される。しかしその反論として、ドイツはユダヤ民族に対するホロコーストの責任をすべてナチスの罪として葬り去り、ドイツ人一般の責任とはしていないと言う。その点で日本との違いがあると言う。日本では旧軍閥だけに罪を帰さない日本人全体の責任共有の意識があると言いたいのであろう。そうではあるまい。ドイツ降伏四〇周年の一九八五年、ワイツゼッカー西独大統領の行った演説、即ち「過去に目を閉じる者は現在にも盲目になる」の言葉は、ドイツ国民全体の現在での過去に対する反省を表明したものであろう。現在の日本の多くの政治責任者の（靖国参拝を含む）言動をみれば明瞭なように、日本ではそうした基本的反省は一般国民を含めて乏しい。たとえば、首相職による靖国神社参拝の是非を問う新聞論調でも、憲法二〇条（国家の宗教活動の禁止）の視点はほとんど看過され、A級戦犯の合祀に対する周辺国からの抗議問題だけがクローズ・アップされてきた。しかしこの神社附属の遊就館（資料館）の展示手法が明瞭に物語るように、「大東亜戦争」肯定論を思想基盤としていることの明らかなこの神社特有の体質を、「国家機関」の参拝活動に関して論ずることなしには、「反戦」鎮魂（先の侵略戦争への強い反省）という参拝理由（たとえば小泉純一郎首相の主張）は全くの牽強付会の言たらざるをえないだろう。さてドイツの戦後責任との比較論をもう少し敷衍しよう。第二次大戦中のナチス・ナショナリズムによる非人道的暴虐の対象は、ユダヤ民族に原則的に限られた特異な一政権の政策にすぎず、周辺諸国の民衆一般に向けられたものではなかったことである。戦後、いち早く西独が西欧共同体の一員として復帰、同化できたのも、周辺民族との価値共有の伝統があったからである。日本が仏教や儒教等の精神文化を周辺民族と共有しながらも、明治期以後の「脱亜入欧」政策の全面的展開による人権尊重思想を欠いた「近代化」路線を追い求め、朝鮮半島と中国等の周辺民族を劣等視し、「天皇を中心とした神の国」（森喜朗元首相）という疑似宗教的国家思想を日本人心理の底流に固着させ、それは今日でも払拭しきれていない（戦後の現憲法採択時にはそうした旧憲法的価値観からの完全脱却の気風が張ったにも拘わらず、最近では振り子が戦前に戻る傾向がある）精神土壌を、戦後責任問題でドイツと対比する場合の重要な要素として吟味し考慮しなければならないであろう。

かつてベトナム戦争（一九五〇年代〜七〇年代）では、米ソの冷戦下で全く国連安保理は機能せず、それだけに国連は或る意味で無傷にいられたが、イラク戦争ではなまじ十分機能しうる状況にあった（安保理の正式議題としてもとりあげられていた）だけに、逆に米国への追随と違法状況（国連憲章違反）の安易な追認が目立つことになり、国際秩序の公正な運用への疑問を残すこととなった。テロの「構造化」現象を促す一因となったと言えよう。その結果、国際社会が支払った（今後も支払うだろう）代償はあまりにも大きい。

ところで日本の自衛隊のイラク駐留（それが武力行使を伴わないとしても、民間団体の派遣ではなく国家による武装勢力の派遣であることは疑いようがない）をどうみるべきであるか。この問題を考える際には、まず、わが国の憲法前文で、わが国は自国の「平和と安全を国際社会（平和愛好諸国民）の『公正と信義』にゆだねる」ことを宣明していることを忘れてはならない。ここでの「公正と信義」とは国際社会に「法の支配《ルール・オブ・ロー》」の確立が前提的に予定され、かりにそれが侵され脅かされた場合は、（第二次大戦直後の憲法制定時に於ては単なる傍観者で済んだが、今日では）侵された秩序の回復に全力をもって貢献するよう要請されている、と読むべきが合理的な理解であり解釈であろう。即ち、国民世論は既に「九条も自衛隊（専守防衛力）も」を超えて「九条も自衛隊・国連も」というふうに、自衛隊の活動に国連の平和活動への積極的貢献を加えているとみるべき状況があると思われる。但しそれは国際社会のルール・オブ・ローの実現に国連が積極的に関与し努力していることが条件として存在することが前提とされているとみるべきであろう。――なお、こうした理解と関連して、憲法九条（と前文）は、基本的には裁判所の司法的判断の対象となる人権規範というよりは、国家のガバナンスの規範としての性格をもち、国際社会に軍備撤廃を実現させるための日本の外交国是としての目標を掲げ且つこの方向でのしばりをかけている点で、二一世紀の「人類社会」にとっても価値のある規範であることを忘れてはならない（この点で拙著、国連の平和維持活動、一九九二年、信山社、第一章及び同、21世紀日本の安全保障、前掲書、はじめに、参照）。――

さてイラク戦争は、前述のように、米（英）国の国連憲章違反の（予防的）先制攻撃で開始されたとみざるをえない以上、日本は事後（戦闘終了後）の国連活動に（自衛隊という武装勢力をもって）参加できる条件としては、まず侵された国際秩序の回復のために憲章違反国（米英）に対して違法行為の治癒の行動をとるよう（陳謝と損害賠償負担）国連その他の場での外交主張を展開することが必要であった。これが日本国憲法（前文と九条）の求める平和と安全保障の外交国是とみるべきだからである。それが（日本外交の非力ゆえに）不可能な場合には、仏独或いは中ロに倣って、いっさいの武装力（自衛隊）をイラクに派遣すべきではなかったと言えよう。それが日本国憲法の要請であると言わなければならない。――ここで日本の目指すべき国連外交について、一つ指摘しておきたい。二〇〇五年に急浮上した安保理事会の構成の組み直しを中心とした国連改革の気運の中で、日本外交の中心は日本の常任理事国入りに置かれた。しかし安保理改革の直接の理由が、イラク戦争やユーゴ・コソボ紛争における常任理事国の「拒否権」の影響による武力行使決議採択の困難（混乱）にあった以上（国連加盟国数の増大による安保理構成国数の拡大が目的ならば、一九六五年の憲章二七条の第一回改正と同様に、非常任理事国数の増加で十分であろう。連続再選も可とするなどの選出方法に新たに工夫を加えて。）、安保理改革の中心は決議（非手続事項に関する）成立に必要な常任理事国の「同意投票」を、冷戦時に多用された veto ではなく“concurring votes”へと転換させ、憲章原意（憲章二七条は、常任理事国の“affirmative”votes の用語を使わず、敢えて“concurring”votes としている。ここには憲章一〇六条で、平和維持のための常任理事国の責任を強調した“Joint action”という「合意」への到達努力を五大国に要求した立法趣旨の反映がある）へと復帰させることであろう。即ち一国の国益意思のみで決議を葬り去る横暴を許さず、大国のグローバルな見識に基づく“consensus”を確実に要求する方式の定着が重要である。具体的に言えば、決議案に最終的に賛成できない場合は、棄権か投票不参加の道を選ぶべきことを義務づけることである。そうした常任理事国の責任意識を醸成するために、同理事国には分担金の一定法定額の負担を義務づけるべきだろう。そして我々日本は文化を基礎とした政治国家の道を歩むべきなのである。――

なるほど自衛隊のイラク派遣が国会決議で容認された二〇〇四年当時、北朝鮮による日本人拉致問題で日朝間には極度の緊張関係が存在した。かりに日朝間に武力紛争が発生した場合、日米同盟（日米安保体制）上の米国の軍事力による支援を確実にするためには、イラク問題で米国（ブッシュ政権）を支援しておくのが絶対条件だ或いは賢明だという論理で、自衛隊のイラク派遣を是認する政府見解やこれを支える世論はあった。しかし、これは日本の外交非力を自ら認めた議論としか言いようがない。何故なら、日本は日米安保条約締結以来、ベトナム戦争や「非極東」の中東地域の紛争更には韓国及び台湾防衛を始めとする「極東」の安全保障で（しばしば日本独自の安全保障の範域を超えてでも）米国の世界戦略の一環として対米協力を行ってきた事実を忘れた議論だからである。こうした日米安保の歴史的経緯（わけても冷戦終結後は対ソ（ロ）防衛の必要は消滅したから、日本の対米一方的貸しの状態が続いている）を北朝鮮問題に活用できないようでは、日本の対米外交力は何なのかと問わざるをえなくなろう。こうして自衛隊（日本の武装力）をイラクに派遣する政治的必要性はなかっただけでなく、憲法の精神（外交国是）に反する行動であったと言わざるをえないだろう。

——なお、拉致問題の解決のため北朝鮮に対して日本は経済制裁を行うべきだという議論が、世論及び一部の政党の意見でも強い（二〇〇五年一月現在）。しかし日本単独での制裁効果は薄いだろう。そうではなく、北朝鮮の最大の懸念は金正日体制の崩壊であるのだから、現在一応は機能している日韓米中ロ北朝鮮の六ケ国協議（北朝鮮の核計画の放棄問題が中心）で、北朝鮮の体制の保証（政策転換は要求するが武力による政権転覆は企図しない）を条件に核の放棄と共に日本人拉致問題の解決を求めるべきが現実的で最善の策であろう。もし北朝鮮がこれに消極的である場合（拉致問題だけを議題からはずすことを要求する可能性が強いが）は、安保理への事案付託を日本は強く求めるべきであろう（但し中国の協力が必要であるから、小泉首相の靖国参拝問題について日本の自主的抑制が必要となる）。経済制裁は安保理中心で行う最後の手段でよい。但しこの場合も中、ロの同意が条件となるから、長年に亘る米国一辺倒のツケが回り日本外交の非力が露呈される可能性が強い。そうとすれば拉致被害者の救出を最優先課題とする限り、日朝間の国交回復と植民地清算に伴う補償支払い交渉に踏み切るという最終段階に直ちに飛び込む以外にないことになろう。但しこの交渉は拉致被害者を人質にとられた状況でのものとなるから、日本国民一般の支持を得られるかは疑問である。なお、米国との交渉により、米軍を活用しての人道的救出作戦の展開を検討するよう求める意見もある。しかしその結果は最悪となる可能性がある。なるほど、イスラエルによる一九七六年のウガンダ・エンテベ空港事件や一九八〇年の米国によるテヘラン米大使館人質救出作戦（事故で失敗）等の先例はある。しかしこうした先例の場合、人質全員の所在場所が確定されていたことを承知しておかなければならない。北朝鮮拉致被害者にそうした条件はなく、失敗した場合の代償は何かを考えればこうした意見の非現実性は明らかである。こうしてみると、日本人拉致問題の早期解決の最善策は、現在のところ、北朝鮮の望む米朝二国間交渉方式の実現と、その中での同問題の解決を米国に日本の代理として行動してもらうよう強く要請することであろう。なお北朝鮮が核兵器の実用化に成功していても、金正日総書記が冷静な計算力をもつ限り（かりにその判断力を彼が欠いた場合でも、体制周辺が通常に機能する以上）、核の使用はありえないだろう。核使用は体制の崩壊を確実にもたらすからである。但しそのための前提条件として、次の外交努力を行うべきであろう。一つは、米国等を通じて安保理事会に、北東アジア或いは朝鮮半島に地域限定をしてでもよいが、核の「先制」使用を禁止する決議を採択するよう要請することである。中国は既に核の「先制」使用を放棄しているし、米国はかつて冷戦時代に於てはソ連の欧州における軍事戦略への対抗上、核の「先制」使用の抑制に消極的であったが、今日ではそうした条件は消滅している。二つには、核使用の（犯罪）責任を追及するために、国際刑事裁判所による責任者（発射責任者を含む）の訴追を安保理決議で明示し、北朝鮮の政治軍事体制への抑止力とすることも考慮すべきであろう。——

同様の観点からみると、日米安保条約第六条（及び同条の実施に関する交換公文）の趣旨として、ここでの「極東」（the Far East）とは「米軍の駐留目的を定めたもので、米軍の行動までは制限していない」という政府筋の見方があることに対して、重大な疑問を提起しておかなければならないだろう。二〇〇四年の自衛隊のイラク派遣に関する国会論議で、小泉首相（当時）が「非戦闘地域に自衛隊を派遣するという」法律の解釈にからみ、「自衛隊の駐留する所が非戦闘地域」だという認識を示し、国会の失笑を買ったのみならず世論の強い反撥をうけたことと同一の発想があるからである。即ち右の第六条に関する小泉解釈は「米軍の出動する地域が『極東』だ」というふうな発言にならざるをえないだろうからである。そうではあるまい。第六条の立法趣旨は、「日本の安全に寄与する」ことが主要目的であり且つそれは「日本の領域に対する武力攻撃」

（五条）が前提とされていることを忘れてはならない。「極東の平和と安全への寄与」の文言は前段の「日本の安全への寄与」と“and”で結ばれ別個の目的を示す“or”ではないのである。従って日本基地から行われる米軍の戦闘作戦行動がかりに「極東」の平和と安全を維持する目的をもったものだと米国が説明しても（対中国の台湾海峡紛争の例が考えられる）日本独自の安全と直結する（日本領域への武力攻撃と同一視できる目的と態様をもつことが必要）ものと考えられない場合は、日本政府はこれに同意してはならない憲法上の義務があると言わねばならないからである（これは日米安保条約六条附属交換公文の「事前協議」上から言えば日本の拒否権を意味する）。即ち日米安保条約は米軍の「行動」の制限のみならず「目的」の制限を厳格に課していることに注意しなければならない。そうでなければ、日米同盟が限りなく「軍事」同盟化し、米軍の「行動」は地域の如何を問わずすべて「日本の安全」と直結し、日本の「集団的自衛権」の行使をなしくずしに実現して憲法（前文、九条）の死文化状況を招来することにならざるをえないからである。こうしてみると、二〇〇四年以来論議が高まっている在日米軍再編の動向を注視せざるをえないのである。——なお、二一世紀の日本の安全保障を考えるとき、沖縄米軍基地の韓国（たとえば済州島）への移転を検討し、米韓両国とその方向で真剣に交渉すべきだとする私の提言について、欧州安保協力機構（ＯＳＣＥ）と同一方式の「北東アジア安保協力機構」構想と合わせて、拙著、21世紀日本の安全保障、前掲書、一二三～一三二頁、参照。——

さてもう一度、議論を「構造的」テロの問題に移そう。イラクを含む中東地域（パレスチナ、イスラエル占領地等）で現在猖獗《しょうけつ》を極めている国際テロを「構造的」性格のものとみる拙論の第二の根拠についてである。米国とイスラエル（米国内ユダヤ人勢力を含む）による第二次大戦後の強いバイアスを含む中東政策の展開がこれである。具体的に言えば、イスラエル建国後長期に亘るイスラエル領域内のパレスチナ住民及び周辺アラブ諸国に対する米国とイスラエルの不公正な政治的軍事的対応措置がそれである。もとより国連総会が関与したイスラエル国家の成立（一九四七年）に関しては、ナチス・ドイツのユダヤ人迫害に関する西欧諸国の贖罪意識が深くかかわり、更に第一次大戦中の欺瞞的な英・仏等の中東政策（バルフォア宣言等）の尻ぬぐいが性急なシオンの丘でのイスラエル建国の容認を導き、パレスチナ住民や周辺アラブ諸国の同意は疎か、話し合いすらもたれずに、パレスチナ分割決議（国連総会決議一八一、一九四七年）を可決した（ソ連も自国内ユダヤ人の追い出し政策から同調）ことは否定しえない事実である（エルサレムは同総会決議で「国際化」が宣言された）。それがその後のパレスチナ戦争と中東動乱の直接の原因を作ったことは疑いえないところである。

こうしてここでは欧米諸国がパレスチナ住民と周辺アラブ諸国に負うべき基本的責任の存在を十分認識することが必要だろう。イスラエル建国後、四次に亘る中東戦争を通じて、イスラエルの武力による領土拡張は、パレスチナ住民の更なる難民化の悲劇をもたらし（パレスチナ分割直後の一九四八年に採択された国連総会決議一九四は、難民の故郷への帰還権を確認している）、武力弾圧への憎悪を住民一般に植えつけたことは否定しようのない事実である。イスラエルに対して第三次中東戦争（一九六七年）によって拡大した占領地域からの撤退を要求した安保理決議二四二（一九六七年）には、さすがにイスラエル主権の尊重（イスラエルの生存権の保障）を条件に米国も賛成せざるをえなかったが、その後の右決議の主たる目的であった占領地からのイスラエル軍の撤退という要求の履行には、米国は拒否権を常に行使し（ＰＬＯ過激派のテロ放棄がないことが理由）、国連はこの問題の解決を安保理でなく総会に頼らざるをえなくなったのである。そして一九九七年の第一〇回国連緊急総会では、イスラエルの東エルサレムの占領とヨルダン川西岸を含む占領地全体におけるイスラエル人入植地の建設を違法として非難する決議を採択するに至った。こうしてこの決議は国際社会の一致した意見であるとみなければなるまい(その後二〇〇四年には、国連総会の要請に基づいて出された「パレスチナ占領地における壁建設の法的結果」に関する国際司法裁判所の勧告的意見で、イスラエルの壁建設行為が違法とされ、即時の工事中止と既に建設された壁の即時撤去並びに生じたすべての損害の賠償がイスラエルに義務づけられた。ICJ Reports, 9 July 2004.)。

ところで一九九〇、九一年の湾岸戦争では、フセイン・イラクのクウェート侵略を軍事力で撃退する中心となったのはまさに米国であった。同じ侵略行為(武力による領土拡張)への対応方法に、対象国によって全く逆の措置をとるという背理がここでは無分別に実行された。アラファト率いるパレスチナ解放戦線(PLO)が湾岸戦争でフセイン支持を打ち出したのも、周辺アラブ国からの反撥はうけたが、同情できる行動ではあった。こうして、ダブル・スタンダードが無反省に行われたことは、米国が「法の公正な適用」を求める国際世論を完全に無視したことを意味し、米外交わけても中東政策の説得力を大きく低下させる原因となったと言って過言ではないであろう。同様に核廃棄政策の展開についても、既に公知のイスラエルの核保有を黙認しながら、イランの核「平和」利用(イランの説明)政策に対しては実力行使をも辞さないほどの強い反対姿勢を示したこと(二〇〇四年、英独仏の介入で一応の収拾をみたが、イランとほぼ同地域に位置し既に核兵器を保持しているインドとパキスタンに対する米国の外交姿勢とは雲泥の相違があるのは、イランのイスラエルに対する敵意の強さからだとされる。それほど米国のイスラエル防衛の国策は強固である。)もまた、米外交のダブル・スタンダードとして、多くの中東・アラブ諸国の顰蹙を買い批判を招いたことも記憶にとどめておかねばなるまい。こうした米国の不公正な(中東における)政策展開がイスラム圏に反米抵抗勢力を育て武装化を招き、強大な軍事力を背景にした米・イスラエルへの唯一の対抗手段として暴力への依拠とテロの選択に口実を与え、9・11事件（二〇〇一年）及びその後の国際テロ活動の原因ともなったことは否定しようのない事実であろう。そうしたテロ風潮が、連帯を求めてロシア周辺諸国や東南アジア等他地域への拡大を刺戟したことも極めて自然と言えよう。こうした中東地域の国際テロの形態を「構造的」性格のものと規定する理由がそこにあるのである。

こうしてみると、右にみたような中東地域紛争の基本的性格への理解に裏打ちされた米国とイスラエルの十分な反省なしには、残念ではあるが米国とイスラエル（及びそれと同調する西欧勢力）発の西欧（キリスト教及びユダヤ教原理主義）対ムスリム（イスラム教原理主義）間の「文明の衝突」が、二〇世紀と二一世紀の多分限られた時のスパンではあれ（それでも人の一生を支配する長期の期間）、且つまた地域的な限定性をもつものではあれ、人命と文物の多大の犠牲を伴いながら現実化し続けるであろうと言い切っても過言でないであろう。

前述したように、9・11事件直後に、押さえ難い感情につき動かされたブッシュ大統領の対イスラム「十字軍」発言は率直な米国キリスト教（プロテスタント福音派）原理主義の信念の吐露とみてよいだろう。だからこそ少なからぬ米国民の強い共感を生んだものとみるべきだろう。二〇〇四年のブッシュ大統領再選の原動力となった米国保守原理主義派（ネオコン）が同性婚や中絶の禁止という右のキリスト教原理主義派の活動と一体化し、道徳や信仰上の規律と本来世俗的強制を本質とする法的価値規範とを同化させる社会風潮を捲き起こして米国を席圏し、政教分離の近代化原理からの逸脱を試みたとき、同じく極端な政教一致をめざすイスラム原理主義との「文明の衝突」は避け難いこととなるだろう。こうして米国及びイスラム圏民衆の心理に根づいた「構造的」国際テロの活動基盤は決して浅くはないのである。

もとよりこうした紛争を阻止する智恵と秩序基盤が、今日の国際社会にないわけではない。経済と文化のグローバル化が進み、国連が一応の紛争制御力をもつ今日の国際社会では、かりに「文明の衝突」はありえても、一時的、地域限定的な現象にとどまるだろう。またそのようにもってゆくべきが二一世紀に生存する我々地球市民の重要な責務であろう。それを多数の市民が自覚する限り、「文明の衝突」の世界的拡大だけは止めうるだろうし、中東地域の劫火もやがて沈静するであろう。たとえば第一次大戦後のケマル・パシャの近代化（政教分離政策）を成し遂げたイスラム国家トルコのＥＵへの加入が実現の方向に向かえば、そうした展望が大きく開けるだろう。そのためにはまずトルコ自身の社会政治体制の徹底的な「世俗化」が必要であるが、また現在のトルコにおける少数民族（クルド族）への人権抑圧政策の完全撤廃を含む新たな人権政策の展開や、北キプロス・トルコ共和国住民と南キプロス民衆との共存をめざす民主主義政治の定着が必要となろう。——因みに、西欧の近代化の沿革を基礎づけた「自由権」思想の人権観念における淵源性と「社会権」や「発展の権利」の派生性について、拙著、21世紀日本の安全保障、前掲書、第二章（南北人権観の系譜）参照。——一方、西欧キリスト教先進国グループとしてのＥＵについても、寛容な多文化政策への理解が民衆の生活基盤に深く浸透することが要求されるだろう。そうでなければ欧米対イスラムの精神的融解が可能となる社会的基盤は容易には構築しえないだろう。

こうしてみると、右にみたような発生上の国際的背景をもつ「構造的」テロは、国家秩序の分裂即ち米国寄りの政権体制派と殉教を旨とする抵抗派の抗争として現れ、イラクやパレスチナ等の中東地域に端的にみられるように、決して小規模とはいえない国内武力紛争の状況を示しながら国際的に繁殖し培養されてゆく危険を示すこととなった。従ってこうした性格のテロについては、それへの対応は周辺他地域への波及を含めて、テロ組織への支援や関与による特定国（政府）の「間接侵略」がある場合を別として、被害国の「自衛権」を根拠とする武力対処には本質的になじまず、「人間と民族」の安全保障体制確保の仕組みをもつ国連システムで解決することが基本的に求められるべき事態であるとみざるをえないことである。

国連総会が諮問した前記の「パレスチナ占領地における壁建設の法的結果」に関する国際司法裁判所（ＩＣＪ）の勧告的意見（〇四・七・九、一四対一）で、裁判所はその国際法違反性を認定しイスラエルに即時の撤去を要求したが、その直接の根拠を jus in bello としての人道法（一九〇七年のハーグ陸戦法規と一九四九年のジュネーヴ人道法・文民保護条約）上の住民の人権利益の保護に求めた。しかし重要なことは右の住民の利益を erga omnes の権利として重視し、パレスチナ側のテロ行為に対する防衛手段だというイスラエルの主張（自衛権主張）を necessity と proportionality を欠くものと断定したことである。この論理のコンテキストからすれば、占領地住民のテロ行為自体は抵抗手段としても交戦法規（jus in bello）上では肯定されない（とくに一般市民を対象とした場合）が、——注意しなければならないことは、こうした占領地住民の抵抗手段としてのテロ（「構造的」テロ）は、相手方に先行違法（それも住民のエルガ・オムネスの権利侵害という重大な国際法違反）の行為があり、しかも国際社会（国連）によっても除去できない状況（違法状況の放置）が長期に亘って継続している以上、被害住民はその対抗措置（復仇行為）として自力救済の手段に訴えうることは法の一般原則（それを具体化した条約が、一九七七年のジュネーヴ人道法諸条約附属第一議定書一条四項）として肯定されえよう。その場合、「武力行使」による対抗も被害法益の重要性からみて、範囲の限定性と目的の明確性が確保されている限り、necessity と proportionality の条件を満たすものとして“jus ad bellum”上は許容されているとみなければならない（右の附属議定書一条四項に援用されている「友好関係宣言」参照。また、外国の占領行為に対する「武力抵抗」を想定した規定として一九四九年の人道法条約共通二条も参照)。テロ行為も武力行使の一手段である以上、同様にみなければならないだろう(とくに対象が一般「文民」でなく兵員、軍事施設、政治指導者に限定されている場合は「違法なテロリズムに該当しない」。一九七七年のジュネーヴ人道法諸条約附属第二議定書四条1、2⒟、ハイレベル委答申、一六四⒟項、参照)。但しテロ行為は、通常、対象の無差別性(住民巻き込みの危険が大)、殺傷態様の非人道性等、交戦人道法の原則に違反することが一般であるから、原則的には“jus in bello”上では違法とみるべきだろう。こうしたjus in belloとjus ad bellum上の理解の区別は認識しておく必要がある。――反面、こうしたテロへの対抗手段としての相手方抵抗首謀者(たとえばＰＬＯ指導者)に対する暗殺行為や、手段としてのミサイル発射による住民の巻き添え被害を当然にもたらす攻撃(一般に「国家テロ」と言われる)もまた過剰報復として違法性をもつとみなければならない(ハイレベル委答申、一六一、一六四⒜項、参照)。テロの応酬が今日、人道法上で肯定されうる位置を占めえていないことは当然であろう(前記の国連改革ハイレベル委員会答申では、占領地住民の抵抗権の存在と、「国家テロ」の不法性を重くみるべき余地のあることを明らかにしている。一六〇〜一六四項)。

――なお一般的に「武力復仇」は、今日、国連憲章上で原則として禁止されていることを承知しておかなければならない。しかしながらバランス・オブ・パワー(抑止力政策)がなお実定的に作動している現状としての国際社会では、たとえば「国家的存亡」(the very survival of a State;「核兵器使用の国際法適合性」に関する一九九六年のＩＣＪの勧告的意見、九六、九七、一〇五⑵Ｅ項)がかかったjus “ad” bellum上の危機の場合に於ては(いわば「政治・軍事的必要性」がある場合には)、「正当な自衛」という条件付きではあるが、国益(主権的独立)確保のために、jus “in” bello(交戦人道法としてのハーグ、ジュネーヴ法体制)上では既に一般的に違法な非人道的武器と考えられている核兵器の使用すら法的に許容される余地があることを認めていると言ってよいだろう。但し、jus in bello上の「戦時復仇」については、一九七七年のジュネーヴ人道法諸条約追加第一議定書で、若干国の留保はあるものの、その（戦時復仇）禁止が原則化されているとみてよいだろう（追加第一議定書、二〇、五一⑹、五二⑴、五三(c)、五四⑷、五五⑵、五六⑷条）。国益確保を思想基盤とした「相互主義」のルールは、ここでは大きく後退したといえよう。また一九〇七年のハーグ陸戦条約体制では、なお一般的に人道法の例外として留保されていた非人道的兵器の使用を可能とする「軍事的必要性」の考慮（ハーグ陸戦条約前文、同規則二三条(g)）も、ジュネーヴ人道法体制下の今日では、人道、人権価値の優位性の中で（第一、第二次大戦を経験したことによるハーグ条約体制の進化即ち同条約前文に掲げられたマルテンス条項の効果）、とくに住民保護の徹底を理由に jus in bello 上では極めて限定的にしか容認されえない状況が成立しているとみるべきであろう（たとえば追加第一議定書、五六条を参照のこと。二〇〇四年の「パレスチナ占領地における壁建設の法的結果」問題に関するＩＣＪの勧告的意見でも、「人道法の大部分はエルガ・オムネスの性格をもつ」としている。意見、一五七項）。もっともコソボ紛争や湾岸戦争などを通じ、テレビ局等への攻撃を許容する「軍事目標」の範囲拡大や「付随的損害」の許容範囲緩和の主張が米国等から行われてはいるが、国際社会の同意は得られていない。

　ところで核兵器の違法・合法問題をめぐって注意しておくべき観点がある。「人道・制度慣習法」上の規範認識での問題である。「ヒロシマ」と異なり、戦局の帰趨（国家存亡）を決する太平洋戦争中のミッドウェーでの日米艦隊決戦で、原爆の使用がかりにあり米国に圧倒的勝利がもたらされて、その後数年もの戦闘の継続の中で双方に多大の損耗をもたらした戦争を早期に収拾しえたとするならば、「戦争の制止」に果たした核兵器の効果が評価される可能性が大であったと思われるからである。即ち兵員に「不必要な苦痛」を与える兵器の禁止という人道法ルールよりも「軍事的必要性」という国家的安全つまり主権利益優位（結果的に損害の拡大防止）の法観念が優位しえたであろうからである。ここに「人道」慣習法と「国益」慣習法という、性格と成立背景を異にする二つの国際慣習法規範の「交錯」の状況があるのである。しかも今日では、核兵器の小型化の努力が続けられている状況を見落としてはならない。即ち深地下に構築された核基地の破壊に核爆弾が使用された場合に、少なくとも住民被害の皆無をめざす「軍事目標主義」は完徹され、且つ少数の兵員の瞬時の全員死亡に損害が限定されるという「苦痛の最小化」の努力の中で主権国家利益を確保しうる状況があるだけに、核の違法性を確立する方法は国家実行の積み重ね(慣習法)ではなく、生物・化学兵器の禁止の場合と同様に、明文の条約の締結以外に方法はないといえよう（拙稿「核兵器使用の違法性に関する考察 ―― 国際慣習法の立場から ―― 明学・法学研究、六〇号、一九九六年、参照）。

こうしてみると国際秩序に法的政治的正当性を回復し、結果として「構造的」テロを除去しうるために何より重要なことは、前記のイスラエルによる壁建設の国際法違反性を認定したＩＣＪ勧告的意見が主文の中で、既存の累次の国連決議（たとえばイスラエル軍の占領地からの撤退を求めた一九六七年の安保理決議二四二、同じく七〇年の総会決議・友好関係宣言、とくに同宣言での人民自決権の確認、七四年のパレスチナ人の自決権をうたった総会決議三二三七）や他のＩＣＪ判決・勧告的意見（たとえば人道法の大部分をエルガ・オムネスの権利と認めた一九九六年の「核兵器使用の国際法適合性」に関する勧告的意見）を援用し、イスラエル軍の占領地からの撤退やパレスチナ住民の自決権を関係地域における基本的秩序原理として認定して、パレスチナ紛争の「政治的正統性」がいずれの側にあるかを明確に示していることを忘れてはならないである。従ってここには一定地域における紛争の政治的解決の方向が暗黙理に示されていることを注意しておかなければならないだろう。即ちイスラエル建国後、イスラエル軍によって占領された領域をパレスチナ住民へ返還することを前提にした同住民の自決権の保障（パレスチナ国家の樹立）、難民化したパレスチナ人の故郷への帰還権の原則的保障（ただしそれが政治的に不可能な場合の十分な代替補償の履行）、またエルサレムの東西分割（クリントン案）による解決が非現実的だとすれば、かなり長期に亘るであろうエルサレム全域の国連統治方式への合意と同区域における双方住民の共存が確保されなければならないだろう。その趣旨からすれば、イスラエル・PLO間のオスロ合意（一九九三年）は再認識される必要があり、ブッシュ提案（二〇〇四年）のロードマップも、この線を大きく出ることは許されないだろう。こうして、右にみた第二次大戦後数十年を経過してなお解決のめどが立たないパレスチナ紛争の根源をなす正統秩序の尊重が米・イスラエルによって基本的に受認されない限り、「構造的」と呼びうる国際テロの沈静化は望みえないと言えよう。アラファトの死後を継いだアバス・パレスチナ自治政府議長が穏健派だと言っても、右の基本線から逸脱し米・イスラエルと安易に妥協したならば、政権の維持は難しくなり、「構造的」テロは消滅しないだろう。

このようにみてくると、二一世紀の国際法学とは、現実の問題を取扱う場合でも、現象にとらわれて物事の本質を省察しえない研究ではなく、見通しうる将来、主権国家体制の継続的維持は否定しえないとしても、既に国際法の拘束力の基礎が、伝統的な国家間同意という sovereign oriented なルールから離陸し始め、新たに人類的見地からのグローバルでア・プリオリな governance（国際的ルール・オブ・ロー）の方向に、時に曲折をくり返しながらも着実に変貌し始めていることを、明確に認識できる批判的見地からの分析学であるべきことを理解することであると思う。

二〇〇五年一月

著者

序

承認という法現象は、古くてしかも新しい問題である。ヨーロッパ地域に主権（Sovereignty）をもった近代国家系（Das Europäische Staaten System）が形成され、その国家（Nation States）間に近代国際法の成立した一六・七世紀にすでにその濫觴を求めることができるが、また二一世紀に入った今日（二〇〇五年）でも、台湾の地位や北キプロス或はソマリランド共和国など分裂国家・政権の法的取扱いをめぐって争われている問題でもある。また、国際法構造のグルントに深く関連する問題であるだけに、学説の上ではげしい論議が長期に亘って闘わされてきたし、実践の上でも争われてきた。国際法慣行の上での重要な現象であるだけに国際政治の上でも大きな機能を営み深い影響力をもっている。従って、各国の政策的考慮に大きく支配されながら変動し発展してきたことは争いえない。しかしながらそれにもかかわらずそのなかに、一定の確立された原則を発見できることもたしかである。国際慣行を体系的に把握し且つ緻密に分析するならば、そこに必ず統一的な規範の成立を認識することができるであろう。学説上たとえば創設的効果説と宣言的効果説という二つの見解が、古くから主張され相争ってきたのは右の法慣行に関する学問的認識の相違にもとづくものであった。

私は、まずこれらの既存学説を十分に検討し且つ批判しながら、それならばどのような理論構成をしたならば、統一的且つ体系的な説明を加えることができるかを常に研究にさいしての基本的な心構えとした。そのためには、承認法そのものの、総合的な法理的把握が望まれるとともに、それを実際の慣行のなかに十分に検証する姿勢が必要となる。本書・上で思想史的、学説史的背景のもとに承認法の歴史的事実の研究に相当のウェイトを置いたのはその意味である。また私は、法の認識や解釈は実践的、目的論的になされねばならないと考えるので、この見地から、意味のない観念的論議はこれをつとめて排除した。

ところで、承認といっても、「政府」の承認もあれば、「国家」、「元首」の承認もある。「交戦団体」の承認ということもある。これらは、現象的にも異なり、それぞれ特有の性質をもっている。しかし基本的な性格は同じである。従って、本質は同じく承認法一般によって把握することができるのみならず、最近「承認」という法現象をこうした国家や政府というような統治組織や政治団体の成立行為に対する認識の問題に限らず、広く法律行為一般の国際社会における第三者対抗性（opposabilité）の問題として取扱う傾向もないではない。即ちこれは国際社会の統合化、組織化の趨勢と無縁でないことを意味する。法現象の個別的効果ではなく一般的客観的な効果を是認しようとする国際社会観がそこにはあるからである。従ってこの立場では国家や政府の成立現象も、その国際的第三者対抗力という客観効果（一般効果）と、外交関係の樹立を目的とする主観的・積極的な第三国の評価（個別効果）との二重構造として考察する方向に進むことになる。

次のようにも言えるだろう。承認の法効果を第三者対抗力一般として把握することは、いわば伝統的な宣言的効果説の立場を肯定したようにみえるかもしれない。しかし「オポーザビリテ」の考え方は、「事実上（de facto）政府」の立場からみた法効果の概念（とらえ方）であるに反し、宣言的効果説のそれはあくまで承認を許与する第三国の側からの発想概念である（従って考察の中心も、前者の見方では、既存国家の利益からみた承認条件の検討ではなく未承認政府自体のオポーザビリテ成立の基盤や条件についての解明におかれる）。その点でクンツのいうように、「承認問題の解決は、未承認国家（政府）の法的地位の理解にかかっている」（J. L. Kunz, Die Anerkennung der Staaten und Regierungen im Völkerrecht, 1928, SS, 42~43.）と考える限り、右のようにアプローチの仕方の逆転がまず分析者の態度として必要であろう。こうした意味で「オポーザビリテ」の理論は、宣言的効果説のそれに比して問題提起の態度に根本の相違があると思われる。私が主張した「デ・ファクト（事実上）承認の法理」はまさにこのオポーザビリテの方向からのアプローチであったのである。もとよりこうした「オポーザビリテ」概念を基礎とした「事実上（デ・ファクト）承認」の行為も、「オポーザビリテ」の成立を基礎づける国家ないし政権の成立実態（完全な統治権力の確立という事実）の「認定権」そのものは第一次的には当該の関係第三国にあるから、「事実上承認」の行為の性質も理論上では創設的効果説のカテゴリー内にあるというほかないだろう。シャルパンティエ（J. Charpentier）の言うところの「承認とはそれがなければオポーザブルとなりえない実態をオポーザブルたらしめる行為である（J. Charpentier, La Reconnaissance Internationale de L'évolution du Droit des Gens, 1956, pp. 217~225.; 同旨、J. Crawford, The Creation of States in International Law, 1979, pp. 20~25.）との見方はこれを示すものと言えよう。従って「オポーザビリテ」概念の妥当する新政権や新国家の法的地位の認定を要求する（義務づけると言ってもよいだろう）「事実上の状態」とは、新政権（国家）の実効的成立といういわゆる承認の客観的条件の充足状況を指すものとみる（政権の正統性や既存条約等国際基本法規の遵守意思というような承認の主観的条件ではなく）のが、最も合理的で説得力のある見方と言えるだろう。第三者対抗性（opposabibité）の実体概念はここにあるのである。

但し注意しなければならないことがある。創設的効果説は国際社会の分権体制（主権的分割・並存の体制）を重視し、これを前提にして成り立つ法理であるが、（国家・政府の）承認の制度が国際法の規範下の法制度である限り、規範の適用権限（事実認定権を含めて）が各主権国家に所属しているとしても、法適用上の違法、合法の問題が生ずる限り、最終的な判断は客観的な国際（場合により国内）の司法機関に委ねられるべき性格のものであることを否定するわけにはいかない。そうした判断権行使になじむ承認条件（の認定問題）があることである。それが国家・政府成立の「オポーザビリテ」という法的概念がもたらす承認理論（そして承認実践）のコロラリーなのである。「尚早の承認」や「不干渉義務の違反」という国際不法行為の存在が長きに亘って国際法（慣習法）規範として機能してきたのは、これを意味するのである。こうして少なくとも「事実上承認」の段階では、国際社会が分権社会であるからと言って、国際法規範の適用が完全に各主権国家に多元的に分属するとは言えない関係があるのである。その点で、各国の主観的認定作用をフルに許容する承認条件（たとえば国際法遵守意思の存在の認定）を前提とするデ・ユーレ（外交的）承認の場合との相違があると言えよう。デ・ユーレ（外交的）承認が政治的裁量性の濃厚な制度であること（原則として司法的判断になじまない）との相違がここにあるのである。――因みにブラウンリーは、政権の“existence”に関する限り、客観的な法的対抗力の存在を認める立場を明らかにしており（I. Brownlie, Recognition in Theory and Practice, British Yearbook of International Law, 1982, pp. 197~211.）、またブライアリーは、現行国際法秩序の性格からみて、同一事実（the same set of facts）に対して各国が異なる見解の下に行動する可能性があることを肯定し、それは centralized institution の欠如に基づくもので承認の創設的効果理論はこれを反映したものと言う。しかし同時にそうした国際秩序状況は各国の differing interpretations が all equally correct であることを意味しないと述べて、（政権成立という）客観的事実がもつ効果についての新たな理論構成の必要を示唆した（J. L. Brierly, Law of Nations, 6. ed. 1963, pp.139~140.）。――

　しかしそれはともかくとして、国際社会が組織化され（分権社会が消滅し）承認行為が統一的になされるようになっても、その承認によって始めて一定の法効果が生ずるという、いわば理論としての創設的効果説の立場がなお主張されることも可能であろう。問題はしかし、従来の伝統的学説としての創設的効果説と宣言的効果説は、歴史的沿革としての主権国家並存という国際社会の構造の中でのみ、その意義が存在したことに注意しなければならない。従ってこうした社会構造の中での承認の意味としては、やはり各既存国家の主権的意思の絶対性（法効果を意味づける上での比重の大きさ）を基礎においた「創設的効果説」の主張が法律的には実定的であったというよりほかはないと思われる。そしてこのことは今日でも基本的に変っていない。従って宣言的効果説は国際社会が完全に統合化され組織化された状況での見方としては意味をもつともいえるが、しかしこうした新たな社会構造の下では、むしろ創設的効果説か宣言的効果説かという問題提起自体が意味を失うことになるであろう。つまりこうした両学説の対立自体が伝統的な主権国家並存の国際社会構造でのみ意義をもつという以外にないからである（S. R. Patel, Recognition in the Law of Nations, 1959, p. 35.）。

さてここで、歴史的に形成されてきた創設的効果説と宣言的効果説という二つの承認理論（学説）のいわゆるイデオロギー的性格にふれておこう。たとえば、革命団体の独立宣言をほとんど吟味なしに無批判に受け容れたため、「尚早の承認」の例として一般に把えられている一七七六年のフランスの米国独立承認行為は、それが革命権の肯定という一七世紀以来のヨーロッパ大陸での一つの慣習であった「事実主義」（これを宣言的効果説の例証として理解する学者が多い）に形態的には基づくものではあったが、それはまさに政治的にはフランスの対英パワー・ポリティクスの産物であったことは疑いようがなかった。その点でこの宣言的効果説（の適用と言われる）見方も、決して革命という事実現象そのものの客観的認識（ヴァッテルなどのいう内政不干渉理論のコロラリーとしてのそれ）ではなく、あくまで創設的効果説（承認権限の政治的濫用、恣意的行使による新国家・政府の意図的形成作業にしばしば使われた）と同様に、既存国家の国家利益に奉仕するための理論として利用されたにすぎない。伝統的な権力的主権国家体制の中で宣言的効果説が登場し利用される限り、そうした機能をもつことは避けられない現象であり結果であったと言えよう。こうしてみると、創設的効果説と同様に、承認に関する既存国家のパワー・ポリティクスの運動機能の中でのみ且つその一環としての作用を果たすにすぎない宣言的効果説は、かってヴァッテル（E. de Vattel）らの主張した市民的自由を基盤とした革命権の肯定を背景とする正確な意味での「事実主義（デ・ファクトイズム）」（即ち創設的効果説と承認義務の結合理論）からは、明確な区別が必要なのである。

また同様に、創設的効果説もそれがパワー・ポリティクス的主権国家並存社会の中で無制約に行使されれば、たとえば「条件付承認」という承認国の政策的押付けを「条件」として持ち込む形で、歴史現象としてしばしば登場した経緯があることを否定できないのである（一九三三年の「国の権利及び義務に関する米州条約」が、その第六条で「国の承認とは……権利及び義務とともに他方の人格を認めることをいうにすぎないものである」として、本来の「事実主義」を宣明すると共に、「承認は、無条件のもので取り消しえないものである」という条件付承認の禁止規定を置いた経緯はこれを物語る）。その点で、「事実上（de facto）承認」の対象とする現象は、右のように宣言的効果説や創設的効果説が、承認国の国家利益の配慮を本質機能とするに反し、これは市民生活の日常性を維持するための非権力イデオロギーのコンテキストの中から生まれたすぐれて非分権・グローバル人類社会の利益（普遍的人類利益）を確保する実践制度と言ってよいのである。「オポーザビリテ」概念はまさにこの方向からの問題解決の認識理論なのである。従って一九二三年のティノコ事件の国際仲裁判決がそうであったように（Tinoco Arbitration, American Journal of International Law, Vol. 18, 1924, p. 154.）、こうした「事実上（de facto）承認」（オポーザビリテ概念を基盤）の認定権の行使は、国際及び国内の司法権の作用になじむ（justiciable）ほど、第三者客観性をもつ（各国の主権意思による政治的恣意性を排除する）性格のものと言ってよいのである。

こうした視野を含めて、私はかつて「デ・ファクト（事実上）承認の法理」を詳細に展開したことがある（国際法外交雑誌、五七巻四、六号、一九五八年）。そしてこの著作でも全体体系の中で改めて同様な問題提起を試みるつもりである。私のこのような承認法に対する学問的理解（デ・ファクト承認の法理）に近い見方が、以前西ドイツのフロワイン（J. A. Frowein）によっても提起されている（J. A. Frowein, Das de facto Regime im Völkerrecht, 1968.）。彼もまた承認行為について創設的効果説の立場をとりながら、しかし事実上の国家や政府について、第三国の外交的承認の有無に拘らず、一定の制限された法的地位を認める立場を明らかにしているのである（たとえば事実上の国家や政府についても、武力禁止原則や不法行為上の責任についての国際義務の規制をうけるべき対象として理解すると共に、更に一定の条約上での権利主体としての地位をもちうることも明らかにしている）。こうしてみると、今日の国際社会状況の下では、やはり主権国家体系を前提にした創設的効果説の立場を中心に、オポーザビリテ概念を背景とした「事実上承認」の法理を導入して、承認理論の再構成をはかることがもっとも的確な見方といいうるであろう。

ところで、わが国では次のような見方がある。一つは、一九八〇年代のイギリスの承認政策の変更（正確には新展開）にからみ、一国内の革命等による新政権の法的取扱いには第三国の「承認」行為を必要としないという主張である。しかし後述するように（本書・下、参照）、イギリス等の新たな承認実行とは、「承認」行為の不要を意味するものではなく、「事実上（de facto）承認」の法理の導入を挺とした承認論の再構成以外の何ものでもないということである。――ピーターソンは、冷戦の一時期、共産主義政権への対抗戦略として、民主的正統性の承認条件に比重を置いた従来の不承認主義にとり代って、明示的、積極的な承認行為はしないが、（非民主的）政権の実効的存在の事実だけは法的評価の対象とする、いわゆる「事実上承認」の法理の導入がみられたと言う。そして外交関係の設定まで視野に入れる場合には通常のデ・ユーレ承認の制度がそのまゝ活用されたと述べている。つまり承認制度不要論は実際上も理論上もありえないと分析しているのである（M. J. Peterson, Recognition of Governments : Legal Doctrine and State Practice, 1815-1995, 1997, pp. 180~184.; 同旨、S. Talmon, Re-cognition of Governments in International, Law, With Particular Reference to Governments in Exile, 1998, pp. 3~4 ; D. W. Greig, The Effects in Municipal Law of Australia's New Recognition Policy, Australian Year Book of International Law, Vol. 11, 1991, pp. 33~65.）。——

そして二つめの見方はこうである。今日の国際社会は「普遍的国際社会」の傾向を強めているから、元来、主権国家の壁を前提として成り立っている国家承認制度の土台がそもそも崩壊しつつあるというものである。しかしこの見方は国際社会の実体に関する認識の不正確さと分析力の不足を示す以外の何ものでもないだろう。何故なら第一に「普遍的」国際社会と言っても、地球社会における適正な行政単位としての主権国家の制度体系が崩壊する可能性は見通しうる将来全くないことを見落とすという、若干空想的な理論構成をしていることである。つまり国家・政府承認制度の消滅は考えられないことにあまり注意を払っていないことである。かりに主権国家制度に変容があるとしても、それは単に「主権」の性質や内容に多くの制約が課されるにすぎないということを忘れてはならないことである。たとえば人権観の成熟や平和志向の強化充実による絶対主権国家観の衰退、或いは国境を越えた経済や技術の交流による主権作用の機能化の傾向は今後も進むであろう。従ってそうした主権作用の多角化（機能主義化）に伴う国家性（Statehood）の多面（元）化に対応した法的取扱いが国家承認制度の内容として必要になってくるであろうし、現にそうである。そうした状況に対応するために「事実上承認」の法理を含む承認の制度・体系の段階性と多様化、司法作用を含む承認権の国内機関の複合行使という認識が重要だということなのである。——クロフォードは、statehood と recognition の関係につき、一国の行政権による承認権限の行使で相手国の国際法上の statehood のすべてを創設するのが承認制度であるという見方は否定しながらも、しかし「不干渉」義務や「尚早の承認の違法性」観念の存在からもわかるように、承認制度の存在とその法的性格を否定することはできないとし、従って創設的効果説を否定する立場はとれない、とみていることに注意しておこう（J. Crawford, The Creation of States, op. cit., pp.10~25.）。——

こうしていずれにしても、国家や政府の承認という、きわだって政治的作用の濃い制度を、それぞれの時代における国際社会環境を背景としながら実証的に検討を進めることは、他の国際法の諸制度や諸慣行をも正しく把握することに大きく力あることと信ずる。なぜなら、こうした承認制度の理解は国際法の基礎理論の体系的な認識と本質的なかかわりあいをもっているからである。

ついでながら、この著作は、昭和三二年（一九五七年）一一月に提出した東京大学審査法学博士学位論文を基礎として、その後の諸国家の実践や新しい内外の文献をとり入れて加筆補正を行い、全般的に再構成したものである。中心の部分は、一九六六年から六八年にかけて連載した明治学院論叢（法学研究と研究年報）に収録されている。全体を二巻に分け、上（巻）を「承認法の史的展開」とし、下（巻）を「承認法の一般理論」とする。

目次

目　次

《広瀬善男・国際選集 I　国家・政府の承認と内戦》
〈上　承認法の史的展開〉

承認法の史的展開

第一章　承認法の成立

第一節　ヨーロッパ国際社会における君主の主権的地位承認というかたちでの発生

第一項　君主の地位承認の発生根拠（歴史的背景）

我々が承認（Recognition, Reconnaissance, Anerkennung）という問題を国際法上の現象としてとらえる限り、その成立と展開は国際法の形成発展の過程にのみ求めることが可能であり、またそうしなければならない。一般に承認という国際法律行為の主要な内容は、その一つには、ある国が他の国を「国家」として認めることであり（国家の承認）、その二つには、ある国の統治者（又は統治者集団）をその国の「元首」（君主）または「政府」として認めることである（元首または政府の承認）。もっとも、近世（一六〜一八世紀）においては君主即国家という家産国家的な考え方が支配的であったから、[1] ある君主（王侯）を正統な統治権者として認めるということは、そのままその王侯国をその当時の法意識に基づく国家として認めることであった。従って当時においては、原則として現行国際法にみられるような国家承認と政府（元首）承認のような区別はなされていなかったといえる。より詳しくいえば、承認という法現象は後にも述べるように、その萌芽を一六・一七世紀に遡って認めることができるが、それは君主の主権的地位ないし統治権の承認というかたちで提起されていたものであり、むしろこれは現行国際法でいえば元首ないし政府の承認に類似するものであった。そして我々はこの主権者の主権的地位の承認という行為から、理論上、間接的に、その君主の統治する領域と人民を含めた意味での「国家」の承認ということを推定しうるにすぎない。しかし、当時の絶対主義国家体制のもとでは、主権者のみが国家人格の主体として意識されていたため、承認の対象と考えられたものも、もっぱら主権者の主権的地位のそれであったのである[2]。つまり、国民や領域をも含めた全体としての国家の法人格というものは、君主の人格の背後に押しやられ、それだけをとくにとりあげて承認の対象として考えるということはなかったのである。

　ところで、承認問題が発生史的にみると、国家に対してではなく主権者に関して成立したことにつき、たとえば、アリグザンドロヴィッツ（C. H. Alexandrowicz）は次のようにみている。承認制度の最初の理論構成者として知られるユスチ（J. H. G. von Justi）が、一七六〇年に著した「歴史的法律的研究」（Historische und juristische Schriften）という書物の中で、承認問題を次のようなかたちで取上げていることに注目しているのである。すなわちユスチによれば、理論的にみれば承認問題は中世末ないし近世初めにおいて、ドイツ帝国におけるいわゆる「選挙王」の地位が他の諸侯にどのような影響をもつかという問題に関してすでに生じているという。つまり従来は世襲君主の相続上の正統者的権利については問題なく承認されていたが、しかし、政治的紛議をかもすような相続の仕方がなされた場合でも、果して選挙王の地位の承認を他の諸侯は拒否できるかという形で承認問題がとりあげられたというのである（J. H. G. von Justi, Historische und Juristische Schriften, 1760, S. 185.）。そしてユスチは、そうした問題から承認制度の理論的な研究を進めたといわれる。アリグザンドロビッチも、こうしたユスチの見方を引用しながら、当時の承認制度の対象は、国家の元首（head of

State）が中心となっていることを明らかにしている。そして元首ないし君主が当時においては行政上のすべての権力を掌握し、大臣は国民と議会を代表せず単に主権者を補佐するにすぎなかったという封建遺制（ないしその後の絶対主義体制）を「君主」承認制度の発生根拠とみているわけである。(3) もっとも、承認問題がこうしたユスチ自身もみているように、封建王候の地位に対するマキャベリスティックな権力闘争上の主題として本来持ち出されたのではなく、客観的な主権的地位の確認や国家的成立の認定という国際社会の構造形成上の問題として意識され始めたのは、近世以後、封建諸候のカリスマ的王候国分立の状態から、専制的ではあれ、独立の近代国家系がヨーロッパ全域に亘って形成され始めてからのことである。従って承認問題の制度的成立の始めは、やはりそこに求められるべきであろう。

ところで君主個人の人格から一応分離された「国家」それ自体の承認ということがとくに意識的にとりあげられるようになったのは、国民主権主義思想の擡頭により、君主の人格から解放された国民国家、民族国家の成立がみられるに至ったときであるというべきであろう。具体的には、一八世紀末にアメリカ合衆国がイギリスから独立した事件がもっとも典型的な例であって、しかもその独立の過程に、母国との抗争という本国からその国家性を争われるという異常な成立の形態を織りこんでいるときに始まると言える。たとえばユスチと共にいち早く承認問題を取扱った一八世紀の著名なドイツ法学者シュテック（J. C. W. von Steck）も、一七八三年に公刊したその著「政治的法的知識の諸問題に関する試論」（"Versuche über verschiedene Materien politischer und rechtlicher Kenntnisse）の中で、『国民と国家の独立承認』と題する論文を発表し、国民の革命及び公領や植民地の本国に対する反乱分離の問題を承認問題の中心の課題として考察している。そしてその主要なケースとして一七七六年のアメリカ合衆国の独立問題を取扱っているわけである。ただ理論上同様な性格をもつ問題（専制君主に対する民族的反乱）として、一五八一年のスペインからのオランダの独立及び一七七二年のクリミアの独立を遡及的に認識している（なおシュテックはこの論文の中で、新国家が独立宣言をしただけでは独立国としてのタイトルを獲得することはできないが、本国が武力鎮圧に失敗し、平和条約や独立承認条約等によって新国家の分離独立に同意を与えれば、第三国は新国家を独立国家として取扱う義務が生じ、従ってこの場合には第三国の承認行為を必要としない、と述べてユスチと同様に、独立国家の主権的基礎を旧本国正統主権者の内部的意思に求めるいわゆるレジティミスト学派の立場を明らかにしている。従ってフランスの米国独立承認のように、本国が承認しないうちに第三国が独自に承認することは、それだけで尚早の承認としての違法即ち本国に対する干渉を構成する——但しその第三国と独立国との間では承認は効力をもつとみるが——として、第三国の個別的判断権に制約を加える見方を明らかにしているのである）(4)。

ともかくこうして、近世においては、ゲンチリス（A. Gentilis）をみても、グロチュース（H. Grotius）をみても、プーフェンドルフ（S. Pufendorf）をみても、主権者の承認ということは問題にしていても、とくに国家の承認ということをとりあげて論じている者はいない。

このように、承認という法現象は、君主の主権的地位の承認という問題から始まつたといえるのであるが、承認制度そのものがよりはっきりした形でこの時代に形成期を迎えたのは、いま一つ次の歴史的事情に基づくものであった。即ち当時のヨーロッパ国際社会が、漸く中世のローマ法王や神聖ローマ皇帝というキリスト教的な絶対権威から解放され、新たに主権独立国家を単位とするいわゆる「ヨーロッパ国家系」（Western State System, Das europäische Staatensystem）の形成という新しい社会的基盤を造成しつつあったことである（この動因として、一つは航海術の進歩に示される産業技術の発展及び商業資本の活動活発化という社会的流動期が到来したこと、二つには、プロテスタンチズムの興隆による中世的な普遍的権威に対する挑戦、即ちルターの「それぞれの領土におけるそれぞれの君主」という分権的社会の形成が意欲されたことがあげられよう）。いいかえれば、右の独立主権国家相互間の関係を規律する法規として当時、近代国際法（ヨーロッパ公法）が除々に形成されつつあったのであるが、承認という法現象は、そのような独立主権国家即ち右の国際法の適用主体を法的に成立せしめる手段として国家的実践の中でとりあげられ、次第に制度化されて行ったといえる。たとえば「国際法」の初期の歴史研究書として知られる一七八五年出版のオンプテダ（D. H. L. Omptedа）の“Literatur des gesamten sowohl natürlichen des positiven Völkerrechts”という書物の中でも、承認問題を『国家の自由及び独立の権利』の章の中で論じ、ヨーロッパ国家系成立という歴史的段階での法的制度として、「承認」という現象が形成され始めたことを明らかにしている。(5) 従ってこのような意味をもつ承認制度（原理的には、国家承認制度であるが、現象的には君主の承認制度というかたちをとったことは前述の通り）は、その本来の趣旨、性格からみて、主権国家が事実上並存する時代（一六～一八世紀）を待たなければ、確立する根拠が薄かったことは当然といえよう。つまり、中世のヨーロッパ社会におけるように、キリスト教の絶対権威を背景とするローマ法王ないし神聖ローマ皇帝を頂点としたヒエラルヒー制度（キリスト教徒の国々は、一つの大国家に結合されているという観念を前提とする）の下では、法王または皇帝による封建的な階級としての王・候任命の制度は認められても（従ってそうした思想的脈絡の上での前述のような『選挙王』に対する承認問題が限定的範囲で意識され始めてはいたが）、平等な主権独立国家（ないしその主権者）間の承認という制度が成立する基盤を欠いていたことは明らかであったといえるからである。

(1) H. Wheaton, Elements of International Law, 1863, p.35.; Q.Wright, Suits brought by Foreign States with Unrecognized Governments, A. J. I. L., Vol. 17, 1923, p. 743.

(2) 現代国際法では、「国家」の構成要素として、統治権力、国民、領土の三つが普通にあげられる。しかし、近世の王権絶対主義の時代にあっては、第一の要素たる統治権力、つまり当時にあっては君主という具体的人格のみが第一義的な意味をもち、国民、領土等の要素は、法的には君主に附随する従属物的意味しかもたなかった。ルイ十四世の有名な言葉“L'État ! C'est moi”（朕は国家なり）は、こうした考え方の端的な表現である。「国家主権」の概念の最初の理論的構成者とされるジャン・ボーダン（J. Bodin）も、その著『国家論六巻』（Six Livres de la Républica, 1576）では、主権を「一国家の絶対的・永続的な権力、或いは市民および属領民中における最高のかつ法に拘束されぬ力」としてとらえている。つまり彼は近代「国家」理性を教会の支配から解き放ち、封建勢力に対する「抗議概念」として理解しながら、一方、教皇権と皇帝（神聖ローマ皇帝）権に対抗して当時形成されつつあった絶対主義体制のための重要な理論的根拠として提供したのである。つまり絶対主義王権の属性としてのみ国家主権を理解した点に、彼の主権論のイデオロギー的性格をみることができるのである。また、絶対王政期のヨーロッパでは、国家間の関係即ち国際政治及び国際法的関係は、君主間の個人的関係としての性格を強く備えていたこと(岡義武、国際政治史、一九五五年、三二頁)も、承認の対象が、主として君主に向けられた一つの原因となっていたといえる。

(3) C.H. Alexandrowicz, The Theory of Recognition in Fieri, A. J. I. L., Vol. 34, 1958, pp. 176~177.

(4) J.C.W. von Steck,Versuche über verschiedene Materien politischer und rechtlicher Kenntnisse, 1783.

(5) D. H. L. Ompteda, Literatur des gesamten sowohl natürlichen des positiven Völkerrechts, 1785., SS. 484ff.

第二項　ヨーロッパ・キリスト教社会と異教徒社会との法的紐帯

右のように、承認法は国家承認としてではなく、君主（主権者）の統治権承認というかたちをとって、まず発生したといえるが、それならばそれが具体的にはどんな内容をもっていたかを研究しなければならない。まず、中世以前のローマ帝国時代においては、今日でいう国際法的性格をもっていたと考えられている当時の万民法(Jus Gentium)でも、外人とローマ人との取引および外人相互の取引に関してつくられた法規であって、外国君主や、或いは外国国家の承認について規定した条項はみあたらない。右の万民法並びに市民法(Jus Civile)を集大成して形成された後のローマ法でも、このことは同じである。もとよりローマ帝国とそれ以外の世界、たとえば、支那やペルシャの王朝との間に若干の交流関係があったことは事実であるが、そこに現今の意味での法的(国際法的)紐帯関係を見出すことは困難であり、相互の王朝の承認という行為をそこに発見することもできない。また、古代においては一般に各国（共同体・都市）間の関係は相互の意識として原則的に敵対的（戦争が自然状態）であり、「平和ではなくて、戦争が国際関係の基礎であった」とみるべきであろう。従って、原理的に、国家の平和的通交と共存を前提(戦争は逆に異常且つ例外事態として把握する観念を前提）とする承認制度（近代国際法の構造原理）の成立する基盤は存在しなかったとみるほかないであろう。

中世においても、キリスト教徒の世界と非キリスト教徒の世界との関係では、ことは同じである。前者からみると後者と平和的な共同社会をつくることは困難であり、[1] キリスト教徒からみれば、非キリスト教徒は蕃族であり、いかなる共同体（Société）も、もつことができないと考えられた[2]。従って、そこに二重の意味で、承認制度が発生しえない理由があった。第一には、キリスト教徒と非キリスト教徒とは、恒常的な敵対関係にあったから、両者の間に平和的な連帯関係が存在することを前提としなければ意味のない、非キリスト教徒集団やその首長に対する「承認」行為は、全くその必要の社会基盤を欠いていたことである。第二は、キリスト教徒からみれば、非キリスト教徒は文明をもたないし（キリスト教文明のみが文明と解された）、従って統一的な政治権力の支配のもとに、秩序（キリスト教義と神学的モラリティを共通の基礎とする秩序）的な共同体を形成することは困難であると考えられ、そこに承認の対象となるような社会集団の成立は本来認められないということであった[3]。キリスト教徒といわゆる infidels（異教徒、異端）との間に、条約を締結することは Canon 法上で禁止されていたのである。もっともそれは実際には必ずしも貫徹されたわけではないから、そうした規律はその後の国際法関係では継続して維持される基盤は必ずしもなかった（"Paulus Vladimiri", B. Y. I. L, 1963, pp. 441~447.）。

（1）　ヴィトリア（F. Vitoria）は次のように述べている。「キリスト教社会はその敵を完全に破壊しなければ自らの安全を保持することができない時代があった。即ち異教徒とは、一定の条件をもち込むことによって正当な平和を期待することは全く無意味であったのである」と（F. Vitoria, Reflectiones Theologicae, 1557, De jure belli Hispanoram in barbaros, 48.）。ただこのことは、異教徒が個人としてキリスト教徒と一定の交流関係に入ることまで否定するものではなく、現にユスゲンチウム及びそれを継受したローマ法はこれを前提として、非キリスト者にも一定の場合に権利義務の主体となることを認めている。しかしこれは、異教徒を国際法の主体として取扱ったことではなく、国内法の規律対象とみなしたにすぎない。いわんや、異教徒の国家を権利義務の法的主体として、これにキリスト教国と平等な国家的地位を与えたことはない。

（2）　J. F. Williama, La Doctrine de la Reconnaissance en Droit International et ses Développements récents, Recueil des Cours. Tom. 44, 1933-II, p. 212.; B. S. Korff, Introduction a l'Histoire du Droit International, Tom 1, 1923, p. 22.

（3）　ヴィトリアは、公権力としての「国家」を示す場合と、単なる人の集団を示す場合とを分け、前者に

Potestasという語を用い、後者にGentesという語をあてている（A. de La Pradelle, Maitres et Doctrines du Droit des Gens, 1950, pp. 43~45. 参照）。

このように、中世においては、キリスト教世界（ヨーロッパ世界）と異教徒世界とは、法的にはほとんど無関係といってよく、(1) 相手方の国家に関して、君主をそれぞれ法的主体として認めて、契約、通交の関係に入るという承認制度の発生する社会的政治的基盤は全く存在しなかったといえる。このことは近世（一六・七世紀）においても基本的には同じであった。当時、ヨーロッパ世界とその他の世界との関係で無視することのできない現象は、前者に属する国々による後者の領域奪取、つまり植民地獲得の争いであった。当時すでにヨーロッパの商業資本は新たな展開の基礎を与えられ、対外貿易は異常なひろがりをもつて展開されようとしていた。しかも、新興の絶対主義国家権力は、その地位を確保するため、相当な規模の官僚組織と常備軍を維持する必要があり、そのための財政的基礎を求めなければならなかった関係から、商業資本の対外活動に庇護と統制を加え、商業資本の対外活動は、一般に、絶対主義国家権力との結びつきを前提として行われるというかたちが生れていた。その具体的な方法がヨーロッパ外における植民地および市場獲得の争いとして現れ、華々しく展開され始めたわけである。この競争で、はじめまず支配的な地位を占めたのはポルトガルとスペインであったが、しかしこれらの国家もその後、新興のオランダやイギリスの挑戦によって没落し、一七世紀に入ってからは、主としてオランダ、イギリス、フランス間ではげしい通商戦、植民地獲得戦が展開された。

従ってそのさいまず問題となったのは、新しくヨーロッパ外に発見された地域を、どのようにして植民地として独占、領有しうるかという、植民地獲得の法的根拠の問題であった。そこでそうした植民地領有を他にさきがけたポルトガルとスペインが、まずその根拠としてもちだしたのは、土地は最初にそれを発見したものが領有するという、いわゆる「発見優先の原則」(le principe de la priorité de la découverte) であった。それによって、彼らは自らが最初に発見した新世界の広大な地域に後進諸国家が進出するのを阻止しようとしたのである。ところで、領域取得の方式として、現実の占有をともなう先占 (occupatio) が必要であることをグロチュースが主張したのは、そうした「発見優先の原則」に対抗するためであったが、この「先占の原則」が、オランダ、イギリスなどによって支持、承認されたのは、まさしくそれらの国家が新しく植民地の分割、獲得に参加するための有力な武器をこの理論から提供されたからであった。[2] 先占の法理が、当時、アメリカ、アフリカの両大陸或いは東洋の広大な地域に適用され、ヨーロッパ諸国の植民地獲得の根拠として援用されたことは、明らかにこれらの地域がヨーロッパ諸国からみれば、秩序をもつ領域としてみなされていなかったことを物語るものであった。よりはっきりいえば、これらの地域には統一的公権力をもつ組織された「国家」が形成されてはいないとみられたことを意味する。先占の原則は「無主地」に対してのみ適用される。無主地だから、先に占有したものが領有権を取得するというローマ法のアナロジーに基づくのである。[3] ヨーロッパ世界内では領域拡大の手段として、当時、すでに「征服」(その対象は、組織された国家であり無主地ではない) の法理が生れ、武力侵略がその手段とされていたのにくらべ、[4] ヨーロッパ外の地域に対しては、そうした国家の存在を前提とする征服原理が適用される余地が欠けていたのである。[5] このようにして、ヨーロッパ公法 (当時の国際法) には、ヨーロッパ外の地域にある民族集団を「国家」として認める慣行を全く欠いていたのであり、従って、これとの関係で、承認制度の発生する余地は存在しなかったといえるのである。

もっとも、一七世紀後半から一八世紀頃には、イギリス、フランス、オランダにより、東インドや若干のアフリカ地域の領域支配の形態として、現地首長との間に保護条約や capitulation 条約を締結して、形式的には国際法上の半主体としての立場を認める合意統治の方式が行われたことがある。従ってこの点に注目すれば、アリグザンドロヴィッツのいうように、これらの領域は terra nullius として始源的に取得されたのではなく、derivative titles の形で双務契約的に主権的権限が移転されたのだという見方も成立つかもしれない。(6)

しかし問題は、当時から一九世紀にかけて漸く一般的になりはじめた実証主義国際法学の風潮と、それが基礎をおくヨーロッパ中心のパワー・ポリティクスの社会状況の下では、ヨーロッパ諸国家間における主権的征服の観念は成立しえても、ヨーロッパ国家対アジア、アフリカ地域住民の間に於ては征服の観念は成立しえなかったのが実情である。つまりアジア、アフリカ地域に対して戦争・征服の法理が適用されるとしても、それはヨーロッパ国家の支配する植民地に対して他のヨーロッパ国家が攻撃を加えた場合にのみ成立するものであり、逆にアジア、アフリカ植民地の領域的得喪変更上の権利義務関係は、たとえば一八八五年のベルリン協定をみてもわかるように、保護権をもつヨーロッパ国家間にのみ成立していたにすぎず、現地首長の関与は実質的にはなかったと言ってよいのである。

要するに植民地支配の形態として、当時、一定の契約関係が存在したとしても、それは当時、支配者としての初期ヨーロッパ民間資本が貿易上の利益確保の手段として、いわば対内統治技術として利用したにすぎず、明確な主権国家間の対等な条約としての性格を全く欠いていたことを承知しなければならないのである。従ってアリグザンドロヴィッツ自身も肯定するように、保護権をもつヨーロッパ国家は、形式的には契約上の制限条件（保護義務）を当然もつはずの保護「権能」を全く恣意的に行使して白紙委任状的に、自己の利益のための搾取に転化せしめていった点は、やはり主権国家間関係としての法的絆を、ヨーロッパ国家とアジア、アフリカ地域の間に設定する意識が全く存在しなかったことを証明するものとして理解しなければならないであろう。

（1）　ただ随時に実際の必要に応じて、戦闘等の特定事項に関する断片的な規定が作られたことはある。また、自然法的根拠から、異教徒に対する戦争を、キリスト教徒同士の戦争の場合と同様に、正当原因の存在する場合にのみ制限しようとする見解もあったが（たとえばスアレス）、これはキリスト教国だけの自律を要求したものであって、一般に異教徒国家を含めた契約的意味での法的意識ではなかった（伊藤不二男「フランシスコ・スアレスの正当戦争論」、国際法外交雑誌、五二巻三号、二四～二五頁）。

（2）　先占原則の成立過程については、大寿堂鼎、「国際法における先占について」、法学論叢、六一巻二号、参照、及び田畑茂二郎、国際法、昭和三一年、二二一～二二三頁。

（3）　G. Schwarzenberger, Power Politics, 1951, p. 34.

（4）　当時（一六・七世紀）、相次ぐ戦争に対する反省から、領土的野心だけからの征服を不正とする見解が現われ、戦争の正当な原因と不当な原因との区別、それに基づく「正当な戦争」と「不正な戦争」との区別が論じられたことがある。これは自然法の影響によるものであるが、ともかく当時、国家の権利は武力に基づくものであり、専ら名誉と富（領土を含む）とを獲得するための戦争でもこれを行うことを許されるという主張が一方にあり、他方、これに対して自然的理性に基づいて戦争の正当原因を厳格に制限し、領土拡大のための戦争を不正とする考え方もあったことは事実である（この点については、伊藤不二男「フランシスコ・スアレスの正当戦争論」、国際法外交雑誌、五二巻三号、一五～一六頁、参照）。

（5）　C. H. Alexandrowicz, The Afro-Asian World and the Law of Nations (Historical Aspects), Recueil des Cours.,

Tom. 123, 1968-I. p. 135.

（6）Ibid, pp. 134~144, 206~210.

（7）Ibid, p. 209.

第二節　主権的地位承認の契機と根拠
――外交使節の授受並びに革命と内政不干渉原則――

第一項　外交使節授受と主権的地位承認との史的関連

右のように、キリスト教世界（ヨーロッパ世界）と異教徒世界（非ヨーロッパ世界）との間には、それぞれの間に国家承認とか、君主の主権的地位の承認という行為はみられなかったが、ヨーロッパ世界内では、すでに一六、七世紀から君主または主権者の統治権承認という問題が、必ずしもはっきりした形ではなかったが、少なからず現われていた。(1) はっきりした形ではないというのは、統治権承認（君主の主権的地位の承認）という行為が、そのもの自体として一般的に取りあげられたわけではなく、主として、主権者の外交使節授受の権利に附随して論ぜられたからであった。

（1）　これに反して、中世においては、国内の政治権力が封建諸侯の争いによって多元的に分裂し、十分な意味においては国家権力が確立されていなかったし、また、すでにみたように、ヨーロッパ全体がローマ法王や、神聖ローマ皇帝といった普遍的権威を背景に、一つの統一されたキリスト教世界（Respublica Christiana）として考えられていた関係から、国際（Inter-National）法といった特殊な法規範を一般的に必要とする実際上の要請も、また、それを成立せしめる社会的条件も十分備わっていなかった。従って、諸国の王はローマ教会の僧正によって即位させられ、法王の承認なしには王権を行使することが出来ず、また王が法王の意思を無視した場合には法王から破門を宣告され、この宣告とともに法の保護をうけることができなかったが、しかしそれは「精神の世界」でそうである（E. Barker, Unity in the Middle Ages, in "the Unity of Westerm Civilization", ed. by F. S. Marvin, 2 ed., 1922, pp. 115~116.）にとどまり、王位が現実の「世俗の世界」でも法王の承認を条件としてのみ存続しえたというわけではなかった。たとえば「世俗の世界」の首長として、神聖ローマ皇帝が諸国の王の上に君臨していたが、その実際の支配領域は、ドイツおよび、ヴェニスを除く北イタリアに限定されていたし、諸国の王たちは皇帝に対して、彼らの独立性を主張することをしばしば試み、皇帝や法王と不和になっても、その地位を現実に保っていたのである(岡義武、前掲書、一～二頁、参照)。このようにヨーロッパは、実際には高度の政治的分裂の状態を呈していた——といって未だ絶対主義国家体系の成立がみられたわけではなく、あくまでも封建体制のワク内での地方領主間の政治的分裂である——から、法王による上からの王位の認可も、現実政治上の意味をそれほどもたなかったということができよう。一方また、王相互間で平等な主権的地位ないしは法主体性をそれぞれ承認しあうという制度も、右にみたように、諸国の王の間に政治的社会的な連体意識を欠いていたこと、また一般的にみれば封建的社会体制が保持され、法王及び皇帝に対する従属的立場が一応各王候に要求されていたこと、従って国際法の必要を感じていない社会的条件のもとでは、十分に確立するだけの素地が培われていなかったと言えるのである。

ところで、外交使節授受の権利を、一国の主権者に認めるということは、その主権者の主権的地位つまり統治権を第三者が承認するという問題に結びついており、またそれを前提としてでなければ説明しえない性質のものであった。そして、これはまさしく現代国際法上の概念でいえば、「黙示的な政府（元首）承認」の行為に相当するものであったといえる。

そこで次に、この問題が当時どのように扱われていたかをみてみよう。常駐外交使節の制度はすでに一三世紀頃からみられ、たとえばスペイン、ドイツ、フランス、イギリスなどには常駐使節が派遣され、一六世紀末には大多数のヨーロッパ諸国の間に常駐使節交換という制度がみられるようになった。(1) 一般に、外交使節はその本国の主権者を代表するものと考えられ、接受国がそれに不可侵の地位と権利を認めることは、とりもなおさず外交使節の代表する本国主権者の主権的地位を承認することであると解されている。(2) しかし、我々が外交使節の接受、それへの特権譲許という事実から論理的にそれが代表する本国元首（主権者）の主権的地位の承認という結論を導きだすことができても、だからといって慣行上も外交使節接受を通じての元首（主権者）承認行為という法制度が当時存在していたということを肯定する根拠に、右の事実だけをもちだすわけにはいかない。慣行上一定の法制度（この場合は、外交使節授受の行為を通じての相手国元首・主権者承認の制度）が成立しているとみうるためには、そのような規範意識・法的信念が、国民わけても外交使節の授受の任にあたる政府当局者になければならない。即ち、外交使節の派遣国の元首または派遣先の元首に外交使節授受をなしうる権能が認められるかどうか、換言すれば、その元首が法律上まさしく主権者たる地位にあるかどうかを認定し、それを承認した後に、右の権能の存在を認めるという実際上の前後関係の考慮が意識的になされているかどうかが問題となるのである。ただ単に、外交使節を派遣し接受したという現象から（それは確かに史的事実に違いないとしても）直ちに、その前提たる使節派遣者の主権的地位を承認するという制度の存在までを推定することは、論理的前提の定立という意味では正しくとも、その前提が現実の制度として存在したかどうかの結論を導きだすためには、や、不十分な考察方法であることを免れない。

一三世紀頃から始まった外交使節授受の制度は、すでに当然に使節派遣者の主権的地位（これも厳密には、近代国家成立後の独立主権の地位と同視はできないが）の存在を前提とした上で行なわれていた行為ではあるが、すでにみた中世の封建的社会体制を背景として、当時の慣行としてはせいぜい派遣された使節が君主の授権に基づく（現在の法意識でいえば）国内法上正当な代表権限を与えられているかどうかの（形式的な）認定、およびこれに（自動的に）外交特権を譲許するということぐらいが意識されていたにとどまり、その前提たる使節派遣者の主権的地位の実質的認定、承認ということは、慣行上特に意識的作業として問題とされていたわけではなかった。(3) このようにみてくると、我々は元首（主権者、政府）承認という法制度の濫觴《ショウ》を、単に外交使節授受という行為から機械的に推定するわけにはいかないのである。そして、元首の主権的地位承認の問題が、諸国家の間で特に問題となり、意識的にとりあげられたのは、近世に至って、近代主権国家が形成され、それを象徴する君主の主権的地位の認識が可能となったときであり、しかもその際に元首（主権者）の地位が暴力的に纂奪されるという、いわば革命的な現象が発生したときに始まるのである。より詳しくいえば、外交使節授受に関連して、使節派遣（ないし接受）者の主権的地位を承認するかどうかが特に問題となったのは、近世に至って、従来使節を派遣（ないし接受）していた君主が、不法にその地位を追われ、新しい主権者によって暴力的に主権を奪われるという事態が起こったとき、新主権者がはたして前君主に代って正当に外交使節を派遣（ないし接受）しうる主権的地位を認められるかどうかが議論されたときに始まるのである。(4)

（1）　岡義武、前掲書、八頁。田畑茂二郎、昭和三一年、国際法、一〇頁。

（2）　グロチュースは、その著作において、特に承認の問題にふれてはいないが、外交使節の地位や不可侵権などに関する外交使節権（Jus legationum）について述べたところで、「この国際法は、主権的権利をもつ統治者が相互に派遣する彼らの代表にのみ関している」と述べ、地方や都市の代表は国際法上の権利をもたないと説明している個所であり（H. Grotius, De Jure Belli ac Pacis, Liv.II, xviii, 2.）、ウィリアムスは、このことから、当時すでに、他の君主が派遣した外交使節を接受することによって、その君主の主権的地位を承認するという承認慣行の存在を推定している（J. F. Williams, op.cit., p. 213.）。

（3）　一七世紀始め、イギリスのエリザベス女王は、イスパニアのフィリップ王の信任状を携行しなかった特使デューク・ダルバ（duc d'Alva）を正当な代表権をもたないものとして接受することを拒否した。ウィリアムスはこの事件を、外交使節権拒否、即ちフィリップ王の主権的地位の承認拒否に結びつける見方の実証的根拠にしている（J. F. Williams, op. cit., p. 213.）。しかしこの場合は、君主の主権的地位を問題にしたというのではなく、使節の任命手続上の形式に瑕疵があったため、本国元首を有効に代表しえないとみた例と解すべきものである。

（4）　ユスチ（J. H. G. von Justi）が、一七六〇年の彼の著、「歴史的法律的研究」の中で承認問題をはじめて理論的に解明したさいとりあげた問題は、すでにみたように中世末ないし近世始めにおける選挙王としてのドイツ皇帝に対して、外国並びに帝国領域内の若干の王候が地位不承認という異議を出した史実についてであるが（J. A. G. von Justi, Historische und Juristische Schriften, 1760, SS. 185~199.）、これはユスチが承認制度成立の契機を右の問題に求めていることを必ずしも意味しない。なぜなら、彼が右の著作の中で承認問題を論じた箇所が「選挙王の地位に対する外国王候の反対は自然法及び国際法の下で正当とされるか」というタイトルがつけられていることからもわかるように、彼の論述の中心は承認制度成立の沿革を解明することにあるのではなく、彼の時代にすでに形成され始めていた承認制度の理論的意味を解明するために右の素材を引用しているにすぎないからである。即ち彼の主張によれば、選挙王に対しては合法的相続に基づく新主権者の誕生と同じくその国の内部的な国民の意思に基づく結果として、第三者はこれを否認できない。それは自然法によって保障された国家の平等権、独立権の結果である。つまり外国は不干渉の義務を負う。従って外国は右の選挙王に対しては承認行為の必要がない。かりに承認（Erkennung）するとしてもそれは外国の権利でなく義務であり、承認によって始めて帝王としての権限が与えられるものではない（承認の宣言的効果）ということである。そして一国の君主の地位と権限の法的成立が外国の同意的承認（Einwilligung）を必要とするのは、その君主が通常、内部的に享有しうるものより高いタイトルやランクを僭称したり、或は領域奪取等の武力による地位の樹立という外部的由来をもつ場合に生じ、この場合には承認行為は創設的な性質を帯びるという。

第二項　王権簒奪者の地位承認の根拠――事実主義――

果してそうであるとすれば、王権簒奪の事態に関連して、右のような新主権者の主権的地位についての問題が意識的に取上げられるようになったのはいつごろからであろうか。正確な時期はつまびらかではないが、だいたいに於いて一六世紀末ないし一七世紀頃からといってよいであろう[1]。その実証としては、次のような例があげられる。フランス王アンリ四世（Henri IV）の時代に、王の使節であるオサ枢機卿（le Cardinal d'Ossat）は、大臣ヴィルロア（Villeroy）にあてた一六〇一年七月二五日の書簡の中で、次のようにのべている。「王が他国に十分に権力を確立した主権者（puissance）が存在すると考えるときには、それに使節を派遣する場合、その主権者が正統な（légitime）資格をもつものであるかどうかを審査する権限はない。同様にまた、使節授受に関する彼の資格を検査することもできない。しかし、その主権者の権力が確立されるまでは、使節の交換を決意してはならない。ただもし王が右の主権者の派遣する使節を接受する前に、その主権者の主権的地位を吟味する必要があるとすれば、派遣された使節が送還されることもありうるわけである[2]」（傍点・広瀬）と。これは明らかに外交使節の授受に関連して、その衝にある君主主権者の主権的地位に考察を加える必要がある場合に言及したものである。そしてその結果として第一に、主権者は権力を実効的に確立したときにそしてそれだけで、主権者としての地位を外国から承認されるものであること（即ち承認条件として、事実主義ないし実効主義を採用すること）、第二に、外国は一国（独立主権国家）の主権者の交替の是非（正当性をもつかどうか）を判定する立場にはなく、事実は事実としてそのまゝ認め（但し右の事実が成立しているかどうかの認定権は外国にあるが）、当然にそれに一定の法的効果即ち新主権者の承認の効果を帰属さすべきこと、つまりや、不明確ではあるが、内政不干渉主義に基づく承認義務の存在を肯定することの二つの結論を導きだしたものである。よりはっきりいえば、外国主権者の主権的地位承認の意義や条件を、外交使節授受問題に関連して意識的に取上げたものといえる。

右と同様な例は、一六〇八年四月八日付の公使ヴィルロアのジュアナン（Jeannin）総裁《プレジダン》に対する書簡の中にもみることができる。即ち、当時、シャルル・ド・シュダーマニー（Charles de Sudermanie）が、シギスマンド（Sigismund）を廃して、事実上のスウェーデン王となったが、彼は、フランス王アンリ四世に、両国間の同盟条約の更新を提案するため、ヴァンディック（J. Vandyck）をフランスに派遣した。このとき、もしヴァンディックを外交使節として接受するならば、これはフランスがスウェーデンの王権簒奪を承認し、簒奪者を新王として認めることにならないかどうかの問題が起こった。ヴィルロアは右の書簡の中で、使節を接受すれば、王権簒奪の承認になるから接受してはならないとの見解もあるが、私はこの見解に同意しない。「フランスが利益を見出す限り、王がシャルルと交渉するのをさまたげる理由はない」と述べている(3)ことである。ここに、すでに当時、主権者承認の問題が外交使節授受の行為と関連して論ぜられているのをみることができるのであるが、なおこのヴィルロアの見解は、ヴァッテル（E. de Vattel）の意見と一致するところでもある。即ち、ヴァッテルは、「フランスは、スウェーデン国民が選んだ王を承認する（de reconnaître le roi qu'elle s'était choisi）ことを、自国の利益に反してまで拒否する理由はない」、また、「外国は一国の内政に干渉する権利はないから、その行為の当不当を審査しえない。外国は適当と考えるならば、現実に権力を保持している主権者を合法なものとして推定できる」（傍点・広瀬）。更にまた「外国は新主権者と戦争を意図しない限り、これを自由なる主権者とみなすものとする」と述べている。[4] ここにも、他国の主権者承認の条件は、その主権者が王位簒奪者であろうがなかろうが、要するに実効的な権力を維持しているだけで十分であり、外国は、一国内に生じた事態に、その国民の意思に反してまで干渉する権利はなく、事実を事実としてそのまゝ認めるという考え方が示されている。

ところでこのヴァッテルの見方は、現実の支配権の確立はそれだけの客観的事実で十分で外国による事実認定のプロセスを必要とせず、一義的にすべての外国に対して適法主権者としての地位を一般的に及ぼしうるという見方（いわゆる宣言的効果説）を意味するものでないことに注意する必要がある。ヴァッテルは右の彼の言葉からもはっきりわかるように、革命が正当かどうか（justice or injustice of its conduct）を判定することは内政干渉になるからいけないと言っているだけで、現実の主権的地位を誰が保持しているか（sovereign in actual possession）の判断は、外国が行う必要があることはこれを明白に肯定しているのである。つまり外国は、それぞれの国家的利益に従って、個別的にその判断権を行使すればよく、ただそのさいに、主権的地位の実効性という事実が認められれば、戦争等を覚悟しない限り、それをそのまゝ承認する必要があること（事実認定に政治的裁量の入ることを前提にしながらも承認義務を肯定）を明らかにしているとみられるのである。ところでフランスのみでなく当時のヨーロッパの諸王は、ほとんどすべてこの見方から、シャルルのスウェーデン新王たる地位を承認したのである。(5) また一六四一年、ポルトガル王ジュアン六世（Jean VI）の二人の使節がロンドンに到着し、英王の接見をうけたとき、王は次のように述べた。「私がイスパニア王以外の他の王を認めない限り、あなたがたが代表する王は、ポルトガル国民の一致の同意によって王冠をいただいているのであり、王国の完全な所有を確保しているのであるから、私はあなた方の資格を傷つけないよう、あなた方の代表権を認可しようと思う」(6)（傍点・広瀬）と。ここにも、外交使節の接受に関連して、使節派遣の権限をもつ唯一の権力者たる君主の主権的地位の承認問題が意識的に取上げられているのをみることができる。さらに、一七世紀中葉、いわゆる清教徒革命によって、英のスチュアート王朝がつぶれたとき、新しく統治権者となったクロムウェル（Cromwell）は、ロックハート（Lockhart）をイギリス共和国の大使の資格でフランスに派遣した。フランス王は、事実上の主権者のみが、主権者として外交使節を派遣する資格があるとの理由でこれを接受し、前イギリス王チャールス二世及びその公使と外交関係を継続することを拒否したのである。(7)

（1）　常置外交使節制度が発生した当初の一四、五世紀にも、使節授受に関連して、王位簒奪にもとづく新主権者の地位承認という問題が、全く取上げられなかったわけではないが、しかしそれも、外交使節制度そのものが部分的であったため、および中世のローマ法王並びに神聖ローマ皇帝の封建体制上の権威と各王侯の従属的立場等から諸国の一般的な規範意識として成長するまでに至らなかった。

（2）　M. Merlin, Répertoire Universel et Raisonne de Jurisprudence, Tom. 8, 1908, p. 240.; S. Gemma, Les Gouvernements de Fait, Recueil des Cours., Tom. 4, 1924-III, p. 388.

（3）　S. Gemma, ibid, p. 338.

（4）E. de Vattel, Le Droit des Gens, ou Principes de la Loi Naturelle., 1758, Liv. IV, Ch. V, §. 68（'Classics of International Law' の中のフェンウィック（C. G. Fenwick）の英訳（一九一六年）、p. 366. 参照）。
（5）H. Lauterpacht, Recognition in Internatinal Law, 1948, p. 101.
（6）S. Gemma op. cit., p. 339.
（7）S. Gemma, op. cit., p. 339.

右のように、諸国の慣行で、元首の主権的地位の承認という問題が取上げられたのに対応して、当時の国際法学者もまた、外交使節の問題に関連してこれを論じている。たとえばゲンチリス（A. Gentilis）は、一五八五年に公刊した「外交使節論」（De Legationibus）の中で、暴君に反抗して媒反を起こした反乱者が、外交使節派遣の権利をもつかどうかを論じたさい、やや自然法的な見方からではあったがそれを積極的に解し、その理由として、正統な君主に代った革命者でもそれが統治権力を現実にもっている限り、正統君主と同じ地位にあるとしたのである。(1)グロチュースも、一六二五年に公刊した「戦争と平和の法」(De Jure Belli ac Pacis）において外交使節について述べ、その中で「この国際法は、主権的権利をもつ統治者が相互に派遣する彼らの代表にのみ関している」と言い、地方や都市の代表は国際法上の権利をもたないと説明している。更に、現実に支配権を行使している者が、外交使節授受の権をもつとも言っている。(2)また、ビンケルスフーク（C. Bynkershoek）は、内乱時における外交代表権の問題に関連して、新しい用語を用いてこれを取扱い、「外交代表権を行使しうる資格のある当事者は、実際に統治権を行使している者である…。使節を派遣するためには、統治者は独立した主権者でなければならぬことを要求する者も、その統治者がその主権を正当な手続で保持するに至ったか、或いはまた不正に獲得したかを区別しない。そして事実、このような区別は不可能である。つまり外交使節を接受する国は、要するに派遣国の主権者が主権の座にあることをもって十分とするのである[3]」と述べて、実効的な支配権者に主権者としての地位を認めている。

さらに、ヴァッテルも、一七五八年に公刊した「国際法」(Le Droit des Gens.)の中で、「国家が、この大いなる社会の中で直接席を占める権利をもつためには、それが主権的であり独立であること、即ちそれが自己の政府と法律によって自ら統治するということで十分である[4]」と述べ、国家が国家として国際的に成立するための条件を、その国が主権をもち独立であるという点に求め、更にその主権を保持する者（君主）が正当な手続によらないで交替したとき、外国は新主権者に主権者としての地位を認むべきかどうかを外交使節授受の権能から考察し、次のように述べている。即ち、「新主権者が主権者として認められるかどうかは、彼が実際上の支配権力を行使しているかどうかによって決められるべきで、外国は自己の利益が必要とするならば、その地位を尊重することとなる」。「外国は一国の国内事項に干渉する権利はないから、その国の国内行為の正、不正を審査することはできない。もし外国が適当と考えるならば、その国の事実上の主権者の行為を合法なものとみなすことができる」。「その国の国民が自己の主権者を追放したとき、外国はもしその国と戦ったりあるいは敵対することを欲しないならば、その時以来、その国を自由な主権国家とみなすことになる。この場合、その国民の主権者追放が正当であったかどうかを判断する必要はないのである[5]」と。このようにして、ヴァッテルは「事実主義」の立場を明確にして、革命によって成立した新主権者の地位を承認すべきことを主張したのである。その契機として「外交使節授受の権利（機会）」を考えており、彼の著「国際法」でも承認問題をそうした章の中で論じている[6]。

ところでこのヴァッテルの事実主義の立場は、彼が不正な君主に対する国民の革命権を肯定するという当時の市民階級のイデオローグとしての立場を背景としていること（そうしたイデオロギー性をもっていたこと）をまず注意する必要があるが、同時に内政不干渉原則を国家主権の本質的属性として考え、そのコロラリーとして、内乱の場合にも内乱の両当事者に対して、外国は平等な地位と権利を認むべきことを主張したこと[(7)]と関連をもつといえるのである。つまり内乱の両当事者が平等な地位をもつということは、旧正統政府がかって正統であったという理由だけで、過度の地位と待遇を法的に期待しえないことを意味するのであり、また内乱という国際法的に評価すべき事態については、第三国は公平・中立の立場を原則的に維持すべきであること、いいかえるならば内乱の結果成立した政府に対しては、その客観的事実だけで法的取扱いを決定すべきであるという「事実主義」の承認基準をとらざるをえないことを意味するといえよう。ところで、ヴァッテルの承認論の意味するところについてはもう一つ注意しなければならないことがある。すでに少しくみたように、彼が「事実主義」を主張したということは、承認の理論について、今日、学説上で論争のある創設的効果説と宣言的効果説のうち宣言的効果説を主張したことを意味しないということである。もとより、彼は「創設」とか、「宣言」とかいう言葉も使っていないし、そうした問題点を明確に意識していたわけでないことは明らかである。しかし、彼の承認論のイデオロギー性や或いは当時の主権国家の主権性に関する政治外交上の一般的な認識のあり方を背景にして考えてみれば、やはり創設的効果説の考え方を背景にもっていたとみるのが正しいであろう（ただ、それに承認義務論的背景が「事実主義」――政治的恣意性の排除――の立場から加味されていたとみるべきである）。なぜなら彼は内政不干渉の立場を強く主張していたから、一国の革命行為の当否を審査する権限は外国にはなくそれを事実として認める以外にはない（但し事実完成の認定権が外国にあることは別に肯定していることに注意）としながらも、一方において、外国（承認国）の主権国家としての主権、独立性をも考慮し、「その国の利益が必要とするならば」、或いは「適当と考えるならば」（これは承認権限の行使機会は承認国の便宜に委ねられることを意味する）、「事実上の主権者を合法なものと推定できる」[8]とのべて、外国（承認国）の承認権限の独立性→創設的効果説の基盤を肯定している点に注意しなければならないからである。当時の主権絶対の国際社会体制を反映したものと言えよう。

（1）A. Gentilis, De Legationibus Libri Tres, 1585, Liv. II. Ch. VII.
（2）H. Grotius, De jure belli ac pacis., Liv. II, xviii, 2.
（3）C. von Bynkershoek, Quaetionum Juris Publici Libri Duo, 1737, Liv. II, Ch. III（'Classics of International Law' の中のフランク（Frank）の英訳（一九三〇年）、p. 157. 参照）。
（4）E. de Vattel, Le Droit des Gens., Liv. I, Ch i, § 4.
（5）ibid., 'Classics of International Law' の中のフェンウィック（Fenwick）の英訳（一九一六年）、p. 366. 参照。
（6）ibid., p, 131.
（7）ibid., pp. 131, 340.
（8）ibid., p. 366.

第三項　主権国家意識の形成と内政不干渉の原則

このように、元首の主権的地位の承認ということは、一六〜一八世紀を通じて慣行的にも、学説上でも、一般に認められるようになっていた。そして、その契機を提供した事態は一国内の主権者の革命的変更ということであり、その媒介となったものは元首間の外交使節交換の制度であった。ところで右の主権者承認の制度について、その成立根拠を提供した見方は何かというと、それはまさに国民（国民の意味は、第一に、領邦国家制の枠を前提としながらも、人間ないし個人という政治社会体制とは無縁に理解された場合と、第二に、ブルジョアジーを中心とした市民階級の登場という政治社会体制を前提として理解された場合の二つがある）の「革命権」と、その国の国内問題に対する外国の「不干渉義務」のそれであった。つまり独立主権をもつ国家の国民は、自己の意思のみによって（それが王族の一員の個人的政権欲からのものであろうと、或いは一八世紀に台頭のきざしをみせ始めた国民主権主義に基礎をおくものであろうと、これを問わない）、時の支配者を駆逐し自らがその地位にとって代ることが認められるのであり、外国は、そのような一国の内部問題すなわち主権国家の独立の政治意思の変更に干渉することはできず、従って、事実をそのまゝ認め、現実に権力を行使している支配者を当然にその国の元首として、その主権的地位を認めるべきだということであった(1)。

まずグロチュースは、たとえ簒奪者であっても、王位を現実に保持し統治権を実効的に行使している者に対して、外国は主権者たる地位を認めるべきであることを説き、「彼によって布告された措置は、法の破壊と裁判所の機能停止から起こる完全な混乱を避けるために法としての効力をもつ」と述べ、主として平和と秩序維持の必要から、革命による王位簒奪者に対してもその権限行為の拘束性を肯定したのである(2)。またプーフェンドルフも、一六七二年に公刊した彼の著作「自然法と国際法（De Jure Naturae et Gentium）の中で、グロチュースの右の見解を支持し、「いやしい手段で事実上主権を保持するに至った者でも、それを維持している限り、他に主権へのよりよい要求をなしうるものがない間は、人民から合法な君主とみなされるべきである」。「つまり結論はこうである。従来の合法君主を駆逐し、王として事実上権力を行使している簒奪者を主権者として認めその命令に従うのは、人民にとって合法的であるのみならず義務でもある。換言すれば、従来の合法君主は、君主としての人民に対する義務を履行することができない状態に追いやられたのであり、しかも、国家はある種の主権なしには存在しえないのであって、主権者は公共の秩序や良民を保護する義務を負っており、更に国家を愛するものは無意味な強情によって、その国を混乱の中にそれ以上突き落とすような原因を作ってはならないのである」。「私のこの見解は、主権を所有するものが、どのようなタイトルでそれをもつに至ったかを審査することに何らの関心もいだかず、ただ単にそれを所有しているという事実に服従することとしか知らない人民に対しては、いっそう当てはまるのである(3)」と述べている。

ゲンチリスも、既に、それより前に、事実上の主権者の主権的地位を承認すべきことを主張し、プラトーのポリティカ（Politica）を引用しながら、「我々は、我々の意思に反して我々の病気を治療する者も、我々の求めに応じて我々を治療する者も、共に医師と呼ぶ。つまり我々は、専制者であろうと慈君であろうと、革命者であろうと正統君主であろうと、それが満足に国を治める限り区別を設けないのである(4)」と述べて、当時かなりの勢力をもっていた正統主義（legitimism）の権威を弱めるのに大きな力を果したのである。ビンケルスフークは、「政治的問題では、ともかく保持（possession）ということに法の主要部分を占めさせるのが便宜である。さもないと、我々は、すべての国家の起源を、それが合法的に確立されたかどうかを知るために審査しなければならなくなるし、また、彼らが外交使節派遣の権利をもつかどうかも検査しなくてはならなくなる。しかしこのようなことは、全く無意味であり、諸国間の平和を乱すためのかっこうの言訳を準備するようなものである(5)」と述べて、法的安定性の見地から、実効的な権力を保持している主権者は、それがどんな経過をたどってその地位に着いたかは問わず、その事実だけで、主権者としての地位を認められるべきことを主張したのである。

ただ注意しなければならないのは、グロチュースにしてもビンケルスフークにしてもプーフェンドルフにしても、彼ら以前のいわゆる完全な絶対主義王権のイデオローグであったヴィトリアやスアレスほどではなかったにしても（たとえばグロチュースの「戦争と平和の法」も、当時の絶対主義国家間の絶え間のない戦争に対する批判から生れたものである）やはり保守主義者であり、次にくるヴォルフやヴァッテルほどブルジョアジーを中心とした市民階級の側に立つイデオローグとは言えなかった。従って彼らの理解する革命権の肯定も人間の自然的自由の肯定という自然法思想からのそれであって、社会的体制としての階級の意識からのものではなかった。また当時においては、ブルジョアジーの社会的成長はなお十分なものではなかったことも背景として考えておかなければならない。

ところで次の世代を担ったのがヴォルフとヴァッテルである。まずヴォルフ（C. Wolff）も、一七四九年に刊行した「科学的方法により取扱われた国際法」（Jus Gentium Methodo Scientifica Pertractatum）の中で、「国民はその意思によって自己の主権者を変更することができ、主権者の称号やタイトルはその国民の意思に基づく」（§.244）と述べて、まず国民の革命権を承認したのち（そこに、絶対主義国家観から市民的自由を中心とする国家観への転換、換言すれば君主の主権的地位の承認というよりはむしろ市民階級を中心とした国民国家に対する承認という考え方が出てきている）、「その新しい主権者の名称やタイトルが、その国の国民が認めていると同様に、第三国によっても認められるかどうかは、もっぱら第三国の意思に委ねられる」（Whether Other nations wish to adress the ruler of any state by the same name by which his subjects adress him and attribute to him the same titles of honour, depends entirely upon the will of those nations, —§.246.）と言って、新主権者の地位に関する呼称上の審査権のみならず、実体上の認定権（承認権）も第三国にあることを主張したのである。しかしながら同時に、第三国による右のような主権的地位の認定は、「それ以上確実なもののない事実から遊離することは許されず、もしそうなると安定性は失われ、邪悪と不合理を結果する」(But as soon as one departs from the truth, there is no further certainty, and very many wicked and absurd things follow there from, ─§. 249.) というふうに述べて、[6] 事実主義に基づいた承認義務の存在を肯定している。

　ヴァッテルもまた、その著「国際法」の中で、「国民の自由と独立の当然の効果として、各国民は自己の適当と考える態様で自らを統治する権利をもっており、第三国は他国の政府に干渉するいかなる権利ももたない」(It clearly follows from the liberty and independence of Nations that each has the right to govern itself as it thinks proper, and that no one of them has the least right to interfere in the government of another, ─Book II,§. 54.) し、また、「他国は一国の主権者の統治形態を審査することはできず、その行為の裁判官となることもできない」(No foreign state may inquire into the manner in which a sovereign rules, nor set itself up as judge of his conduct, ─ibid.,§. 55.) から、「一国の国民が正式にその君主を追放し、または、王位簒奪者の権限を明示もしくは黙示に承認したならば、この一国の内部的処理に反対し、その正当性と有効性に異議を申立てることは、その国の政府に干渉することを意味し、従って侵害行為を構成する」(If the nation has formally deposed its king, …, or if they have expressly or impliedly acknowledged the authority of an usurper, to oppose domestic arrangements, or to dispute their justice or validity would be to interfere in the Government of the Nation and to do it an injury─ibid, §. 197.) と述べている。[7] とくに、このヴォルフとヴァッテルの著書は、一国におこった元首の革命的変更による新主権者の承認問題を真向から取上げて論じたものであり、またその立場は明確に国民主権主義にもとづく革命権の肯定であり、外国のこれに対する不干渉義務をはっきりと主張している点に注目する必要があるのである。またそれだけでなく両者が、革命の結果を否認することは不合理な結果を招き、結局その国に対する侵害行為をも構成するとはっきり述べている点は、第三国に実質的な承認義務のあることを肯定したものとみることができる。[8] そしてこの見解が米国独立前に明らかにされているだけに興味深いものがあると言わねばならない。

――ここで注意しなければならないことは、「承認義務」の肯定は、創設的効果説と結びついて始めて意味をもち、宣言的効果説とは概念的に無縁であることである。なぜなら、まず宣言的効果説は主権国家分立の社会体制における革命成立状況に対して、既存国家の認識評価の態度を説明する仕方としては本質的に有効でないことである。つまり既存国家の認定権の存在と、ナショナル・インタレストを中心とするこの権利行使のさいの主権的意思のフルな機能を理解するためには、創設的効果説による以外にないからである。第二に、宣言的効果説では、承認行為それ自身に法的行為としての実体機能をもたせていない。単に論理的前提として、革命主権者は成立と同時に法的地位をもつという仮設を予定しているにすぎない。つまりそうしたすでに成立済みで、且つとうに所有している革命主権者の法的地位を形式的に確認する意味しかない。いいかえれば革命行為と新主権者の成立という国際法的事実に対しては単なる間接的な受動的認識論にすぎない。これに対し、承認義務論はヴァッテルのいうように、「承認しないこと」が相手国に対する干渉という違法行為を構成し、従って報復行為をも可能とするという、いわば承認という行為状況を積極的能動的な権利義務としての法律行為論として理解しているということである。そしてこれはまさに創設的効果説の本質なのである。ここに承認義務論と結合した創設的効果説が、当時の主権的分立体制下の承認行為を説明する仕方として有効性をもつ故以があるのである。――

右に述べたように、一国の国民の王位改廃や変更の自由と、第三国がこれに干渉しえず事実は事実としてそのまゝ受け容れ、新統治者の主権的地位を承認すべしとする見解は、当時わけても一七世紀後半から一八世紀のヨーロッパ社会においてかなりに有力であったが[9]、しかしこれに対立する学説や慣行のあったこともまた無視することができない。たとえば、一七・八世紀に結ばれた多くの条約の中には、当事国の主権者が、それぞれの国内にひとたび革命が発生したときには、これを鎮在するために相互に協力することを約した条項を挿入することも少なくなく（その例として、一六三〇年のイギリス・イスパニア協定、一六五九年のフランス・イスパニア協定等があげられる[10]）、絶対主義的傾向の強かった各国の王朝間のコンコルダートとして、現王朝維持の機能を果すのに力あったのであり、これが後の、革命の否定と王位簒奪者の主権的地位の原則的否認を宣明した神聖同盟等のいわゆる正統主義思想の母体ともなったのである。もっとも、このような革命鎮圧のための各国君主間の相互協力の義務も、単に革命が発生し、従来の主権者が革命者と抗争しているときにのみ適用があるのであって、ひとたび革命が成功した後の革命者、即ち王権簒奪者の主権的地位の承認の問題まで法的に適用があるとは考えられておらず（もっとも政治的意識としては、王権簒奪者に対してできるだけ承認を与えまいという傾向が、こうした条約の精神からはでてきていたが）、むしろ当時の支配的な慣行や学説としては、すでにみたように革命成功後においては、国民は旧君主に代って新主権者に服従する義務が生じ、外国はこれを尊重すべきであるとする考えが一般的であったと言えるのである[11][12]。

（1）　一国家の内政に干渉しうるとするのは、支配・服従という上下の関係が認められる封建社会に特有の現象であって、個別国家の独立性、主権性が確立された近代国際社会の政治的、社会的背景のもとでは、既に許されない（R. Ward, History of the Law of Nations, Vol. I, p. 367.）。また、承認制度の本来の性質が、一国家の独立性、主権性を他国が尊重しこれを確認するというものである以上、これは不干渉の問題と別ではありえない。

（2）H. Grotius, op. cit., Liv. I, Ch. IV, §. 15.

（3）S. Pufendorf, De jure naturae et gentium, 1672, Liv. VII, Ch. VIII. 9-10.

（4）A. Gentilis, op. cit., Ch. VII.

（5）C. von Bynkershoek, Quaestionum juris publici libri duo, 1737, Liv. II, Ch. II（'Classics of International Law' の中のフランクの英訳（一九三〇年）、p. 158.）。のみならず、ビンケルスフークは暴力によって王位を簒奪した者の主権的地位承認の根拠として、Paschalius（Legatus, XII）を引用し、暴力によらず人民の同意ないし選挙にその起源を求めうる王国や帝国はほとんどないことをあげている（ibid）。

（6）C. Wolff, Jus Gentium Methodo Scientifica Pertractatum, 1749, §§. 244~249（'Classics of Internationsl Law' の中のスコット（Scott）の英訳（一九三四年）、参照）。

（7）E. de Vattel, Le Droit des Gens., Liv. II, 1758, §§. 54, 55, 197（フェンウィックの英訳、pp. 131, 175.）; P. H. Winfield, The History of Intervention in International Law, B. Y. I. L, 1922~23, pp. 132~133.

（8）ラウターパクトは、ヴァッテルは承認義務を認めたのではなく、承認しうる権利を認めたにすぎないと言っている（H. Lautrepacht, Recognition in International Law, 1948, p. 102.）。たしかにヴァッテルは、その著「国際法」の他の部分では、承認行為は承認国の利益のために利用しうることを肯定しており（フェンウィックの英訳、三六五頁）、—この点からみれば、ヴァッテルの承認論は今日での創設的効果説であって宣言的効果説ではない—また承認義務のないことを述べてもいる（同じく一二八頁）から、この点からみればそうともいえよう。しかしこうしたヴァッテルの立場は、彼の「分権的実証主義」国際法観からくるものであって、承認の前提条件としての「事実主義」を否定するものではない（君権的正統主義の否定）。つまり、従来の自然法が国家意思の介在を無視する立場での事実主義であったのに対し、国家の主権的自由、独立の観念を背景にした主意主義的な国家意思の介入を承認行為の基礎として求めようとする態度が、こうした意見として現れたとみるべきものである。従って彼が承認義務を否定するのは、新主権者のタイトルが不合理なものであったり、又は確立した慣行に反している場合にのみ限られるのであって、それが合理的であり現実と一致している場合には、新主権者のタイトルを認めるのが国家間の義務であるとはっきり述べている（同じく一二八頁）点からみれば、やはり承認権限の恣意的行使を排する事実主義的な承認の態度をはっきりさせたものとして、この点を見落としてはならないのである。のみならず、ヴァッテルが新主権者の主権的地位が事実上確立したとき、これをそのようなものとして認めないことは新主権者に対する敵対行為であり、このような態度をとる外国は、相手国との間に戦争を覚悟すべきことを主張し、その例としてイギリスが追放したジェームス二世（James II）の皇子をフランスが正統君主とみなしたことは、イギリスに対する不法行為であり、従ってこれを理由としてイギリスがフランスに宣戦したことを当然のこととしている（同じく三六六頁）点からみると、やはり実質的にみて承認義務を認めたとみるのが妥当であろう。こうしたヴァッテルの立場は理論的には次のことを意味するといえよう。すなわち「事実主義」の承認論は宣言的効果説と結びつくわけではなく、本文でもみたように、むしろ第三国の承認権の存在を介在せしめることにより、創設的効果説（承認義務論をばいかいとした）と関係をもつことが学説史的にも肯定されるということである。

（9）このことは、当時のヨーロッパ社会における政治的社会的事情と別ではありえない。なぜなら右の事実主義的な主権者承認の見方は、根本において、自由主義、国民主義の政治思想につながるからである。当時、資本主義の発達がブルジョアジーの勃興を促し、彼らが民族的独立ないし国民的統一の旗印のもとに、自由主義的、民主主義的国民国家を形成しようとしていた事実は、争いえない時代の潮流であった。ことに、ヴァッテルの母国スイスのように、絶対主義国家の間に介在する小国が国民国家を形成するためには、外からの絶対主義国家の干渉を排除する必要のあったことは当然である。ヴァッテルが、強く内政干渉を排撃し、民族の独立権、分離権を主張した（E. de Vattel, op. cit., Liv. I, Ch. XVII, §§. 200~202.）理由もそこにあった。換言すれば、ブルジョアジーを主体とする自由主義革命や国民的独立に対する絶対主義勢力の圧迫、干渉を排除しようとする当時の市民階級のイデオロギーとしての国民主権思想が、国際法の分野で表現されたものが、国民（この「国民」は、王族ないし支配階級を除外したむしろそれと対抗するブルジョアジーを中心とした市民一般の意味）の革命権の肯定であり、内政不干渉の原則であり、そして事実主義の承認理論であったのである（この点については、山手治之、「国家承認論における学説の対立とその思想的背景」、立命館法学、四・五合併号、五九頁、参照）。

(10) A. Rougier, Guerres Civiles et le Droit des Gens, 1903, p. 374.; De Olivart, Pel Reconocimiento de Belligerancia y sus Effectōs Inmediatos, 1895, p. 4.

(11) H. Grotius, op. cit., Liv. I, Ch. Ⅳ, §. 15. ; S. Pufendorf, op. cit., Liv. Ⅶ, Ch. Ⅶ, §§. 9-10 ; H. Lauterpacht, Recogni-tion., p. 99, ns. 2, 3.

(12) ストーウェル（E. C. Stowell）も、当時の王権神授説が事実上の革命政府の承認を妨げるには、それほど影響力をもたなかったことを認めている。ただ、彼はイギリスの清教徒革命（一六四二―四九年）にさいして、革命クロムウエル政府を承認したオランダやフランスが、チャールス二世やその支持者たちの政治的亡命を認めたことを当時の正統主義の思想のあらわれとしている（E. C. Stowell, Intervention in International Law, 1921, p. 344. n. 70.）。

第四項　承認制度形成の阻害概念としての超越的自然法思想

このようにして、国民の革命権及び内政不干渉原則という観点から、一国に成立した新支配者の主権的地位の承認という問題が、すでに一七～一八世紀にクローズアップされていたことに注意しなければならない。そうしてみると承認法の成立が基本的には、君主（国家）の主権ないし独立権の承認ということと結びついていることがわかる。ところで、承認という法制度の性質を考えると、それが被承認者の特殊な地位（国際法主体ないしその主権者たるの地位）を認める意味をもち、しかもその法主体が独立権（内政不干渉を相手方に義務づける）をもつ近代主権国家（ないしそれを象徴する主権者）のそれであるとすれば、国際法上で右の独立権ないし主権的地位を認めるということが、承認という法制度の内包する基本的趣旨であることは当然のこととなる。ローマ法王や神聖ローマ皇帝を頂点とするヒェラルヒー制度のもとで、従って主権をもつ近代国家の未成立な中世においては、そうした頂上の人格意思を中心とする支配・服従の関係は認められても、相手方に対する自由独立な判断権をもつ承認の行為、別の見方からすれば相手方に対する独立の絶対権を前提としてのみ成立つ平等、相互不干渉を原理とする「主権承認」の行為がみられなかったのは、いわば当然のことであった。そうとすれば、承認の法制度が拠って立つ一般的な社会的基礎は結局、主権、独立権をもつ近代国家の成立の中に求められなければならないことは明らかである。そして承認という法制度は、そのような独立主権国家（君主）を法的に成立せしめる手段として、国家の実践の中でとりあげられ、近代国際法の一分野として形成されるに至ったのである。従ってそうした意味からも、承認という法行為が制度的に成立したのは近代国際法の成立と時期を同じくし、だいたいに一七・八世紀とみて差支えないと言ってよいのである。

ところで、当時（一六世紀を中心としてみると）実定的な承認制度の成立を妨たげた一つの法思想があったことを忘れてはならない。それは即ち自然法思想である。自然法は、ギリシャに始まり中世を経、内容的にはかなりの変遷をたどりながらも、近世初頭（一六世紀）においては、すでにヨーロッパの伝統的な法思想観念として定着していたのであるが、その説く所に従うと、人間はその本来の合理的、社会的な性質に基づき、生れながらにして当然一定の法規範に従わなければならないとする観念であって、人間関係についてそうした自然法の妥当が認められるならば、君主（即ち国家）の間にも当然それが認められなければならないはずであるというのである。この君主間（或いは国家間）に認められる自然法がいわゆる当時の国際法と考えられていたわけで、従ってこの意味での国際法は、一般に、君主または国家に対して超越的に課せられた普遍人類法（droit humain）としてみられる傾向が強かったのである。[1] のみならず、当時（わけても一六世紀）としては、「国家」という特殊な社会団体の存在が全く無視されていたのではなかったが、主権国家的意識がまだ完全に成熟していなかっただけに、それが単なる人の集団としての概念しか与えられないことも少なくなく、また国家主権の意識が存在する場合でも、その主権概念は、君主個人の人格から独立に取扱われることがなく、従って個人と区別して国家だけを特別に取扱おうとする規範意識が十分でなかったことも、国際法を普遍人類法の一部とみる見方の根拠となっていたといえるのである。

また、普遍人類法としての国際法であるとすれば、その適用対象となる法主体（国家または君主）は個人と同じく生まれる（成立する）と同時に、当然国家としての法主体性をもつということになり、あらためて既存国家（それも、自然法によって先験的に拘束され、その法的存在自体が既に自然法によって与えられているにすぎない）による承認行為を必要としないという考えに到達することは必然であったのである。もっとも、後の時代（一八・九世紀）における自然法学のように、承認行為を宣言的、確認的意味に解することによって、自然法のもとで、個別国家による承認制度の成立する余地のあることを示すものもあったが、[2] しかしこれは一八・九世紀に既に十分に慣行上成立した承認制度を、自然法的見地から合目的的に解釈し解答を与えたものであって、近世初頭のように、承認行為の意味が未だ十分に認識されておらず、慣行としても一般的には成立していなかった時代にあっては、国家や君主の主権的地位を十分意識していない普遍人類法的国際法にとっては、君主や国家を個人と特別に区別して、その成立のために特に個別国家の承認行為を必要とすると解する余地は、十分には与えられていなかったのである。新君主ないし新国家の成立が法的に構成されるための手続が必要であるとしても、それは既存の国家またはその君主の単独の意思に依存するものではなく、それとは別個に独立する超越的な国際法（自然法）の役割にゆだねられるべきであって、諸国家または諸君主の実定的な意思とは別であると解する以外になかったのである。このような見方は、グロチュース以前の国際法学者即ちヴィトリア(3)、スアレス(4)、ゲンチリス(5)等のいわゆる神学的自然法の理念を説いた者の所説から十分推測できるものであるが、神学的自然法から脱却し「正しき理性の命令」として自然法を理解しようとしたグロチュースにおいてもなおその影響を多分に残していたといえる(6)。

（1）　田畑茂二郎、国際法、昭和三一年、三二頁。

（2）　この点については、大沢章「国際法に於ける国家の独立と承認（一）」、国際法外交雑誌、三一巻六号、三六～三七頁、参照。

（3）　ヴィトリアは、一五五七年に出版した「神学的再考察」（Reflectiones Theologicae）の中の「最近発見されたインド人について」（De Indis Noviter Inventis）と「野蕃人に対するスペイン人の戦争についての法」（De Jure Belli Hispanorum in Barbaros）の二つの論説の中で、異教徒たるインド人も正統の君主を載き、土地所有権をもちうることを自然法上の見地から認め、スペイン植民者が正当な根拠なしに、その土地を侵略することは許されないとしている。これは、ヴィトリアがその地域を国家としてみなしたわけではなく、しかしその地域を君主または国家のような一定の権利をもつ法の保護主体として存立させうるために、承認という外部からの行為を意識的に介在せしめる必要のないことを示したものである。

（4）　スアレスは、一六一二年に刊行した「法ならびに立法者としての神についての考察」（Tractatus de Legibus ac Deo Legislatore）の中で、超越的に妥当する自然法に対し国際慣習法の独自の存在を示し、国際法形成過程における国家意識の機能をある程度認めていたが、基本的には、ヴィトリアと同じように、その根拠にあったのは、普遍人類法・普遍人類社会の考え方であって、そこには国家のみをもって構成する国際社会といった観念は、まだ十分に認められていなかった。

（5）ゲンチリスも、実定国際法の存在を無視はしなかったが、彼もまた、国際社会における超越的自然法の妥当を認めており、その国際法思想の根底にあったのは「自然理性」（naturalis ratio）の妥当する「人類社会」（Societas humana）の観念であった（A. Gentilis, De jure belli libri tres, 1598, Liv. II, Ch. 12.）。

（6）グロチュースも実定国際法の存在はこれを認めた（H. Grotius, De jure Belli ac Pacis, Prolegomena, §. 17 及び III, iii, 12.）が、しかし彼の所論で何よりも強調されているのは自然法の客観的妥当性であって、これを前提として君主（国家）もまた自然法の拘束から免れえないことを示そうとしたのである。つまり、国際社会をもって普遍人類社会とみる考え方で一貫しているのである。バドヴァン（J. Basdevant）が、「グロチュースの考える国際社会（la communauté internationale）は、諸国間の社会（la société des États）というよりも、むしろ人類社会（la communauté humaine）であった」と述べ（A. Pillet, Le Fondateurs du Droit International, 1904 所載の Hugo Grotius, par J. Basdevant, p. 254.）、またブールカン（M. Bourquin）が、「グロチュースの目からみれば、世界は、個々の主権者の単なる集合というようにはみられなかった。彼がそこに見出したものは、社会の要求や規則に従うさまざまな国民をその中に包含する普遍社会、即ち人類社会（Société du genre humain）であった」（M. Bourquin, Grotius et les Tendances Actuelles du Droit International, Revue de Droit International et de Législation Comparée, 1926, p. 90.）と述べており、更に、リーヴス（T. S. Reeves）も、「この書（「戦争と平和の法」）全巻を通じて、国家は付随的にしか法主体として考えられておらず、何よりも考察の中心となっているのは人類であり、国家は後景に押しやられている」（J. S. Reeves, La Communauté Internationale, Recueil des Cours, Tom. 3, 1924-II, p. 22.）と述べているのは、右のグロチュースの見方を裏付けるものである。こうしてグロチュースが、君主（国家）を特に通常人と区別して取扱う必要をそれほど認めず、従ってその主権的地位（それを肯定してはいたが）を基礎とする特別な法主体としてみなす理由を特に強調することもなく、後にヴァッテルによって強く主張された内政不干渉の原則も、彼においてはまだ明確にされておらないことと相俟って、君主または国家の特殊な独立主権的地位を成立させ、これを特別な法主体として形成する「承認」の行為の必要と意味を、その後の国際法学者に比べればやはり十分に認識し展開していなかった一面のあることは否定しえないところといえよう。

第五項　承認制度形成概念としての合理的自然法思想と実定法思想
――国民主権主義思潮との結びつき――

このようにみてくると、近世初頭においては「自然法」思想が、「承認」という制度即ち君主ないし国家の主権的地位の成立を、それとは別の現実に存在するものの実定的意思にかかわらしめようとする制度の発生を妨げる作用を果したことがわかる。しかしこのような超越的普遍人類法的思想もその後次第に変貌し、グロチュース以後多くの実定法学者が出るに及んで、「国家」意思を国際法の唯一の法源とみる傾向が台頭すると共に、いわゆる国家の主権、自由、独立の観念を基本的な前提とする近代国際法思想に転化して行ったのである。換言すれば、君主または国家の主権性、独立性を強く認識せざるをえない政治的社会的基盤が次第に確立するとともに、右の君主または国家の主権性、独立性の形成をその国の国民自身の実定意思に委ねようとする傾向が生れ、外国もまたこれを尊重しなければならないとする原則が一七・八世紀を通じて慣行的にも確立するに至るのである。

まず、プーフェンドルフは、人や国家の存在をグロチュースと同様に自然法的見地から考察してはいるが、しかしその自然法は、もはやグロチュースのような超越的なものとしてではなく、人間が神から「自然法を認識するための手段」として与えられている「理性」の光によって見出す合理的自然法といったものとなり、従って自然法たる国際法も、自由なる国家が合理的に選択したものというふうに考えられることとなった。そしてこの自由な国家理性が認識した自然法的国際法によって、国家の自由と平等を基礎とし、国家の成立や主権者の交替については国民の自由意思が尊重され、君主の主権的地位や国家の独立的地位がその国だけの単独の意思によって確立し、外国はそれを当然に尊重すべきだという規範が認められるに至ったのである。(1) もとよりこれは当時、近代的な民族国家がその基礎を徐々に確立しつつあったという社会的背景が、主権独立の尊重を自然法のなかに織り込むことを要求したものとみて差支えない。しかしともかく自然法自体の中にも、個人と区別された主権国家という人的集団を特別な規律対象として措定せざるをえなくなったという時代の流れは注目すべきものがあると思われるのである。ところでこのような国家主権尊重の観念は、実定法学者であるヴォルフになるとかなり明確に認められ、彼の主著である一七六四年の「科学的方法により取扱われた国際法」（Jus Gentium Methodo Scientifica Pertractatum）では、実定法的見地から、主権国家の合意にもとづく国際法の存在を強調する(2)と共に、右の合意を可能ならしめる前提として、自由にして且つ平等な国家の存在を強調したのである。(3)

このように、自由独立な国家主権の観念を中心とした国際法の考え方は、プーフェンドルフからヴォルフへといったかたちで次第に準備されてきたが、それをもっとも強く前面におし出したのは、まさしくヴァッテルであった。すでにみたように、彼はその著「国際法」（Le Droit des Gens.）で、内政不干渉の原則を主張し（Liv. I, §. 57, II, §. 54.）、国家は外国の干渉をうけることなしに、その主権者を選びうる権利をもっていることを説き（Liv. I, §§. 33~37.）、国家が平等であり独立であって、いずれも相手に対する判定者（裁判官）たりえないことを根拠として（Liv. II, §. 55.）、実定法的見地から一国がその自由意思で決めた主権者の主権的地位を、それが実効性をもっている限り外国はこれを尊重し承認すべきことを主張したのである。[4] のみならず重要なことは、ヴォルフやヴァッテルが、国家の独立を強く主張するとき、その国家の概念はすでに君権絶対主義のいわゆる君主即国家という家産国家的なものではなく、政治的自由を基調とする国民主権的な民主国家を念頭においていたことである。[5] つまりこれまでの国際法理論では、一般に国家の権利といっても、君主の人格を中心として論ぜられていたのに対し、彼らにおいては、国民を実体とする国家の人格といったかたちで論ずる傾向が顕著になってきたということである。[6] だから従来、「承認」といっても君主の主権的地位を承認するということがその主たる内容となっていたのに対し、彼らには、そのような君主の主権的地位と国家そのものの独立権的地位とを区別し、主権者の承認とは別の国家法人格に対する承認（国家承認）ということが意識されていることに注目しなければならないのである。[7]

　こうして新しい合理的自然法の立場でも、また実証主義国際法の立場からも、新主権者（場合によっては新国家）の誕生に対して、一般普通人とは異なる法的認識の手続として、第三国の「承認」という行為の必要性が理解され始めたのである。しかしすでにみたように（当時存在した神権的正統主義の立場は別として）、合理的自然法論でもまたポジティヴィストの立場でも、国民の革命権を重視し、革命が実効的に完成しているならば、外国はこれを規範上も尊重すべきであるという事実主義が承認行為の中心であったことに注意しなければならない。つまりこうして革命の成果を法律上当然に効果づけて、革命者の法律上の地位を認めると共に、外国にもその法的意味を明確に認識せしめて不干渉の立場を維持させようという意味で、承認という実定行為の必要性を理解したということである。従って理論的には、承認行為の性質は、常に革命という客観的事実に対する受動的確認の意味合いを強く含んだものとなっていたことは疑いえない。この点につき、アリグザンドロヴィッツもより実際的角度から次のように述べている。すなわち一八世紀初期のポジティヴィストの見解が、国際法の基礎を国家間の合意におきながらも、なお新国家の独立や新主権者の登場という政治的現実を当時すでに形成されつつあった承認という制度と一致させる必要性に直面して、承認行為の創設的性格（ここには国家意思の積極的機能を肯定する立場が横たわっている）を否定して、自然法論と同様の結論即ち承認行為の宣言的性格を受けいれる背景があったと[8]（もっともこの見方には、当時のポジティヴィストの事実主義承認論を今日の宣言的効果説の主張と安易に結びつけた誤解があるが）。

この点で後にみるように、一九世紀以後、承認条件の内容が複雑深化し、わけてもそれらに対する第三国の判断権の必要性（同時に政治性）が強く意識されてきた歴史的背景（パワー・ポリティクスの背景については後述）のもとで、承認行為の性質が、宣言的・確認的なものとしてよりも、少なくとも法的主体としての国際法上の地位の形成に関する限り、より創設的意味を濃厚にしていったこととの相違があるということもできよう。もっともこの時代（一八世紀）のポジティヴィストとして著名なヴァッテルの立場でも、厳密に理論的に考察するならば、その承認論が決して宣言的効果説の立場ではなく、むしろ創設的効果説のそれとみるべきであること（従って、この意味では右のアリグザンドロヴィッツの理解は皮相であるといわざるをえないが）は、すでにみたところである。（第三項、注（8）参照）。つまり彼の承認論は、その市民階級のイデオローグとしての立場から、「客観的事実主義」の提唱者であるというだけであって（従って、市民的革命の事実に対する第三国の実質的な承認義務の肯定と結びつくが）、決してこれは宣言的効果説の立場と理論的に結びつくわけではないということである。なぜなら彼の法律認識上の実証主義の立場が、それまで一般的であった自然法思想と明確に一線を劃して、実定的な国家意思を国際法形成の源泉と認める立場をはっきりさせたからである。いいかえれば、一国の国家的成立や主権者的地位の新しい形成という事実に対しては、第三国の自主的且つ自由、独立な判断をその法的意味づけに関して重視する態度を明確にさせたからである。そこに客観的事実に対する第三国の独立の承認権の意味、いいかえれば承認行為の創設的性格を認めていたものと理解すべき理由があるのである。ヴァッテルが彼の著「国際法」の中で承認行為を承認国の利益のために利用しうることを肯定している（フェンウィックの英訳、三六五頁）のは、こうした彼の主意主義的実証主義の表れであって、かつまた彼が勢力均衡の方式を平和維持のために積極的に肯定していたことと相俟って、承認行為の性格を第三国の主権作用の一つとして理解していた（そして創説的効果説は本来そうした主権国家の対外的主権行動を強調する政治的機能を論理としてもっている）とみるべき根拠を示していると言ってよいと思われる（ただヴァッテルにおいては明確に意識していたわけではないとしても、彼の事実主義の立場と創設的効果説の立場を結びつけるために承認義務を導入し、創設的効果説の濫用即ち国民の革命権の否定という結果に陥ることを防いでいたとみるべきであろう。少なくとも今日の承認理論を基礎にしてヴァッテルの承認論を理解しようとする限り、そう言わざるをえない）。

（1）　プーフェンドルフは、王位簒奪者が王権を獲得するに至ったプロセスを問題にされることなく、当然に外国によって主権者たる地位を認められ、外国と一定の法律行為に入りうべきことを肯定すると共に、外国と右の法的関係に入った以上、その簒奪者が後に追放された場合でも、その対外行為の効力はいぜん継続することを認めて（S. Pufendorf, De Jure Naturae et Gentium Libri Octo, 1612, Liv. VII, Ch.XII, 3, 'Classics of International

Law' の中のオールドファーザー（Oldfather）の英訳（一九三四年）、p. 1361. 参照）、事実上の主権者の意思が国家意思として法律上（国際法上）も効力を認められ、後の正統な王位継承者によっても承継さるべきことを主張したのである。

（2）ヴォルフは、主権者やその代表者たる外交使節が外国で特権を認められるのは、自然法によって当然そうなるのではなく、協定等の当事国間の実定的な合意によって始めてそうなるのであると述べ（Jus Gentium Methodo Scientifica Pertractatum, §. 1062.）、更に、革命によって新たに登極した君主が主権者たる地位を国際的に認められるのも、新君主によるそのための要求と、それに応ずる外国との現実の意思の合致によって可能となるのであって、外国は承認を与えるであろうことを約束したり、或いはそのような協約を結んだときに初めて承認を与えるべき義務を負うことになるとのべている（ibid., §§. 246,247.）。ヴォルフがこのように明示的な合意に承認の効力発生をかかわらしめたのは、当時の実定慣習法が国家間に（国際社会に）一般的に成立しうるだけの時間的経過がみられず、実定国際法といえば主としてまだそのときどきの国家間の個別的な協約という形でしか認められていなかったこととも関連があるのである。

（3）C. Wolff, ibid., §§. 250~251.

（4）ヴァッテルは、このようにのべて、当時の正統主義（legitimism）のドグマに反対したが、この見解は当時のポジティヴィストの多くによって支持されたのである（H. Lauterpacht, Recogntion in International Law, 1948, p. 102.）。モーゼル（J. J. Moser）はこれを更に発展させ、承認問題では新主権者の正統性の如何は問うところでなく（J. J. Moser, Grundsätze des jetzt üblichen europäischen Völkerrechts in Friedens-Zeiten, 1763, Kap. V.）、「新しく選ばれた主権者を外国が承認することは義務である」（Die Erkennung eines neuerwählten Souveränen an Seiten derer übrigen Staaten ist eine Schuldigkeit）と述べて（J. J. Moser, Beyträge zu dem neuesten europäischen Völkerrecht in Friedens-Zeiten, B. I, 1778, S. 329.）、事実上の主権者に対する承認義務を明示的に肯定し、更に外国は一国の王位継承をその国の単なる国内事項（Haus-sachen）とみなし、これに干渉することなしに承認するのが常であった（ibid., s. 254.）と述べている。

（5）ヴォルフは、デモクラシーにもとづく政体の変更があれば、従来君主や貴族のもっていた優越権（precedence）が国民に移転することを主張し（C. F. Wolff, op. cit., §. 243.、スコット（Scott）の英訳（一九三四年）、p. 123. 参照）、国民主権説を法的に保護する立場を明らかにしている。

（6）E. de Vattel, Le Droit des Gens., Liv. I, §§. 3~4.

（7）ヴァッテルは、次のように述べて国際社会における国家の地位を強調している。「すべての主権独立国家は名誉と尊敬を与えられるに値する。何となれば、彼らは社会において承認された地位をもち（as having a recognized position in the great society of human race. 原文では parce qu'il figure immédiatement dans la grand societé du genre humain）、一切の権力から独立し且つその数的理由から、個人よりもより重要性をもつ主体であるからである」と（E. de Vattel, Le Droit des Gens., Liv. II, Ch. III, §. 35, 'Classics of International law' の中のフェンウィックの英訳（一九一六年）、p. 126.）。また次のようにも述べている。「ある国がこの偉大な社会で、直接に存在を認められる権利をもつためには（Pour qu'une Nation ait droit de figurer immédiatement dans cette grande société）、それが完全に主権的であり且つ独立的であれば十分である。つまり適当な権限を有する機関とその法令とによって自己を統治していれば十分である」と（ibid., Liv. I, Ch. I, §. 4.）。更に主権者の変更に関連してではあるが、主権国家の承認問題にふれてもいる（ibid., Liv. IV, §. 68. 同じくフェンウィックの英訳、p. 366.）。

（8）C. H. Alexandrowicz, The Theory of Rocognition in Fieri, op. cit., p. 191.

第二章　承認法の展開

――国民主権主義思潮及びバランス・オブ・パワー方式を原理とする国内並びに国際政治の影響――

第一節　米国独立、フランス革命、中南米諸国独立等の事件における正統主義と事実主義の対決――国家承認制度の成立――

第一項　ヴァッテルの承認論の時代的意義――国家承認制度との関係――

第一章でみたように、承認法の成立過程は主として統治者（君主）の主権的地位の承認というかたちで呈示されたわけであるが、これは君権絶対主義を背景とする一六～一八世紀の君主即国家という家産国家観にその根底をおいていたわけである。もっとも一八世紀に至って次第に人民主権思想が台頭し、近代市民国家の観念が諸国民の間に浸透し、同時にヨーロッパ国家系が整備され、イギリス、フランス、スペイン等のほかに、ポルトガルやオランダ、スイス、スウェーデン等の民族国家が新たに成立するにおよんで、君主等の統治者の主権的地位とは別個の、国家自体の独立権や主権というものが考えられ始めた。つまり、そうしたVolkとしての集団的地位が次第に国際的に尊重されるようになって、国家そのものの承認という問題が次第に考慮されるようになってきたのである。同時に、主権国家の自由な意志を基盤とする国家間の合意にもとづく実定国際法が形成されるようになり、自然法理論に代って一八・九世紀における実定国際法学興隆の基礎がつくられるようになった。

ところで、承認法が国際法の一分野である以上、このような近代国際法の展開過程とその基盤を異にすることはありえない。むしろ、承認制度の本質自体が、国家の形成や一国内における統治権の成立を法的に基礎づけ或いはそこに基盤をおいているだけに、その性格が近代国際社会の法的構成に密接に関連しているのは当然であって、近代国際法の形成と発展過程をそのまま忠実に反映するのが、実は承認制度の史的過程であると言ってもさしつかえない。果してそうであるとすれば、我々は次にこうして成立した承認法が、その後、一八世紀後半から一九、二〇世紀にかけてどういうふうに発展して行ったかをみる必要がでてくる。承認法が、一七、八世紀にかけて既に成立していたと言っても、それは既にみたように決して十分なものではなく、その実質は現代国際法のそれからみればかなり不完全なものであり、性質自体もまだ十分に定まったものではなかった。それが、次の時代における国際社会の政治的社会的基盤の発展とともに、自らもまた多くの変貌を遂げ急速な展開をみせることとなるのである。

このような承認法の展開過程にもっとも大きな影響を及ぼしたのは、第一には一国内における市民勢力の台頭であり、第二には国家間におけるパワー・ポリティックスの展開という二つの政治的要因であった。承認法は、これらの国内及び国際政治の現実の展開に即応して慣行的に成熟してゆくとともに、このような社会的政治的基盤を議論の背景とした当時の国際法学者達によって、理論的にも発展せしめられることとなるのである。ところで、このような承認法の発展（これは、とりもなおさず国際法の発展であるが）に多くの貢献をし、その後の国際法学と国際間の法慣行に支配的な影響を与えたのは、まさしくヴァッテル（E. de Vattel）であった。すでにみたように、ヴァッテルは早い段階から市民階級（ブルジョアジー）の側に立つイデオローグであるという立場を明瞭に示し、これまでの国際法学者の誰よりも政治的自由を基調とする人民主権に近い考えを、素朴な形ではあったがはっきりと呈示し、その立場からの理論構成を試みていたのである。これはつまり彼の国際法理論が、一七世紀の後半から一八世紀に進むにつれ産業資本の成長を背景として、絶対主義国家の内部から絶対主義権力に対抗し、それを打破する勢力として「市民階級」が登場し、やがてヨーロッパ国家系内では、フランス革命を経て、市民階級を基盤とする近代市民国家が次第に形成されていった歴史的沿革と無縁ではないということである。また、ヨーロッパ外でも、アメリカ合衆国や中南米諸国の独立を経て、従来の支配階級、支配民族に反抗して国民国家、民族国家が成立してゆくという歴史的現実を敏感に洞察し把握した結果であったともいうことができるであろう。

ヴァッテルの承認法に対する考え方もまた、素朴ではあったがこのような見地から出発しているのであって、国民の革命権を認めそれに対する外国の干渉を排し、（君権的）正統主義を否定して、革命によって権力を掌握した主権者でも、事実主義の見地から、外国はその現実の支配権を尊重し承認すべきことを説いたのである。たとえば彼は次のように述べている。「ある国が、この偉大な社会で、直接に存在を認められる権利をもつためには、それが完全に主権的であり、且つ独立的であれば十分である。つまり、適当な権限を有する機関と法令とによって、自己を統治していれば十分である」と（E. de Vattel, Le Droit des Gens., Liv. I, Ch. I, §. 4.）。更に彼が、「国家権力は、すべての国民の共同の福祉のためのみに認められたものであり」（ibid., Liv. I, §. 38.）、「市民社会の目的を実現しうる場合に初めて完全なものとなる」（ibid., Liv. I, §. 314.）と説いているのは、まさしく人民主権の考え方を根拠に置いて、国家の主権性を論じたものであった。また、国家の独立権も、そうした背景から主張されたのであって、「国家が自己及びその市民に対する義務を正当に履行しようとするならば……独立は国家にとって必須である」（ibid., Préface）と述べ、この立場から、支配階級が国民全体に対する福祉を考慮せず、従って国家がその市民に対する義務を履行しないときには、国民の一部が、国家から分離し新たに独立国家を形成しうることを認め（ibid., Liv. I, §. 16.）、その点で、彼の書物が米国で非常な人気をかちえ、独立戦争に影響を与えたことは有名である。[1] 即ち、後に述べるように、国家承認の問題が一般に諸国民の意識にまでのぼったのは、一七七六年の米国独立のさいであったが、このような本国との抗争を通じて分離独立を達成した国家が、新たに国際社会における法主体としての主権国家の地位を認められるかどうかの問題に、早くから理論的な説明を与えていたのが、ほかならぬヴァッテルであったと言えるのである。

このヴァッテルの法理論の基礎には、ヨーロッパ国家系内で、すでに本国との間に革命抗争を起した後、分離独立をみとめられたポルトガル（一六四〇年）やスイス、オランダ（一六四八年）等のヨーロッパ国際社会における新国家成立の事実に対する正しい認識がひそんでいたといえるわけで、この意味では、国家承認という法制度の理論的濫觴を米国独立以前に求めることも不可能ではないといえよう。しかしながら、問題はただ右のヴァッテルの説明が、スイスやオランダ等の独立事件に関しては事後的なそれであること（つまり、学問的認識の資料としてそれを考慮しているにすぎず、当時の諸国民の国家承認に関する実践的意識として把握しうる実体をもっていなかったこと）、また分離、独立の権利を認めても、その権利行使の結果が法的に完成し、国際的に承認（国家承認）をうけうるようになるための基準や条件等については単なる事実主義以上に精細な説明を加えていないことを考えるならば、主権者の承認とは区別される国家承認そのものの制度に深い考察を加えていたということはできない。

のみならず右の諸国独立に際しては、特に他の諸国による承認という行為が明示的になされず、諸国民の間にはまだ君主即国家という家産国家観がかなりに強く残存し、君主の主権的地位とは別個の国家の独立権的地位に対する認識が不十分であり、且つ自然法の影響と、右の諸国家がヨーロッパ国際社会という既存法秩序内に成立したためもあって、国家は、国家としての独立性を確立するかぎり、事実上当然（ipso facto）に国際法主体となるというういわば承認行為の介在を捨象した観念が一般であった。つまり、国際法の適用対象としての国家そのものの成立を国際的に認めようとする国家承認の観念が十分には意識されていなかったと言えるのである。これはまた当時、一国内における統治者変更の場合の承認の条件（たとえば事実主義）についてはかなり詳しく論ぜられ、慣行上も一定の基準が成立していたとみられるに反し、新国家が本国から分離した場合のいわゆる分離・独立が完成するための条件については、慣行上のみならず学説の上でも（ヴァッテルをも含めて）十分な認識がなされていなかったこととも関連するのである（分離・独立の場合には、領域に対する対内主権の確立のほかに、本国との対外関係における主権の確立という要素も入ってくるから、国内における単なる主権者の変更――またその場合の国内的な事実主義とは異なる認識が必要となる）。従ってこの点から、我々はやはり国家承認制度の起源を米国独立のさいに求めるのが妥当と思われるのである。

（1）　ド・ラプラデル（A. De Lapradelle）は、グロチュースと比較しながら、ヴァッテルの国際法理念の特徴を次のように述べている、「一七七六年ならびに一七八九年の大事件が勃発する以前に、彼は、米国とフランスの二つの革命が実現すべきはずの公法の諸原則に基づいた国際法を書いていた。彼の著書の日付は一七五七年であるが、それは、一七七六年の米国の諸原則および一七八九年のフランスの諸原則にまったく適合していた。……ヴァッテルの『国際法』は、一七八九年の諸原則が基礎をおく国際法であり、……法的個人主義の偉大な諸原則を国際法の分野に投影したものであった。そして、これこそヴァッテルの著作を重要ならしめたものであり、また、彼の成功の理由を明らかにし彼の影響力を特徴づけ、さらに結局は彼の弱点を示すものとなった。グロチュースは絶対主義の国際法を書いたが、ヴァッテルは政治的自由の国際法を書いたのである。」(A. De Lapradelle, Maitres et Doctrines du Droit des Gens, 1850, pp. 123, 166.; および 'Classics of International Law' のヴァッテル「国際法」、フェンウィックの英訳の序文 (Ⅳ))、参照。

第二項　勢力均衡方式と新国家の独立形成並びに新主権者承認との関係

――ウェストファリア条約とユトレヒト条約の承認法上の意義――

さて先にふれたように、一八世紀以降の近代国際法の基礎にある社会的政治的思潮が、実は市民勢力の台頭を中心とする人民主権の理念であり、また王朝への忠誠を中核とした民族意識から国民を担い手とした近代的民族意識(これが、後に民族自決主義に結びつくのであるが)への転換であり[1]、更に、国際的には勢力均衡(Balance of Power)を内容とするパワー・ポリティックスであるとすれば[2]、承認法の展開過程も、これらの社会的政治的要因によって当然特徴づけられざるをえない。我々が承認制度の沿革を実証的に考察するとき、このような中心的要因を見出だすことは極めて容易であり、従って承認法の性格分析には、この歴史的現実による限定をあらゆる場合に考慮せざるをえなくなるのである。のみならずこれはまた逆に言って、承認制度の政治的機能が右のような事情を背景とする国際社会に大きな影響を与えていることをも意味するのである。従って承認行為が、国際社会における権力政治の武器として利用されるという風潮も、このことと無縁ではないのである。もっとも、右の国内及び国際政治の歴史的事情がそのまま国際法と特に承認制度の法構造に反映されているとしても、それは基本的にそうだと言えるにすぎず、個々の具体的な承認に関するケースには、そのときどきの特殊且つ個別的な政治的社会的要因が介在していることも否定しえない事実である。ただそのようなケースの中の共通部分の積み重ねが、次第に統一的な法規範として慣行的に成立して行ったわけであるから、この点を無視して論を進めることはもとより危険であるといわねばならない。しかしともかく、人民主権の思想や近代的民族意識の発展、更には国際的な勢力均衡の作用が、承認法の展開に基本的な影響を与えていることが、承認の歴史を公平に考察する場合には、否定できない要素として無視できないということなのである。このような見地から次に我々は、承認制度の形成発展の過程を諸国の歴史的慣行の中に実証してゆくと共に、その法構造の理論的な体系化の作業を諸国家の政治的実践の法的側面からの分析と評価を通じて進めていってみる必要があると思うのである。

（1）　岡義武、国際政治史、一九五五年、七三頁、参照。

（2）　ヴォルフやヴァッテルも、勢力均衡方式の価値を高く評価しており、たとえば、ヴォルフは、勢力均衡が「とくに国家の自由に資するものであり、均衡の破壊は自由にとって、きわめて危険である」（Jus Gentium., VI, 644.）というふうにのべているし、ヴァッテルも、勢力均衡が相互の協力によって秩序と自由を維持する方式として重要であることを主張し、均衡を維持するための具体的な措置についても説明を加えている（Le Droit des Gens., Liv. III, §§. 47~49.）。

勢力均衡とは、シューマン（F. Schuman）によれば、本来的には「平和を保全したり、国際的協和に役立たせようとして工夫されたものではない」、つまり積極的な平和維持ないし平和促進の政治手法としての意味はもっていないという。しかし、「国家系」（State System）を構成しているある単位国家の力が増大して他を脅かすようになるのを防ぎ、それによって国際社会の各単位国家の独立を維持しようとして工夫された（1）」

という消極的意味での国家体系維持の機能はもっていたといってよい。少なくとも当時の歴史的沿革からはそういえよう。それ故に、勢力均衡の方式はヨーロッパ国家系が形成されたさい、その安定（秩序）維持の方式としてまず採用されているのである。

たとえば、ヨーロッパ国家系の基礎を確立したといわれる一六四八年のウェストファリア条約は、中央ヨーロッパを人口および資源の点で、ほぼ均衡を保つカトリック圏と新教圏に分けたのであり、これによって、スイスおよびオランダの二国が神聖ローマ皇帝といった中世的な封建的権威から解放されて、ヨーロッパ国家系完成の基礎となった主権的領域国家が誕生したのであった。このウェストファリア条約は、後のユトレヒト条約（一七一三年）とともに、「ヨーロッパの公法」といわれた国家間（むしろ君主間）のとりきめであるが、その政治的機能は、ヨーロッパ安定維持のための勢力均衡の方式を設定することであり、事実、この後二世紀にわたってヨーロッパ社会のバランス・オブ・パワーの基底をつくったのである。(2) 右のような政治的事情によってではあったが、ともかく条約によって国際的にその成立をはっきり確認されたスイスおよびオランダの独立即ち国家としての成立も、一つには、それがヨーロッパ世界内で起こったことと、二つには、この条約が基本的には神聖ローマ皇帝（ドイツ皇帝）の両国に対する支配権の放棄を骨子としており（既に実質的に国家として成立し機能しているスイス、オランダ両国の独立権を侵害してはならない義務をドイツ皇帝に課した）、ドイツ以外の他の条約の当事国即ちスウェーデンやフランスがこの条約によって、オランダ、スイスの国家としての成立を初めて承認したという意味あいのものではなかった。従って、両国は、既存国家によって改めてその国家性を審査されるという手続をふむことなく（そうした法意識がなく）、当然に国家としての国際法主体性をもつものとみられていたのである。事実、オランダはイギリス、フランスの援助により、一六世紀末にすでにイスパニアから実質的な独立を達成しており、イギリス、フランス、スウェーデン等の諸国は、当時からこれを国家として取扱っており、その独立性を認めていた。スイスについてもほぼ同様であった。

従って、ウェストファリア条約によって、フランスやスウェーデンが改めてオランダやスイスの国家性を問題にし、その独立主権をここで正式に承認し法的に創設しようとしたわけではなく、また既に成立した両国の国家としての主体性をこの条約によって改めて確認することを主たる目的にしたわけでもなかった。オランダやスイスは、成立と同時に当然ヨーロッパ公法（国際法）の支配をうけるものと考えられており、法の拘束をヨーロッパ諸国の承認にかかわらしめるということは問題にされていなかった（この点で、同条約により独立的地位を認められたドイツ帝国内の諸邦と若干沿革を異にするといってよい）。当時、ウェストファリア条約当事国以外の諸国によっても、同様にオランダ、スイスに対して、承認という規範意識を前提としたと解せられるいかなる行為もなされていないのも右のことを示すものである。

もとより、ドイツ皇帝（神聖ローマ皇帝）がスイス、オランダの新教国の独立を認めることを右の条約上でコミットし、のみならずドイツ国内の諸邦（候）が主権を認められ、神聖ローマ皇帝とは無関係に、相互間および外国との間に条約を締結する権利を与えられたことは、条約当事国、特にドイツが、オランダ、スイスならびにドイツ内諸邦の独立性および主権的地位を保証したことを意味するから、この意味では、国家、君主の承認と実質的に異ならない。しかし、さきにふれたように、この条約の意図する趣旨はドイツ皇帝（神聖ローマ皇帝）が、オランダやスイス或いはドイツ内諸侯に対する自己の支配権を放棄すること（つまり、爾後の干渉行動を禁止されること）、並びに他の条約当事国がこれ（右の新国家の独立的地位）を保証し監督すること（これによって政治的にはバランス・オブ・パワーを確立すること）にあるのであって、放棄された後の右の諸国（侯）の地位（独立性、主権性）を当事国が改めて承認（確認ないし創設）することを直接の合意の内容とするものではなかったのである（分離国家が国家としての資格を認められるための条件といったようなものが特に論じられたり争われたりしたこともなく、従って制度としての承認という意識は全くもたれていなかった）。つまりオランダ、スイスの国家としての独立性、或いはまたその民族的単一国家としての独立性という点では問題はあるが、ドイツ帝国（神聖ローマ帝国）内の諸侯国の主権的地位の承認というものは、この条約の趣旨からの推論的帰結としてこれを予想することは可能である（とくに神聖ローマ皇帝自体についてはそういえる。けだし、領域権や統治権の放棄は即ち相手方への右の権利の委譲を承認することを意味するからである）としても、それ自体が条約の目的として設定されていたわけではなかったことに注意しなければならない。このようにして、ヨーロッパ国家系整備の基礎となったウェストファリア条約も、その中に国際法上の国家承認そのものに関する関係諸国家の規範意識の存在を読みとるには不十分であったと言わざるをえないのである。

また、イスパニア継承戦役を収拾したユトレヒト条約（一七一三年）についてみると、この条約で、イギリス、フランス、ドイツ等の諸国は、フランス王ルイ一四世の孫フィリップをフランスとイスパニアを合併しない条件のもとに、イスパニア王たることを承認したのであるが、これは当事国がパワー・ポリティックスの結果、イスパニア王位に誰をつけるかについて合意したものであり、問題は王位継承者の人（王朝）選にあったのであって、換言するならば、フィリップ王の独立国イスパニアにおける主権的地位を国際的に承認したにすぎないということである。これはすでにみた統治者の主権的地位の承認ということと実質的に変らない。従ってこの出来事からも、「国家」承認という新しい承認制度の成立を抽出することはできない。のみならずこの条約締結の前提となった事件は、イスパニア王位の継承問題であり、即ちフランス王ルイ一四世がドイツ皇帝のハプスブルグ家と右の王位継承に関する権利を争ったさい、イギリスその他の諸国がドイツ側に参加してここに列国同盟とフランスとの間に戦争が開かれたものであって、同盟内でも後にドイツの勢力増大をおそれる意見も出るに及んでその結束が乱れ、結局和解が成立したものであり、主権者問題についてここにパワー・ポリティックスの典型的な例をみることができるのである。のみならず、条約内に、フランスとイスパニアが合併しないという条件を入れて始めてルイ王の孫のイスパニア王位就任を承認した点などは、まさしく国際的な勢力均衡の適例ということができるのである。(3)

(1)　F. L. Schuman, International Politics, 4ed., 1948, p. 81.
(2)　I. Bryce, International Relation, 1922, p. 16.
(3)　ユトレヒト条約は、「キリスト教世界の平和と安定とは、相互の友好と恒久的一致との最高にして最強な基盤たる正しいバランス・オブ・パワー (justum potentiae equilibrium) によって維持されるであろう」と述べている。(G. Schwarzenberger, Power Politics, 2ed., 1951, p. 180.)

このように、一七世紀から一八世紀にかけて、すでに諸国家間の合意（その実体は、勢力均衡を外交原理とする諸君主間のとりきめ）にもとづく新国家の樹立とか新主権者の擁立という現象が現われはじめ、これが国際的に保証され或いは承認をうけるというかたちをとるに至ったのである。ところでここで見逃してならないことは、このヨーロッパ国家系の法的構成の底にあるバランス・オブ・パワーの政治方式が、大国間の協調 (concert of great powers)」を主軸とし、その「保証と干渉 (guaranty and intervention)」のもとに推進されたことである。より詳しくいうと、新国家を設定する行為や一国内の新君主の主権的地位を承認し保証する行為が、実は自国の利益保護と大国間の勢力均衡を維持する目的のために利用され、しかもこれを実効的にするために、新しくその国家としての独立性ないしは主権的地位を認められた新国家や新君主に対する「干渉」が法律上の権利として大国に与えられたということである。(1) つまりヨーロッパ社会の法的構成を目的とする新国家の形成や、一国内の主権者の交替を国際的にとりきめようとする政治的解決には、当然のこととして、新国家や新主権者（これらはほとんどすべてが小国であり、国際的発言力の弱い立場にあった）に対する将来の内政干渉を合法化する根拠となる保障条項を含んでいた。たとえばウェストファリア条約では、フランスとスウェーデンに、神聖ローマ帝国内諸邦（この条約によって、その独立性をみとめられた）に干渉する権利を認めていたし、ユトレヒト条約ではこの傾向をさらに明確化している。

これは、新国家や新主権者の独立性、主権性を国際的に保障し承認する場合に一定の条件を付すという意味で、現象的にみるならば、後年、承認行為の一形態としてしばしばみられた「条件付承認」に近い性質をもっていたと言えるわけである。もっとも、ウェストファリア条約でその独立的地位を保証された神聖ローマ帝国（ドイツ帝国）内の諸邦も、或いはユトレヒト条約で新しいイスパニアの君主として承認されたフィリップ王も、自己の内在的実力によってその国家の独立的地位や、あるいは主権者たる地位を樹立したわけではなく、いわば外国の保障によって外部から与えられたものであるだけに、外国の要求を、その国家ないし主権者たる地位の保障設定に際して、一方的にではあるが法的に負担せしめられる（自らは条約の当事国ではないから、その条約上の義務は負わないと主張できるかも知れないが、そのことを主張しうる国際法主体たる地位が、実質的にはこの義務負課を内容とする条約に依存しているわけであるから、自らの独立的地位を肯定する以上、その地位の放棄を覚悟しない限り、義務を否定するわけにはいかない）こともやむをえなかったといえよう。

この点で、後年同じく大国の小国（新国家または新革命政府）に対する干渉的承認行為（承認権濫用行為）にみられるような、承認に附随して被承認主体に新しく義務を課するというような、「条件付承認」とは性格を異にする所以があるとも言えるのである。後者即ち本来の条件付承認の場合には、被承認主体の側においてすでに自己の意志にもとづく自立的・実効的な統治権力組織を確立しているのであって、承認条件を承認国の能動的な操作を経ないで、すでに確保（充足）していることを考慮しなければならないのである。また右の保障条項は、条約当事国（大国）間のバランス・オブ・パワーを維持するための、いわば当事国間の横の関係を調整する意味をもつに反して、通常の「条件付承認」の場合における条件は、承認国と被承認国のいわばタテの関係の政治的かけひきの具体化だといってよい。この点においても両者は性格に異にする。しかしながら、ともかく右のように、一七・八世紀の大国のパワー・ポリティックスの結果としての新国家や新主権者の地位設定ないしその保障の行為には、大国の利益にもとづく干渉条項が常に介在しているのであるが、これは前にものべたように、ウェストファリア条約やユトレヒト条約が、元来新国家、新君主の承認を直接意図したものではなく、従って、それに附随する内政干渉許容等の新国に対する義務負課も、厳密には承認行為と不可分の条件の設定ではなく、これから新主権者として成立するものに対する関係国だけの保障ないし権利設定の行為である点に起因があるといってよいだろう。

ところで、勢力均衡を基礎とする大国の協調と、小国に対する彼らの干渉という方式は、国際社会の法的構成にあたってその後も常にみられる現象であって、これはまさしく国際社会の構成国が、実質的には軍事的、経済的実力を伴う大国のことであり、彼らの間に位置する諸小国は、実質的な意味で構成要素ではなく、国際法秩序も、大国だけの合意にもとづくそれであったことを示しているのである。この意味では、諸小国をも含めた国際社会構成のすべての国家間における民主的な自由並びに独立確保のための機能原理として、この勢力均衡の方式は働いていないと言えよう。つまり、この段階での国際社会は大国のみを主体とするそれらの間の関係にほかならず、小国はその「客体」的存在にすぎなかったのである。[2]このことは一九世紀から二〇世紀初頭においても基本的には同じであり、たとえば、小国内に革命政権が成立したさい（革命による政府の変更は、多くの場合民度の低い小国に発生した）、これを承認するかどうかにあたって、この承認条件には、前政府が結んだ旧債務や条約上の義務の履行が大国によって強調され、それが慣行としても成立していったことがこれを実証するであろう。[3]これは大国が自らの政治的経済的実力によって培った小国内の自己の利益、権利の確保を主張し、小国はそれに反対して「政府権力の実効性」だけを承認条件とすることを強調しても、結局、大国の実力が小国の主張を排除し、彼らの意図する法規範がだいたいにおいて受け容れられ、慣行として形成されていったことを物語るものである。右の主張は、後に詳しく述べるように、承認にさいして「正統主義」（legitimism）がもちだされた政治的背景についても明瞭に言いうることである。

（1）　前にのべたように、ヴアツテルは、勢力均衡を高く評価する一方、国家の独立を強く主張している。これは勢力均衡がしばしば大国間だけの勢力均衡と独立安定の維持というかたちをとり、それが小国の犠牲において行われる場合が少なくなかったからである。その顕著な例がホーランドの分割である（P. H. Winfield, The History of Intervention in International Law, B. Y. I. L., 1922–23, pp. 132~134.）。従って、ヴアツテルが国家独立を強く主張したのは、一面において勢力均衡という現実に適応する理論を提供しながら、同時にその中で、大国のパワー・ポリティックスを抑え小国の独立を守ろうとしたものであった。

（２）　井上茂「小国存在の条件 ― 国際社会の法的構成過程の考察・序説 ―」、法と国家権力、Ⅲ、所収、一四九頁。

なお、ナポレオンが一九世紀初め、かってのポーランド王国の版図の一部に、彼の保護の下に立つワルソー大公国を創設したことも、それによって、彼がポーランド王国の復興を熱望してきたポーランド人の歓心を買い、この新国家を東方に対する防壁として、また東方への膨張計画の拠点として役立たせようとしたからである（岡義武、前掲書、七五頁、注⑵）。ここにも小国がその国家としての成立、消滅を大国の一方的意志に係わらしめられていた事実、換言すれば、小国は大国がつくる国際法秩序の客体にすぎなかった事実をみることができる。ナポレオンが、彼の征服計画に、スペイン艦隊の協力を得ようとして、従来のスペイン王を逐い、彼と兄弟であるジョセフをフランス軍の援護の下にスペイン王位に据えたことも同様に解せられる。しかし、スペイン人が、この征服者の意図を体する新王の支配権を認めようとせず、これと抗争するに至ったことは、主権者の主権的地位がその国民の意志に基づかず自立性がない場合には、主権的地位を維持するに十分な実効的基盤がないことを如実に示したものである。なお、B・ジョセフは、スペイン人民のこの抵抗をもって、「純粋な民族精神の具体的発露の最初のもの」であるとしている（B. Joseph, Nationality, 1929, p. 179.）。

（３）　この現象は、一九世紀から二〇世紀始めにかけての中南米諸国に対する米国の承認政策に、もっとも著しい。

第三項　米州独立、フランス革命等における承認法の展開過程
―ヨーロッパ国際法団体への「加入論」と国際法の適用地域の拡大―

さて、一八世紀中葉から始まった産業革命による資本主義の発展、それと照応する市民階級の政治的経済的実力の伸張によって、諸国の被支配階級および被支配民族の間には、絶対主義政治体制や民族主義の原則

に反する国境劃定に対する不満が次第に蓄積されていった。それに伴い、政治的自由獲得の運動、民族的解放の運動が徐々に進展することになった。既に述べたように、この点については諸国における資本主義の発展とともに、その経済的実力を高めてきたブルジョア階級が、だいたいにおいて、これら現状変革の運動の主たる担い手となっていたことを考え合わさなければならない。彼らはその経済的実力の上昇に伴なって、政治に対する発言権を次第に強く要求するようになり、そのことは彼らをして政治的自由獲得の運動の推進勢力たらしめることになったのである。それがアメリカ合衆国の独立（一七七六年）やフランス大革命（一七八九年）等の事件に集約的に具体化されるに至るのである。

また、彼らが被支配民族・被支配市民（たとえば、米国におけるイギリス人或いは中南米におけるイスパニア人、ポルトガル人等、同民族であっても本国支配階級の政治的、経済的搾取を強いられていた人々を含む）に属する場合においては、民族的ないし市民的独立をめざして形成される国家は、その経済的基礎を鞏固ならしめる条件として、民族・市民資本の育成をはかることが当然に予想されたために、彼らは民族的・市民的解放運動の原動力となることに躊躇しなかったのである。一九世紀における中南米諸国や東南欧諸国の独立は、即ちこの具体的な現われであった。(1) そこで我々は、これらの歴史的事件の中に、国際社会がどのような経過をたどって構成されていったか、そしてこれを法的に基礎づける承認行為がどのように展開されて行ったか、特に承認法の性格や内容がどんな変遷を経て発展して行ったかをみなければならない。人民主権主義思潮に基礎をおく政府の革命的変更や、更には支配階級からの分離、独立を目的とする新国家の創設という一連の歴史的事件が、それによって新しい地位を確立した新主権者の対外的承認要求にどんな影響を与えていたか、そしてこれら新国家の独立や新政府の主権的地位を認めるかどうかの問題に直面して、既存国家がどのような態度をとり政策を構えたか、それがまた承認法の内容にどのように作用したかを考察しなければならないのである。

（1） 岡義武、前掲書、七六頁、参照。

さて、本国イギリスとの長期の抗争の後、一七七六年七月四日、ワシントンを初代大統領とするアメリカ合衆国が独立を宣言した。本国に対する革命が、アメリカ大陸におけるイギリス人を中心とする大陸諸国植民者の、本国の経済的搾取から離脱しようとする独立要求にもとづいていたことは明らかである。ヴアッテルの主張した『国家がその市民に対する義務を正当に履行しない限り、国民の一部はその国家から分離しうる』(Le Droit des Gens., Liv. I,§. 16.) という革命の原理が米国の独立戦争に多大の影響を与え、その理論的支柱となったことは有名であるが、この見地から、新しく独立したアメリカ合衆国は、その国家としての成立を独立宣言の中で主張し、外国がこれを承認すべきことを要求したのである。右の独立の背景にある思想的基盤は、当時ワシントンと共に革命の指導者であったジェファーソン (T. Jefferson) によって次のように明らかにされており、それがまた外国が承認を許与するかどうかの基準としても提起されていたわけである。即ちジェファーソンは一七八七年、次のように述べている。「私は、ちょっとした革命が時々おこることはいいことであり、政治の世界では、自然界における嵐と同じように必要なものだと考えている。…それは政府の健康のために必要な薬である。」「神は二十年もの間も反乱なしにいることを禁じ給うている(1)」と。これは、彼のみならず当時の米国国民が、一般に、国民が革命によってみずから政府を変更し、或いは必要のある場合には本国から分離して新国家を形成する権利をもつ、という人民主権の原理と革命権の思想に支えられており、外国がそれを当然に尊重し干渉してはならないことを要求したことを意味するものであった(2)。換言すれば、これは承認条件としての事実主義（de-factoism）即ち、革命は不法（国際法上の不法）な行為ではないから、それが成功して革命者が本国の抵抗を完全に破砕し統治権を現実に掌握したならば、外国はこの事実を認めうるし、また認むべきである（第三国の権利であると同時に義務）とする見方を主張するものであった。そしてこれはまさにヴァッテル理論の実践的表現でもあった。

（1）S. A. Mac Corkle, American Policy of Recognition towards Mexico, 1933, p. 19.

（2）この米国の態度は、フランス革命にさいしてとった承認政策にも明瞭に現われている。即ち、国務長官ジェファーソンは、一七九二年、駐フランス公使に向けて次にように訓令している。「実質的に宣明された国民の意志に従って組織された政府を承認することは、まさしく我々のプリンシプルに沿うものである」（J. B. Moore, A Digest of International Law, ——以下 Digest と記す——Vol. 1, 1906, p. 120.）と。

このような人民主権の要求にもとづいて成立した国家の独立が、国際的にどのように受けとられ、それが承認慣行としてどう成立していったかが次に問題となる。とくに米国の独立が、国家承認の問題を最初にクローズ・アップした事件であるだけに、国家承認についての理論的な解明と具体的な慣行の嚆矢をここに求めることは極めて意義のあることといえる。一七七六年七月四日に、米国が独立を宣言するや、当時イギリスと植民地問題で争っていたフランスは米国に同情を寄せ、翌々年の一七七八年二月六日に米国と条約を結び、その中で、米国を独立国家（une nation indépendante）として承認したのであるが、この承認が正当であるかどうかについて、英仏間にはげしい議論が展開され、ついにイギリスがフランスに対し戦争を宣言するといった事態にまで発展した。フランスは対英通告（一七七九年三月一五日付）の中で、事実上十分な統治権を行使している米国は、国家としての独立性の条件を具備していることを主張し、この場合には、『我々と平等な地位をもつ国際社会の一員として、他の成員によって承認される』ものであると、「事実主義」による承認を強調したのである。(1) これに対してイギリスは、自国と米国との間の戦争が必ずしも終熄していないことを理由として、米国が十分な独立的地位を保持していないとし、その統治権の実効性を問題にして、フランスの承認は正当でないとしたのである。(2) イギリスには当時、正統主義に対する好意がないわけではなかったが、(3) フランスの承認に対する異議はこの理論に根拠をおくものではなかった。つまり「事実主義」の承認条件そのものについての争いではなかった。従ってこの食い違いは、明らかに承認条件の認定の相違にもとづくものであるが、しかしその認定権をどう行使するかという事実認定のさいにすでに政治的裁量が介入していることは争いえない事実であり、そこに承認政策における大国のパワー・ポリティックスの露出がみられるのである。(4)(5)

ところで一般に、このフランスの米国承認は「尚早の承認」の先例として多くの学者によって理解されている。しかしそうした違法な「尚早の承認」をもたらすような「事実主義」の主張は、よく検討してみると、かってヴァッテルが主張したような市民的自由（＝革命権の理論的肯定）の思想を母体とした事実主義そのものとは、精神的にも実体的にも異質である点に注意しなければならないであろう（「序」参照）。つまりこうした意味での事実主義は、フランスという既存国家の国際権力政治上のタクティックスとしてあみだされた、いわば（悪しき）「宣言的効果説」のそれである。換言すれば、既存国家の認定権（確認権）の政治的機能（恣意性）を最大限に利用している点で、伝統的な（悪しき）創設的効果説と何ら異ならないからである。「新しい政治権力の実在」という客観条件の成立を革命状況の存在する国民の一般的意志の側から眺めるのではなく、――もしそうした視座からの承認行為であるならば、かりに新政府が事実上の権力を保持した場合でも、統治権力による新たな別の抑圧的支配が形成されたにすぎないとみられる限り、それは外交的承認を与えうる状況ではないという理解が、ヴァッテル流の市民的イデオロギーの立場からは出されるであろう。――あくまで承認許与が承認国の外交上、政治上の利益をもたらすかどうかという既存国家側の立場（利害）で理解されているにすぎないからである。一般に宣言的効果説といわれるものが創設的効果説の反対概念として提出されながら、革命による政権交替という事実状況の価値判断作業（革命権の肯定と内政不干渉義務の承認及び新政権に対する市民的サンクションの存否の認定などの判断過程）を放棄し、単に事実は事実としての効果をもつというタウトロギー的説明に終始して、結果として承認行為の法的形成機能を無視し、単なる外交的・政治的機能に還元してしまっているのは、まさにヴァッテルなどの主張した啓蒙主義市民イデオロギーを背景とした「事実主義」の精神的思想的構造からの逸脱以外の何ものでもないと言わざるをえないであろう（そこに、実は新しい「オポーザビリテ」概念を連結素とする創設的効果説と承認義務説の融合の意味がある）。

ところでここで見逃してならないことは、この事件を通じてはじめて国家承認についても明確に、条件が確立されたということである。従来の主権者承認の場合の「事実主義」をそのまま適用したものということができるが、しかし内容的には相違がある。なぜなら、（違法な）「尚早の承認」という概念を通じて、承認をうけるためには政府権力の実効的確立ということが、対内的（支配領域内の人民に対して）ばかりでなく、本国との対外的関係でも要求されていることである。つまり、実効的な独立の完成ということである。イギリスが、自国との戦争が終了していないことをあげて、フランスの尚早の承認に抗議しているのはこれを意味するといえよう。

なおフランスが、米国を「国際社会の平等な一員として承認する」というふうに言っているのは、いままでヨーロッパ国際法の客体的存在（植民地）でしかなかった米国を、ヨーロッパ国際法団体の一員（主体）として認めようとしたことを意味するのである。これはいわば、国家承認の性格を新国家の国際法団体への加入として理論上把握したものとみることができよう。つまり「国家」承認の制度は、起源的には、ヨーロッパ地域外に成立した国家を新たにヨーロッパ国際法団体へ迎え入れるというふうに理解されて開始されたと言ってよいのである。

（１）　J. F. Williams, La Doctrine de Reconnaissance en Droit International, Recueil des Cours., Tom. 44, 1933, p. 219.

（２）　Ibid., p. 220.

（３）　L. L. Jaffe, Judicial Aspect of Foreign Relations, 1933, p. 104. なお、イギリスが米国を承認したのは、正式に戦争を終結した一七八三年の両国間の平和条約においてであった。

（４）　フランスは七年戦争の結果、その海外領土の重要部分をイギリスに奪われたが、その後、米国独立戦争が勃発したとき、フランスは米独立軍に援助を提供した。これはイギリスに対する復讐（復仇）的意図にもとづくものであった。米国の独立を率先して承認したのも、このような政治的背景によるものであった。なおヤッフ（L. L. Jaffe）も、フランスの一七七八年の米国承認を「尚早の承認」としている（L. L. Jaffe, ibid., p. 106.）。

（５）　E・ハリス（Errol E. Harris）は、絶対的権威が確立されない場合は、すべての者があらゆる自己の行動の判定者となる。これはアナーキーにほかならない。バランス・オブ・パワーとは、かかるアナーキーの一つの現れであり、バランス・オブ・パワーはアナーキーの本質的な特性であると述べて、認定権が各個別国家にゆだねられていることを勢力均衡の方式と結びつける(E. E. Harris, The Survival of Political Man, 1950, p. 131.)。

このように、米国独立のさいに、「国家」承認の問題が大きくとりあげられ、特にその承認の条件やその認定ないしは承認の時期(事実認定のありかたと関係がある)等の問題が議論され、承認法は実際の国家行為のなかで、そのかたちを明確にしてゆくことになったのである。このことは、一九世紀に入り、中南米大陸のスペイン植民地が相次いで独立したさい、母国スペインの抗議を押し切ってアメリカ、イギリスなどの国が承認した場合にもそのままあてはまる。アメリカ大陸のスペイン植民地の独立とその承認をめぐる国際紛争は、政治的にはスペイン、フランス、ロシア諸国とイギリス、アメリカとの対立であるが、承認をめぐる国際法上の争点は、神聖同盟の思想的基盤たるいわゆる(君権的)正統主義と国民の革命権を中核とする事実主義の対決であったと言ってよい。

神聖同盟は一八一五年、ロシア皇帝アレキサンダー一世（Alexander I）の主唱にもとづき、イギリス摂政、ローマ法皇およびトルコ皇帝を除くヨーロッパのすべての国の君主の参加の下に成立し、その目的は、王権神援説の伝統や絶対主義の信条に生きる君主たちが国際平和の維持に協力することにあった。そしてその精神的支柱は、ナポレオン戦争を終結させたウィーン会議（一九一四〜一五年）に示された「正統主義」(Principle of Legitimacy)にあったのである。この正統主義とは、フランス革命前における諸国の主権者をもって、当時彼らが君主たる地位を保持していた地域の正統な(legitimate)保有者であるとする主張をいうのである。従って、これらの主権者が保持する領域を彼らの意志に反して分離し、独立させる革命行為は認められないことになる[1]。この認められないという意味は、一つには、その国の国内法上そうであり、従って彼らに代ってその領域の全体或いは一部に対して、新たな統治権を行使した者は不法な簒奪者であるということを意味するのであるが、二つには、国際法上も、そのような国内法上不法な簒奪者の行為は原理上有効とは認められないということでもあったのである。[2]

（1） クンツ（J. L. Kunz）は正統主義の原理について次のように述べている。「正統主義の原理は君権絶対主義に固有のものである。つまりそれは、神の恩寵（Gottes Gnaden）に基礎をおく王朝の主権者的地位を絶対なものとし、人民の意思によるこの変更を違法 ― 権利侵害（rechtswidrig） ― とする法的、政治的公理をいうのである」と（J. L. Kunz, Die Anerkennung der Staaten und Regierungen im Völkerrecht, 1928, S. 143.）。

（2） J. F. Williams, La Doctrine de la Reconnaissance en Droit International, op. cit., p. 222.

ところで、アメリカ大陸のスペイン植民地の独立は、一八二〇年に勃発したスペイン本国の革命を機会に達成されたものであって、ロシア、フランス等の君主は革命の波及を恐れ、右の正統主義の立場から革命に干渉してこれを粉砕したのであるが、さらにスペイン植民地の相次ぐ独立にも干渉、これらをスペインの支配下に引戻すことを画策した。しかし、イギリスはこれに反対し、もしフランスがそのような意図を実行に移す場合には、フランスに対して宣戦すべき旨を明らかにした。[1] 他方、米国大統領モンロー（J. Monroe）も、イギリスの支持の下にいわゆる「モンロー主義」（Monroe Doctrine）の宣言を発して、米国は、ヨーロッパの国によるアメリカ大陸への干渉をあくまで排斥する旨を声明するに至った（一八二三年一二月[2][3]）。イギリスおよびアメリカのこのような強硬な態度は、フランスをして遂にその干渉計画を放棄せざるをえなくさせ、中南米のスペイン植民地の独立はかくして決定的となったのである。

（1）　イギリスは、当時フランス、ロシア、オーストリア、プロシャと五国同盟を結んで、欧州の諸問題を共同に処理するという、いわゆるヨーロッパ協調（European Concert）の体勢を一応とっていた。しかしこの態勢は本来的に決して鞏固なものではなく、内に破綻の契機を蔵していた。たとえばオーストリアは、終始、諸国の政治的自由獲得の運動や民族的解放運動の成功或いは市民階級の政治的自由獲得運動の成功が、自国内のそうした運動集団を刺激し、その結果、帝国が分裂、瓦解へ導かれることを惧れていたのである。これに反し、イギリスは、他国の内政に対して干渉を試みることを常に強硬に反対しつづけた。それは一つには、他国と比較して自国に存在している立憲的自由の体制に誇りをいだいていたイギリスとしては、他国における革命が自国の被支配階級に及ぼす影響について、他の四国ほど恐れていなかったためであり、二つには、イギリスは五国同盟による国際干渉を通じて、とくにオーストリアまたはロシアの勢力が、大陸において優勢となることを惧れ、そうなることは、大陸諸国間に勢力の均衡を保たせようというイギリスの伝統的方針からみて好ましくないと考えたからであった。更にまたイギリスは、他国における政治的自由または民族的解放の運動に対して好意を示すことにより、スペインに代って、それらの国々と地域を大陸諸国に先だって発展しつつあったイギリス産業資本のよき市場たらしめようと考えたからであった（岡義武、前掲書、七九頁、参照）。

（2）　当時の米国においては、独立戦争の記憶が未だ消えず、中南米のスペイン植民地へヨーロッパ保守勢力が介入することは、米国の自由な政治、社会制度の将来を危くする契機を作りだすものとみ、自国の安全の上からもそれを阻止すべきだと考えたのであった（岡義武、前掲書、八〇頁）。

（3）　モンローは、この宣言の中で「我々の政策は、…事実上の政府（de facto government）を正統な政府（legitimate government）とみなすことである。」と述べている（H. W. V. Temperley, The Foreign Policy of Canning, 1822-1827. England, The Neo-Holly Alliance, and the New World, Bell and Sons, 1925, p. 124. ; American Foreign Relations, 1928, Yale Univ. Press, 1929, p. 80.)

右のような大国間のパワー・ポリティックスを背景にして、中南米諸国独立に関する承認問題が提起されたのである。アメリカ大陸のスペイン植民者は、本国政府とはげしい抗争を経たのち勝利を収め、先ずブエノス・アイレス（Buenos Ayres）が一八一六年に独立を宣言し、次いでチリ（Chili）が一八一八年に、コロンビア（Columbia）が一八一九年に、それぞれ独立を宣言した。更に、ペルー（Peru）、メキシコ（Mexico）がこれに次いだ。これに対して、米国が一八二二年に、そしてイギリスが一八二六年に、これらの共和国を正式に承認したのである。承認にさいして、米国は、スペインやこれに同調するフランス等大陸諸国の正統主義に反対し、国民の自発的意思にもとづく革命権を認め、その革命行為が現実に成功すれば、それだけで独立国家としての地位を承認されるべきことを主張したのである。即ち先に米国は、一八一六年、当時の国務長官クレイ（Clay）が、「我々にとっては、事実上の主権者が法律上の主権者である」（"for us, the sovereign de facto is the sovereign de jure"）とのべて(1)、事実主義をとることを明らかにしたが、さらに一八二二年、承認にあたって、国務長官アダムス（Adams）は、駐米スペイン公使の抗議に対する回答の中で、「国家の独立に関する問題には二つの原理が支配する。一つは、権利（right）のプリンシプルであり、他の一つは、事実（facto）のそれである。前者は、国民自身の決定に専ら基づくものであり（exclusively depending upon the determination of the nation itself）、後者は、その決定の成功的執行（the successful execution of that determination）から生ずるものである」（傍点・広瀬）と述べ(2)、国民の自発的な革命権を認めると共に、その権利行使の達成という客観的事実に、国家独立の成立をかかわらしめようとする事実主義を主張したのである。のみならず、アダムスは、革命者が実効的支配を確立した場合には、それを承認するのが外国の義務であり、この場合政策的考慮を介入させるべきでない(3)ことを説いて、次のように述べている。「このような状況（実効的支配が確立した状態）のもとでは、米国政府は、道徳的に疑問のある政策の命ずるところと相談することなしに（far from consulting the dictates of a policy questionable in its morality）、独立国家たる権利を主張し且つそれに反対する一切の抵抗を破砕して権力を確立した国民的団体を、独立国家として承認することはまさしく最高命令の義務に従うものである（Yielded to an obligation of duty of the highest order）」（カッコ内・広瀬）と。[4]

もとよりスペインは当時の正統主義思想を背景としてこの米国の承認態度に反対したが、わけても米国の事実主義そのものに対しても実効性の内容不足を理由として反対したのである。即ち、特に革命政府の権力の確立が不充分であり安定性がないことを、たとえば政府首脳の交替がはげしいこと（ブェノス・アイレス）、スペイン本国軍が地方にまだ存在すること（ペルー）、革命指導者が国民の意思を無視していること（チリ）等をあげて例証し、承認条件が具備されていないと主張した。[5] しかし米国は、スペイン本国軍の司令官と、コロンビアやメキシコ、ペルー、アルゼンチン、チリ等の革命諸国との間にすでに休戦協定が成立し、これら諸国の独立性を実際に争いうる本国からの反対者は領域内に存在せず、内戦は終熄し、彼らの権力は実効的に確立されていることを主張して譲らなかったのである。[6] ところでこうした沿革から見逃してならないことは、スペインの承認反対の態度の中には正統主義思想からのものを一応別としても、革命独立政権の政府権限の実効性の内容として、単に本国との関係という対外的独立のそれだけでなく、対内的安定性を強調していたことである。これに対し米国は、前者即ち対外的安定性を特に新「国家」の独立完成の条件として重視し、後者即ち対内的安定性の意義をそれに従属的に包含せしめていた点を注目する必要がある。しかしいずれにしても当時既に承認条件としての政治権力の「実効性」の内容について若干の争いがあり、それがその後の承認条件の法的構成に影響を及ぼしていったことを見逃してはならないのである。

（1）　J. B. Moore, Digest., Vol. 1, 1906, p. 137.

（2）　J. B. Moore, ibid., p. 87.

（3）　しかし、この点については本文でのべたように、米国の政治的考慮が承認にさいして心理的に作用していたことは否定できない。ただ、その政治的考慮が、承認条件を満したかどうかの認定にさいして入りこむのであって、承認条件を満していない（右の場合は、本国に回復能力があり、革命軍が、未だ実効的権力を確立していない）と認定したにもかかわらず、なお自国の政策目的のために、承認を与えたというのではないことに注意しなければならない。しかし、条件についての事実認定のさいだけでなく、承認条件そのものを自国の政策上の配慮から別個に考慮し、或いは設定、放棄することがある。当時フランス、ロシア等が、承認条件として正統主義の原理をもちだしたのはこれである。これに対して米国が事実主義を主張したことに注意しなければならない。

（4）　J. B. Moore, ibid., p. 88. なおこの問題に関連して、米国の上院外交委員会も一八二二年三月一九日に、「独立を宣言し、且つ現にそれを享有している中南米諸国は、米国により、独立国家として承認される権利がある(ought to be recognized)」と報告している（Moore, ibid., p. 86.）

（5）　J. B. Moore, ibid., p. 86.

（6）　J. B. Moore, ibid., pp. 87, 88. 米国務長官アダムスは、本国が革命を鎮定しうる可能性がまだ存在しているうちにこれを承認することは、本国に対する非友誼的行為であり戦争行為ともなることを十分考慮して、承認時期については慎重を期したといわれる（L. L. Jaffe, op. cit., p. 104.）。先に米国独立のさいに率先してこれを承認したフランスが、イギリスから「尚早の承認」であるとして抗議されたとき、すでに尚早の承認が違法であることの規範意識が成立しつつあったとみることができるが、ここにも、これにもとづく考慮がなされていることに注意する必要がある。つまり、国家承認の条件やその実質的基準が、「尚早の承認」という本国に対する違法行為の観念を中核として明瞭な形をとってきたことに注目する必要があるのである。米国や中南米諸国の独立以前の承認法では、右の観念は十分には認識されていない。かりに「尚早の承認」という概念があったとしても、それは主として前合法主権者に対するものとして理解される以外になかった。ここに、国家承認の濫觴を米国の独立に求めるべき一根拠がある。

右のアメリカの承認態度とほぼ同様な態度をとったのはイギリスであった。イギリスは一八二六年に、これらの中南米諸国の独立を承認した。もっともイギリスは、大陸諸国の主張する君権の絶対を背景とする神秘的正統主義に全く冷淡ではありえなかったが（特に上層階級に正統主義を支持する強い傾向があった[1]）、一つには、前に述べたような大陸諸国に対する勢力均衡上の政策的考慮から、また二つには、中南米諸国との自由貿易を積極的に推進する意図をもった産業資本家の強い圧力によって、米国に倣って正式の承認を与えたのである。

（1）駐英米国公使アダムスのモンロー大統領に対する書簡の中に右のイギリスの事情が述べられている（W. R. Manning, Diplomatic Correspondence of the United States concerning the Independence of the Latin American Nations, Vol. III, (Parts VIII-XIV), p.1433.）。

一方、大陸諸国即ちスペイン本国を始めとして、プロシャ、ロシア、オーストリア、フランス等の諸国は、正統主義の見地から承認を拒否する態度を明確にしたのである。一八二二年のヴエロナ会議（Verona Conference）の席上、イギリスがこれら諸国に対して、まずデ・ファクト（de facto）の承認を与えるよう勧誘したのに対して、オーストリア代表は次のように述べている。「オーストリア皇帝は、社会秩序が拠って立ち且つ正統政府（gouvernements légitimes）を維持する基盤である大原理を一貫して支持しているから、本国政府がその領域に行使している主権的権利を、自らの意思に従って正式に放棄しないかぎり、アメリカ大陸のイスパニア領域の独立性を承認することはない」[1]と。イギリスを除く他の諸国もほぼ同様の態度をとったのである。ただフランスの態度はやや微妙であり、正統主義と事実主義の両承認原則の中間的態度をとるようにみえた。[2]即ちフランス代表は正統主義の原理を一応肯定しながらも、なお次のように発言している。「…しかしながら、フランスは『内乱が長期化し、諸国民の権利が一方の交戦者（正統政府）の無力によって行使することが不可能なときには、新たに自然法が支配することとなり、時効の原理が作用して、正統政府は混乱に終止符をうち且つ外国が享受しうる権利を奪わないために、新たな勢力にその支配権を譲るべく、時として義務づけられる』というイギリスの見解に同意するものである」（傍点及びカッコ内・広瀬）と。[3]このフランスの見解は、一方において正統主義原理の考慮からスペイン植民地の独立に対して、デ・ユーレ（de jure）の承認はこれを与えることができないとしても、なお実際上の見地から、とくに外国人の権利、利益の保護という立場から、現実に支配権を確立した革命団体に一定の地位を認めようとするものであった。つまりこれは、結局、イギリス代表が提案したデ・ファクト（de facto）の承認に同意するものであった。イギリスはヴェロナ会議の席上、南米地域における海賊や奴隷売買と有効に戦うための手段として、同地域の独立国家たる地位を、デ・ファクトに承認することを主張したのである。[4]なお、米国はすでにデ・ユーレの承認を中南米諸国に許与する（一八二二年）以前、一八一〇年頃から同地域に通商代表や領事を派遣し、また非公式にではあったが、これらの諸国から代表を接受して[5]一定の関係を維持していたのである。[6]

（1）　C. K. Webster, Britain and the Independence of Latin America, 1812-1830, Vol. II, 1938, p. 80.

（2） H. Lauterpacht, Recognition in International Law, 1948, p. 27.

（3） W. R. Manning, Diplomatic Correspondence of the United States concerning the Independence of the Latin-American Nations, Vol. III（Parts VIII-XIV）, pp. 1539~41.

（4） H. Lauterpacht, op. cit., p. 26. n. 1. なお一八二二年の英政府のメモランダムは、ラテン・アメリカ諸国の独立問題に関連して承認に三つの段階のあることを示している。第一は実質的に存在する政府のデ・ファクトの承認であり、第二は外交代表によるより公式の承認であり、第三は主権者のタイトルを決定するデ・ユーレの承認であるとする(Earl Bathurst to the Duke of Wellington, 14 Sept. 1822. ; C. K. Webster, Britain and the Independence of Latin America, 1812–30, Vol. II, 1938, p. 71.)。また、一八二四年六月一四日のイギリス首相キャニング（George Canning）の演説は、中南米諸国に与えたデ・ファクトの承認の効果は、イギリスとこれら諸国の間の通商問題に限定され、具体的には、彼らのコマーシャル・フラッグの承認で示されると言っている(Lauterpacht, op. cit., p. 331, n. 1.)。

（5） 一八一〇年、J・ポアンセット（Joel Poinsett）は、米国政府から「ブェノス・アイレス港における海員及び通商のための代表（Agent for Seamen and Commerce in the Port of Buenos Ayres）」というタイトルで、ブェノス・アイレス共和国に派遣された。翌一八一一年、彼は「総領事」として任命されている。なお米国政府も中南米諸国から非公式ではあったが代表を接受した。しかし彼らに対するエクゼクァトール（Exequateur）は、一八二二年のデ・ユーレ承認までは付与されなかった（L. L. Jaffe, op. cit., p. 105.）

（6） これを後に詳しく述べるような意味での政府（または国家）としてのデ・ファクト（事実上）の承認許与とみるべきか、或いはまた、交戦団体としての承認とみるべきかは問題があるが、中南米諸国が自ら独立宣言をするまでの期間は、後者の意味に解すべきである。しかし独立宣言後の両者の関係は、米国が右の独立諸国を国家として、デ・ファクトに（事実上）承認したとみるのが正しいであろう。けだし当時すでに右の諸国とスペイン本国との間には事実上の戦闘は存在しておらず、同地域には独立革命政府以外の権力組織はみられなかったからであり、また右の新たに成立した諸国の政府権力はその永続性等に若干の疑問はあったが、なお地域全体に対して一応の実効性を維持していたからである。

以上のように承認法の内容的発展については、一七七六年のアメリカ合衆国の独立と一八一〇～二〇年代のアメリカ大陸におけるスペイン植民地独立の問題が大きく作用したわけであるが（なお一八世紀から一九世紀初めにかけてのフランスにおける諸革命によって成立した新政府に対する承認問題については後述する）、ここで見落とすことが出来ないのは、これらの独立国家がいわゆるヨーロッパ国家系地域外に成立したことである。のみならず、それらの独立国が、本国（ヨーロッパ国家系内の国家）との抗争を経て分離独立したことである。このことは、新国家がヨーロッパ地域外に成立したにもかかわらず、ヨーロッパ国家系の国家となんらかの法的連関をもつこと（法の適用対象となること）を意味する。つまり本国は分離した部分の国家性を争うことが普通であり、これに対して、同じくヨーロッパ国家系に属する他の国は、それを独立国家として承認するというかたちをとることになり、ここに果してこの国が本国から正式に分離し、独立国家としての地位を法律上正当にみとめられるかどうかという国家承認の問題が提起されたことである。

ところでこの問題は国際法上のものであり、主として承認の条件や時期に争点がおかれることになった。そして、この国際法とは、承認国即ちヨーロッパ国家系内の国家間の法であり、いわゆる「ヨーロッパ国際法」（公法）といわれるべきものであった。こうしてこのような法的争点を現実のなかに展開しながら承認法は発展することとなったわけである。この場合、従来ヨーロッパ国家系内で国家が成立した場合と異なって、なぜ国家として成立するためにとくに承認を必要としたかというと、ヨーロッパ国家系内で国家が成立したときは、国際法（ヨーロッパ公法）はすでにア・プリオリに新国家を拘束しているのであり、新国家は成立とともに法律上当然に（ipso jure）ヨーロッパ国家の一員となり、国際法主体となる（すでに第一章でみたように、合理的自然法論や古典的実定法主義者の立場即ち国民の革命権の肯定——新しい国際法主体を形成する権利の肯定——を中心とした思想を基盤として理解された）わけで、こうした新国家成立という事実に対する既存国家による承認は、せいぜい客観的事実の確認即ち事実に付与される法的地位の自動的承認の意味しかないという考え方が相当に作用していたからである。しかし法の支配していない（厳密には法をつくる主体でなく単に物的客体としての地位しか認められていなかった）ヨーロッパ地域外で国家が成立し、しかもそれが本国から分離したような場合には、それだけで、ヨーロッパ国家系の国家と同一の法主体たる地位を当然に取得するものではなく、一般にはヨーロッパ公法内の既存国家の承認という積極的行為による受け容れ手続を経ない限り、なお母国の一部とみなされ、国家としての国際法主体性が認められないことになるわけであって、その国家性を認証するためにはどうしてもヨーロッパ国家の承認が必要であり、承認によってはじめて新国家は、承認を与える国との関係において、新しい国家としての国際法主体性が認められるとする必要があったのである。そしてこの外国（ヨーロッパ国家）による承認は、具体的には被承認主体が本国の統治権から離脱することを効果として確定する（従って、承認条件としての「事実主義」も、国内主権者交替の場合と異なって、対内的実効性のほかに、本国からの有効な独立が完成されたかどうかの対外的自立性の判断も必要とされた）ものであるから、本国に敵対的な意味をもつことが普通であり、従ってそこに承認国と本国との間に承認をめぐっての争いが生ずることとなったのである。

ところで右のことは換言するならば、ヨーロッパ国家系外の国家は、法律上当然に（ipso jure）ヨーロッパ国家系のみの規範である国際法（ヨーロッパ公法）の適用をうけるものではなく、ヨーロッパ国家系内の国家と同じ地位と権利義務の主体となるためには、ヨーロッパ国際法団体への加入が先決問題となる（また、加入にさいしての条件は、ヨーロッパ国際法の規定するところに従う）という観念を論理的前提とすることを意味し、そして右の加入を法的に可能ならしめる媒介（手続）が承認行為であるということになるのである。そしてこの見方が、「いわゆる国際法団体への受容説」ならびに「創設的効果説」という承認法上の学説として体系化される一要素として作用することになったといえる。(1) この意味で、アメリカ合衆国及びその後の多くの中南米諸国の独立は、承認法を発展させる上でエポック・メーキングな影響を与えたということができよう。(2)

（1） クンツ（J. L. Kunz）は、国家の成立を国際法団体領域（Völkerrechtsgemeinschaftsgebiet）内における国家の成立と、国際法団体領域外における国家の成立とに区別し、国際法団体領域内で国家が成立したときには、その成立と共に、イプソ・ユーレに国際法団体構成員となり国際法主体となるが、国際法団体領域外に国家が成立した場合には、その国家はそれだけではまだ国際法主体でも国際法団体構成員でもなく、国際法団体への受容（Aufnahme in die Völkerrechtsgemeinschaft）の手続を経ることによって、はじめて国際法団体構成員となるというふうに述べ、更に、そうした国際法団体外の国家が「国際法団体への受容」を経ないで承認――これをクンツは部分的承認（partielle Anerkennung）と言っている――をうけただけのときは、その国家と承認国家との間の特別国際法上の関係を構成するにすぎないというふうに説明している（J. L. Kunz, Die Anerkennung der Staaten und Regierungen, SS. 15, 25, 63, 88.）。

また、リスト（F. von Liszt）は「国家としての存在ではなく、その国際法団体への加入（Eintritt in die Völkerrechtsgemeinschaft）が承認にかかっている」と述べており（Liszt-Fleishmann, Das Völkerrecht, 1925, S. 91.）。

また、レッズロブ（R. Redslob）も国家承認を創設的なものとしながら、その効果として「国際団体への加入」

(L'Admission dans la Communauté du Droit des Gens) がもたらされ、「国際法団体の新国家への拡大」がみられるというふうに述べている (R. Redslob, Les Principes du Droit des Gens Moderne, 1937, pp. 48~50.)。因みに、新国家の国際法団体への加入という現象も、加入を承諾する機関は国際法団体に属する各個別国家であるから、加入の効果が承認をした国との関係で、個別的性格となることは免れない。つまり、個別的法律関係を通じての国際法団体への加入ということになる。そしてこの法律関係は他の第三国にとっては法的事実としての性格(対抗性)をもつ。つまり、承認に基づいて成立する法律関係は個別的であっても、その法律関係の成立をヨーロッパ公法団体内の他の第三国(新国家の成立に反対する国でも)容認せざるをえないという単一秩序内での相互関連意識が米国やその後の中南米諸国の独立の事実を通して、ヨーロッパ諸国家に形成されたというところに、ヨーロッパ国際法団体への「加入」という説明の実証的意義があるのである。ヨーロッパ国際法の適用地域の拡大ということは、このことの結果である。こうしてみると、「国際法団体への加入」という意味を国際法団体の全部の国の合同行為(同一内容の意思表示の同時的合体)としての承認(田岡良一、国際法大綱上巻、一一三頁)というふうに解することは、右の歴史的沿革からは必ずしもでてこない。ただ、当時承認条件に関する見解の違いはかなりに存在したが、しかしともかくヨーロッパ公法の適用主体としての地位を米州諸国に対しても拡大してよいという共通の意思がヨーロッパ諸国の中に形成されたことに、承認=加入論=合同行為説の成立する余地があったということはできよう。

(2) 同じことは、一八五六年のパリ条約で、非キリスト教国トルコが「ヨーロッパ公法」に参加を認められ、さらに一九世紀後半に至って極東の諸国が漸次欧米諸国家と国際法関係に入り、国際法団体の構成員たる地位を認められるようになっていった事実についても言いうることである。特にトルコや極東諸国がキリスト教国でないことは、米大陸諸国がヨーロッパ国家系の外にあったが、ともかくヨーロッパ的文化をもつキリスト教国であったことと比較して、いっそう国際法団体(ヨーロッパ公法団体)への加入というニュアンスを強く帯びていたといえるであろう。それと共に、国際法がヨーロッパ公法的性格から脱皮して、汎世界的な共通の法的紐帯としての意味合いを次第に強め、一方においてヨーロッパ文明的法意識を後進国家に強制すると共に、後進諸国民からのインパクトをも次第にうけることとなるのである。

右に述べたように、人民主権主義を思想的背景とした国家の革命的独立は、アンシャン・レジームの支配体制を維持しようとするいわゆる正統主義原理との対立となって現れた。そしてこれが国際的には新国家の独立性を争うパワー・ポリティックスの展開を伴うことによって、承認制度は国際政治の格好の集約争点の地位を占めるに至った。この見地から重視されるのが、一七八九年のフランス大革命およびその後一九世紀前半まで続いたフランスにおけるいくつかの革命、政権の交替という事実（事件）である。これは基本的には既に述べたように、アメリカ合衆国やラテン・アメリカ諸国の独立という一連の事件と性格を一にするものであるが、とくに政府の変更というカテゴリーに属する点で、「政府承認」論にとって無視しえない実証的価値をもった。フランスにおける当時のいくつかの革命と革命政権承認問題に関する各国の態度は、基本的には「正統主義」原理と「事実主義」原理の対決という形をとって展開され、その政治基盤に「勢力均衡」方式が作用していたことは疑いがない。

一七八九年、フランスに起こった反アンシャン・レジームの大革命が成功したとき、この新しい革命政権をどのように取扱うかが各国の間で重要な問題となった。この事件が、王権神授的な血統にもとづく君主の主権的地位の絶対性を信奉する他の諸国の支配階級を戦慄せしめたのは当然のことであった。即ち彼らは、フランスにおけるこの革命が自国の被支配層に波及する危険を考えて、激しい恐怖に駆り立てられたのであった。このような事態の中で、一七九一年に、オーストリア皇帝レオポルド二世（Leopold II）とプロシァ王フリードリッヒ・ウィルヘルム二世（Friedrich Wilhelm II）はピルニッツ（Pillnitz）に会同し、「フランスににおける秩序と王政の復興をもってヨーロッパにおける全ての君主の共同利益」（傍点・広瀬）であると宣言し、ついで翌一七九二年、この二国とフランスとの間には遂に戦争が開始されたのである。当時プロシャおよびオーストリアはこの戦争の目的を規定して、「フランス内部の無政府状態を終結させ、王位および祭壇への攻撃をとどめ、法的権力を再建し、奪われた安全と自由とを王に復し、彼に属する正当な権力を再び行使しうる地位に置くこと」（傍点・広瀬）であるとし、もしも今後フランス王室の何人かに対して何らかの危害が加えられることがあれば、オーストリア・プロシァ連合軍は、「パリ市に武力制裁を加えて完全にこれを破壊し、かかる暴行をなした叛徒に対しては相当する処罰を科し、このようにして永遠に記念すべき復讐を加えるであろう」（傍点・広瀬）と宣言した(1)。これを発端として、一七九九年にいたる一連の革命戦争が戦われたのである。右のオーストリア、プロシァ両国王の宣言からも明らかなように、彼らは王権簒奪者の革命行為を国際的に不法な行為（国内的に不法なことは革命の性質から言って当然である）であって、これに対しては外国の干渉行為が法的に許されるものとする規範意識を当時もっていたものと解して差支えないだろう。そしてこれが正統主義の基本的性格なのである(2)。従って革命者の新しい主権的地位は、それがたとえ国内的に十分な実効的基礎をもっていたとしても承認に値いしないことは、むしろ当然のことと言えたであろう。

（1）　一七九二年七月における普墺連合軍司令官ブラウンシュワイヒ公（Herzog von Braunschweig）の宣言（岡義武、前掲書、三九～四〇頁）。

（2）　当時、すでに革命は事実上終了し、ルイ一六世は幽閉され革命者たる国民議会（L'Assemblée nationale）の支配権力は確立していた。従って普墺連合軍の干渉行為は、前合法的主権者たるルイ王の要請に基づく合法的な援助行為ということはできない。プロシァ、オーストリアの独自の判断にもとづく他国の革命に対する国際法上の違法な鎮圧行為であったというほかはない。

これに対して、革命者たるフランス国民議会(L'Assemblée nationale)は宣言を発して、「フランス国民は、その自由と独立とを維持するがために武器をとるものである。なすことを余儀なくされるに至った戦争は、国民の国民に対する戦争ではなくて、王の不当な攻撃に対する自由なる人民の正当防衛である」(傍点・広瀬)とし、人民主権にもとづく正当戦争の権利を主張したのであった。更にその後、一七九二年末、国民公会(Convention nationale)は宣言を発して、フランスは「自由を回復しようとする全ての国民に友情と援助を与える」であろうと主張し、また、「フランス国民は、共和国軍隊の立入る地域の住民の主権と独立とが確立されるまでは、また人民が平等の原則を採用し、自由にして民主的なる政府を樹立するまでは、何らの条約をも結ばずまた武器を捨てないことを約する」と宣言したのである。(1) これにもとづいて、フランス軍はそれらの地域の被支配層にむかってフランス革命の諸原則について啓蒙的宣伝を行い、彼らを支配してきた絶対王政に対する憎悪を煽動することを試みたのである。(2) 従って、正統主義そのものの理由のほかに、このような革命煽動を他国の内政に対する(逆)干渉行為として、これを行う革命政府は国際法上の承認を与えられる資格をもたない、とする諸国の態度が当時みられたのも右のような事情においてであった。(3)(4)

(1)　F. Laurent, Histoire du Droit des Gens et des Relations Internationales, 1869, Tom. XV, pp. 161~197 ; J. Basdevant, La Révolution Française et le Droit de la Guerre Continentale, 1901, pp. 161~176.

(2)　ブライス (J. Bryce) は、国際政治において相手国の世論へ計画的に働きかけることは後年次第に行われるようになるが、その先例は当時のフランス軍によって作られたといってよいと述べている（J. Bryce, International Relations, p. 21.）。

（3）　革命宣伝は他国の内政に対する干渉であり国際法上の不法行為であるとし、従ってこれを行う革命政府は、国際法を守る意思をもたないものとして承認条件を満さないとしたその他の顕著な例は、二〇世紀におけるソビエト政府承認に関連してみられる。

（4）　革命フランス政府に当時承認を与えなかった理由のうちに、革命行為の非人道性があげられている。たとえばイギリスは一七九三年一月二四日、ロンドン駐在フランス公使に外交関係の最終的断絶を通告したが、それはフランス革命政府のルイ一六世処刑が直接の原因であったと言われている（H. Lauterpacht, Recognition., p. 107.）。しかし、これはイギリス政府が前ルイ王の公使を介して非公式に継続していた事実上の革命政府との接触を放棄したことにすぎず、革命政府の承認の拒否それ自体ではない。従ってルイ王の処刑に示されるような革命遂行の方法の残忍さが直ちに新政府承認拒否の原因となったというわけではない。心理的な影響があったことは認められるが、明確な法的根拠としてそれがあげられていたとはいえず、承認拒否の理由は、ラウターパクトも認めているように（H. Lauterpacht, ibid., p. 107.）、むしろフランス政府が他国の革命の援助を決定したこと並びにその政権の不安定性にあったといえよう。

当時、オーストリア、プロシァ、ロシア等の君主国家が、正統主義の見地から革命フランス政府を承認しなかったのは右のとおりであったが、なおイギリスもいくらかこの影響をうけていたことは疑いない。しかしその主たる理由は、革命政府の内乱煽動行為並びにその政府権力の実効性が疑わしいという点にあった。(1) 一方で米国は、国務長官ジエフアーソンの一七九二年一一月の言明（駐仏米公使への訓令）によっても明らかなように、事実主義の立場を明確にしていた。即ち「国民が実質的に明らかにした意思によって組織された(2)政府を正当なものと認めるのがわが国の原則である（It accords with our principles to acknowledge any Government to be rightfully formed by the will of the nation, substantially declared...)。」（傍点・広瀬）と主張して、国民の意思に基づいて組織された政府権限の有効性を肯定して、君主伝来的権利の絶対性を説く正統主義を排し、事実主義の見地から一七九三年五月、フランス共和国（国民公会）政府（Convention nationale）を承認したの(3)である。

（1）　イギリス首相キャニング（G. Canning）は、一八二五年、次のように述べている。「イギリスがフランス国民公会政府を一七九六年まで承認しなかったのは、主として同政府の不安定状態に基づく。そしてこの理由は、議会の答弁と白書にも採択されている」と（W. R. Manning, Diplomatic Correspondence of the U. S. concerning the Independence of the Latin American Nations, Vol. III, p. 1546.）。イギリスはその期間、ルイ王をフランスの名目上の君主とみなし、ショーブラン（Chauvelin）を彼の外交使節として接受していた。しかし時の首相ピット（Pitt）は実際には彼を共和政府の非公式の代表として取扱い、従ってその観点から彼と一定の交渉を保つことを怠らなかったといわれる（H. A. Smith, Great Britain and the Law of Nations, 1932, p. 80 et Seq.）。

（2）　ここにみられるように、米国の承認政策としての事実主義（政府権力の実効性さえあれば承認するという態度）のなかには、その権力が国民の意思に基盤をおき国民の同意を得ているという前提が含まれていることに注意しなければならない。これは米国のあらゆる承認のケースにみられる現象であって、これが二〇世紀に至って「選挙」による革命行為の正統化という、新しいレヂチミズムの承認条件に形をかえて現れたのである。

（3）　この承認は、フランス公使ジャネ（M. Genet）の信任状を受理して、米国大統領が正式にこれを接受するという方式で行われた。このさい、米国政府の内部には、米仏間の条約を一時中止することを考慮して、右のフランス政府承認の効果に留保をつけようという見解もあったが、結局、採用されなかった（J. B. Moore, Digest., Vol. 1, p. 122.）。

フランス革命とそれから成立した革命政府に対する列国の態度は、大別すれば、「正統主義」と「事実主義」の二つの原則の何れかによってその承認政策が支配されていた。もっとも事実主義をとる場合でも、革命政府が現実に実効的な権力を確立したかどうかの認定には、広い裁量の余地が各国にゆだねられていた関係もあって、認定の結果に相違が現れてくるのは当然であった。従ってたとえば米国とイギリスとでは、フランス国民公会の承認の時期に三年の差が生ずることとなったのである。その後フランス革命の混乱期を収拾してナポレオンが王位に就任したとき、各国の採った態度もほぼ右と同様であった。たとえば米国は一八〇四年、ナポレオンが十分な権力を確立したと認定したとき、これを承認したのである。

続いて、オーストリア、プロシァ、ロシア、イギリス等の諸国とナポレオンとの間に戦争が開始され、結局、ナポレオンの敗北に終ったのであるが、これを収拾した一八一四年〜一五年のウィーン会議（Congress of Vienna）は、一九世紀の国際秩序を新しく規定する力をもっていた。承認法について言えば、このウィーン会議がその全般的な指導原則とした「正統主義」がそのままその思想的基盤を提供している。ウィーン会議では、フランス革命前夜における諸国の主権者をもって、当時彼らが支配していた領域の正統な保持者であるという正統主義の主張が全会一致で承認された。この建前に従えば、これらの主権者が革命戦争、ナポレオン戦争下においてその地位を追われたとしても、その後をうけて彼らに代って彼らの領土に対して統治権を行使したものは単なる簒奪者にすぎなかったことになる。ウィーン会議がヨーロッパの再建にあたって、この正統主義を一応尊重し基準として用いたのは、一つにはこの会議がフランス革命とナポレオンの覇権によって、直接、間接に苦しめられた諸国の支配者の会議であったことに基づく。端的に言えば、フランス革命は、神権王国の建前に立つブルボン王朝の統治を人民主権論の名において否認したものである。そしてそのような革命から生れ出た新しいフランスと諸国との間に革命戦争が交えられたのであった。その後ナポレオンによって一時期ヨーロッパ大陸に巨大なフランス帝国が樹立されたが、コルシカ島出身のナポレオンが一八〇四年に皇帝の地位についたのは、実に人民投票によってであった。こうして革命フランスによって、殊にナポレオンによって、由緒・伝統を誇って来たヨーロッパの歴史的諸王朝はまさに翻弄されたのである。(1) このことがナポレオン戦争を収束したウィーン会議に正統主義の影を落とす原因となったと言ってよいだろう。

(1)　しかし、ナポレオン自身もまた、「王朝の歴史的権利」という観念が、主権者としての地位の基礎になお牢固とした影響力をもっていることを知っていた。彼が即位後、ヨーロッパ最古の王朝として高い誇りをもつハプスブルグ家の皇女を皇后に迎えたのも、「歴史的権利」に支配の根拠をもつヨーロッパ王朝の伝統に彼自身を結びつけ、それによって支配者としての地位の承認をうけ易い立場におこうとしたものにほかならない。

ウィーン会議が正統主義をその指導原則の一つとしたのは、君主たちが彼らの王座を、フランス革命、ナポレオン戦争によって加えられたその汚辱から浄め、彼らの支配の「歴史的権利」をあらためて高く宣言したものにほかならない。なお、ウィーン会議が正統主義を戦後の再建の基準の一つとした結果、ヨーロッパの多くの地方においては、革命戦争、ナポレオン戦争の間に没落した君主たちが昔の王座に復帰し、その昔の領土に主権を行使することになり、それに伴ってそれらの地方には、フランス革命前の絶対主義的政治体制が全面的または部分的に復活することになった(1)(2)ことを見落としてはならないだろう。

（1）　ウィーン会議のこの正統主義の指導原理も、第一に、それがロシア、オーストリア、イギリスの利益に反しないこと、第二に、フランスの将来の革命を防止、監視するために、ロシア、プロシア、オーストリアの版図をフランスに対して強化すること、ならびに、これら大陸の四大国に勢力の均衡が保たれること、第三に、ロシアの勢力拡大を防ぐために、ロシアとプロシア、オーストリア間に勢力の均衡をつくること、という主としてバランス・オブ・パワーの見地から大きな限界づけをされたのである。

（2）　なお、ウィーン会議が正統主義と勢力均衡の見地を指導原則として、新しい国際秩序の設定を試みたことは、半面、ヨーロッパの諸地方に漸く目ざめつつあった民族意識を考慮の外においたことを意味すると言われる。その後、ベルギーがオランダから独立し、フィンランドはロシアから離脱し、ドイツ（プロシァ）はドイツ帝国に統一され、ブルボン家がナポリから追放されイタリアが統一国家となるなど、一九世紀のうちにウィーン体制を破る民族主義の嵐は、激しくなるばかりであった（岡義武、前掲書、六五頁）。このような民族意識は、もとを正せばフランス革命において唱えられた人民主権論と結びつく。支配権力階級のみの利益をはかる統治形態から、自己のためにする政治体制を確立するために分離し独立する権利をもつというデモクラシーないし民族自決の思想がこれである。換言すればそこに、被支配階級という意識と民族という特殊な条件が加わった混合意識が存在したことに注意すればよいのである。二〇世紀に至って特に顕著になった「民族自決主義」は、即ちこの人民主権思想と民族意識の統合形だと言ってよいのである（岡、前掲書、七四頁）。

このように、正統主義にもとづく主権者地位への前王朝・君主の復帰は、前に述べたように、革命の期間、実効的支配権を行使していた主権者が単なる簒奪者にすぎず、その地位は不法のものであり承認に値いしないという主張に導く（革命そのものが国際的にも否認されているのであるから、その結果としての新主権者の成立も同じく国際法上の効力を認められない）こととなった。しかしこの主張を厳密に貫くと、革命政府のすでになした行為、法令の効力さえ否認することとなり、これは著しく革命国の国民並びにこれと関係のある諸外国国民の法的確信と齟齬する。つまり革命政府の行為の効力をその権力成立の不正当なる理由からこれをすべて無効とみなすことは、法的（国内法的及び国際法的）安定性を完全に害するということである。革命政府はイレディティメイトであるから承認（デ・ユーレ承認）を与えられないとしても、なお現実にデ・ファクトの権力を行使していた事実はこれを認めねばならない。つまり、そのようなデ・ファクトの状態に対して、一定の法的評価を与えることは正統主義の見地からも否定されるわけではなく、むしろ実際的解決に資する故以でもある。このような見方が即ちデ・ファクトの承認の基盤となって成長してきたのである。[1] 後にイギリスが、ラテン・アメリカ諸国独立にさいして、正統主義の見地からこの承認に反対するスペインや、プロシア、オーストリア、ロシア等に提議した「事実上（デ・ファクト）の承認」という妥協策[2]もまさにこれであった。このような観念を背景として、ウィーン会議のさい、フランスの代表タレーラン（Talleyrand）は、正統主義を全面的に主張し、ナポレオン一世の非正統性を強調しながらも、なお、ナポレオン一世のもとで行われた行為の有効性はこれを認め、とくに彼の負担した国際義務は、新たに王政復古した正統政府によって承継される旨を明らかにしたのである。これはまさに、未承認政府の義務であっても、後の被承認政府がこれを負担するという責任承継（transmission des responsabilité）の原則を認めたにほかならないのである。[3]

（1） J. L. Kunz, Anerkennung., S. 144.
（2） H. Lauterpacht, Recognition., pp. 330~331.
（3） F. Larnaude, Les Gouvernements de Fait, Revue General du Droit International Public, Tom. 28, 1921, pp.

465~468.

さて、その後間もなく、ロシア、オーストリア、プロシァ、スペイン等の大陸諸国の君主達によって神聖同盟が結成され（一八一五年）、正統主義の旗じるしのもとに、現王朝の主権的地位の擁護、革命の鎮圧に相互協力すべきことが約され、「革命や暴力によって遂行された変革はヨーロッパ公法によって無効とする」（傍点・広瀬）ことが明示された[1]。また、同年、ロシア、オーストリア、プロシァ、イギリスの間に四国同盟が別に締結され、フランスにボナパルト王朝が復辟すること、および、フランスに革命が再発することを協同して防止することを公約し、さらにそれがフランスを加えた五国同盟に発展したのである（一八一八年）。これら正統主義にもとづく政府同盟は、パワー・ポリティクスにもとづく内部的弱点を包蔵しつつも、当時、次第に高まりつつあった諸国における政治的自由獲得の運動、民族解放の運動に対して、国際的武力干渉によってこれを弾圧することを試みたのである。一八二〇年、両シシリー王国に起った民主主義革命は、オーストリア軍の武力干渉によって鎮圧され、同年スペインに勃発した革命もフランスの出兵によって弾圧された。また一八二一年のサルジニアの民主主義革命も五国同盟の力によって失敗に帰せしめられたのである。

しかし、同盟の内部的脆弱さは、アメリカ大陸におけるスペイン植民地の独立問題で破綻を来たし、既にみたように、同盟の実質的崩壊を招くこととなった。このことは結局、承認政策における正統主義の思想的基盤をも失わしめることとなったのである。右のことは、同盟国の一つであるフランスの内部に相次いで起こった二つの革命（一八三〇年の七月革命並びに一八四八年の二月革命）のさいに、列国がとった承認態度にも明瞭に現れている。七月革命では復興ブルボン王朝の支配が打倒され、ルイ・フィリップ（Louis Philippe）を王とするブルジョア階級を中心とした保守的な立憲君主制度が樹立された。フランスにおいては、またも「正統な」王朝が革命によって覆えされたのである。ルイ・フィリップは、即位後列国に対して声明を発して、平和の維持に協力すること、ウィーン会議の国際的取極めを尊重すること、他国の内政に干渉しないこと等を明らかにして承認を求めた。イギリス、プロシァ、オーストリア、ロシア等は、もはや同盟と正統主義の立場からこれに反対する意欲も国際干渉を試みる意思もなく、逆に、まずイギリスは、この革命で王位を追われたシャルル一〇世（Charles X）のアルジェリア政策に対して、かねてから甚だしい不満を抱いていたので進んで新政府を承認した。アメリカもまた伝統的な事実主義の見地からこれを承認した。またオーストリアは、当時財政的にも対仏干渉を試みる余裕はなく、プロシァ、フランスの事態に介入する積極的意思を持たなかったから、結局、新政権の成立を傍観しこれを黙認することとなった。ロシアは、強硬に正統主義を主張して武力干渉を提議したが、列国が動かないままに自らもまた介入を断念したのである。一九四八年二月の共和革命（二月革命）のさいにも同様であり、正統主義による革命共和政府に対する政治的干渉や、その主権的地位の不承認という態度は、列国の間で既に力を失っていたのである。

イギリスは右の正統主義に対して若干の顧慮を払い、「イギリス公使の信認状は、ルイ・フィリップ王を名宛して提出されたものであるから、フィリップ王の退位した今、公使の公的権能は当分の間停止される」としながらも、「公使が必要と認める非公式の交渉は、イギリス政府を当然には拘束しないという条件付でこれを行うことを妨げられない」と主張して、実利的見地からの革命政府との接触を示唆した。さらに革命政府にデ・ユーレの承認が与えられないのは、法理的には正統主義の原則からではなく、革命共和政府の権力的基礎が安定性を確保していないという認定からであることを主張して、次のように述べた。「イギリス政府は新しい信認状を、現在イギリス公使のおかれている状況のもとでは送付することが出来ない。けだし新政府が、十分安定し国民の大部分から支持され、国家の事実上の権力組織としての地位を我々が認めうるような状態に達しているかどうか、疑わしいからである」(2)（傍点・広瀬）と。一方、米国は事実主義の立場から、革命フランス政府を率先して承認したが、その趣旨は、一八四八年三月三一日の国務長官ブキャナン（Buchanan）の駐フランス公使に対する訓令の中で明らかにされている。即ち、「米国は最初からデ・ファクトの政府を承認してきた。我々は、一つの国民が自らの意思と好みに従ってその政治組織を建設し、改変する権利のあることを認める。我々は、正統性の問題をもちだして、現存政府の背後まで審査するようなことはしない。ある政府が現実に存在し、自らを維持する能力をもっているということを知るだけで十分である」(2)と。

（1）　J. B. Moore, Digest., Vol. VI, p. 374. なお当時の国際法上の学説で、このような正統主義の影響をうけていたものがみられる。たとえばクリューバー（Klüber）は、反乱によりイレヂチムに権力を獲得したものに対して与えられる外国からの承認は、合法主権者がその主権を放棄しない限り、または放棄したものとみなされない限り、彼の正統な主権に対する侵害行為となると述べている（J. L. Klüber, Droit des Gens Moderne de l'Europe, Tom. 1, 1831, §. 23.)。

（2）　以上のイギリスの見解は、イギリス政府の駐仏公使あての訓令に示されている。なおこの訓令の全文は、H. A. Smith, Great Britain and the Law of Nations, A Selection of Documents, Vol. 1, 1932, pp. 106~112. に収録されている。

（3）　J. B. Moore, Digest., Vol. 1, p. 124.

右のように、君権の絶対性を説く正統主義は、一九世紀中頃には政治上並びに法律上の指導原則たる力を失っていたが、それは国際間の勢力均衡方式を基盤とするパワー・ポリティクスによって骨抜きされたからであった。のみならず正統主義の原則（わけても当時の特定王朝の維持を目的とする正統主義）はこれを正確にみると、国際法上の原則、とくに承認法上の法的準則としての性質を実はもたなかったといえるのである。なぜならば、正統主義が革命を国際的不法行為とみなし外国の「干渉」を是認したことは、それ自体、革命成功後の政権の成功とその合法性を保証する「承認」制度なるものを考慮しているはずはなかったからである（その点で、二〇世紀に入ってからの「立憲的」正統主義とは異なる）。

つまり正統主義思想は、革命の阻止を本来の目的とし、承認制度そのものを否定する性格を本来内在させていたということなのである。分離独立を認めるかどうかで正統主義が影響力をもったとみられるアメリカ合衆国や中南米のスペイン植民地の独立のさいも、それが実際に法的条件として主張されたことはなく、たとえば、アメリカ合衆国独立のさいのイギリスの承認反対の理由は、米国の独立に実効性が欠けているということであり、またラテン・アメリカ諸国独立のさい、その独立性が正統主義を掲げる本国スペインや大陸の一部諸国によって争われたときも、その主たる承認反対の理由は、結局、独立の実効的基礎についてであった。このようにみてくると、当時正統主義が承認法に何らかの影響を及ぼしていたことは否定しうべくもないが、しかしそれは承認法の根拠にひそむ政治的思想的な基盤についてであり、いいかえれば承認制度の運用面における心理作用としてであって、この意味では正統主義は政治原則ということはできても、少なくとも法（正確には承認法）原則ということはできなかったといえる。(1) つまり承認条件として特にそれを慣行上で完成しようとする規範意識が存在したとは言い難かったのである。なぜなら正統主義そのものの内容に、それを承認条件として規定する実質的根拠を欠いていた点があったからである。つまりその理由の一つは前述したように、正統主義思想が、革命の成立を法的に是認する立場を前提としてはじめて肯定しうる承認法と沿革的に異質の性格をもっていたことである。また二つには、たしかに旧王朝の復活ということでは、正統的政府の再成立を承認するという承認制度適用上の機能を果したことは事実であるが、しかしこうした場合には、既に成立している承認条件の機械的適用という考え方に便乗していたにすぎない。

のみならず、正統主義は、革命否認ないし予防の思想ではあっても、実際にそれが生起し完成した場合に、全くこれを無視する非現実性をあくまで主張しようとしたものでもなかった。つまり正統主義によって革命を国際的に違法とし、それによって成立した政府は正統的起源をもたないからこれを認めない。革命は成功してもそれは法的には無効であるとする厳格な承認上の考慮として、実際の正統主義は自らを主張していたわけではなかったことである。たとえば、神聖同盟諸国即ちロシア、オーストリア、プロシァの三国は、一八二〇年一一月一三日に声明を出し、「革命的手段で政府形態を変更し、その結果、他国に脅威を与えるような同盟国は、自動的に同盟国たる地位を去り、その国の事情が秩序と安定の十分な保証を与えるようになるまで、同盟の会議から除外されるであろう」（傍点・広瀬）と述べている。(2) これは政府変更の方式が革命行為によったとしても、かくして成立した政府が実効的権力を確立すれば、正統な政府として取扱われうることを示したものであり、その限りで革命的起源をもつという理由だけで、それが承認条件を満たさないと言いきっているのではなかった。つまり、革命をかりに国際的に不法とする（従って、それに外国が干渉することを認める）のが正統主義だとしても、その不法性は後に（干渉が有効でなく、革命が事実上完成したならば）承認によって治癒されうる瑕疵だとみなしていたといってよいであろう。

このようにして正統主義自体の内容にも、それが法的に承認条件たる性質を欠いているもののあることを我々はみることができるのである。繰り返していうと、承認制度は、革命という国内的不法の政権変更の事実を容認しこれを前提とした法制度であるから、正統主義は原理的には承認制度の否認の上に立つと言わざるをえない。従って正確にいえば、承認法上の正統主義と事実主義という区別は正しくなく、むしろ正統主義と承認制度の対立とみるべきものである。しかし実際には、正統主義の内容が右のように緩和された形で呈示されたため、また、一旦追放された正統君主またはその血統に属する者が再び王位に復帰した場合に、それを正統主義の見地から承認したことがあったため、承認制度の枠内で正統主義をとらえることも可能となると言うこともできるのである。革命の不正・不法を力説し、正統主義の影響をうけていたとみられる当時の学説でも、たとえばマルテンス（G. F. Martens）は、革命者が実効的に権力を確立したならば、彼は合法君主として承認されるに値いするとのべて、結局承認条件としての事実主義を肯定している者のいることは[3]、正統主義の限界即ちそれが革命鎮圧→外国の干渉容認という段階では法規範たる性格をもっていても、一旦革命が完成され、革命政府が樹立された場合の外国の態度を規律する準則としては、基本的には政治思想としての性格しかもたず、承認法上の厳格な条件としては、究極的に無力であることを示していたとみて差支えないであろう。

（1）　H. Lauterpacht, Recognition., pp. 102~103. ; J. L. Kunz, Anerkennung., S. 144 ff.

（2）　W. P. Cresson, The Holy Alliance; The European Background of the Monroe Doctrine, 1922, p. 99.
（3）　G. F. Martens, Précis du Droit des Gens Moderne de L'Europe fondé sur les Trastés et l'Usage, 1831, p. 193.

右のように人民主権主義思想にもとづく民主々義革命は、一九世紀前半において次第に高揚してくるが、それがさらに民族主義と結びついて、一八三〇年代にはベルギーおよびギリシアの独立という事態に発展した。ベルギーは、ナポレオン戦争前オーストリア領であったが、オランダを強化し将来フランスが中央ヨーロッパへ侵入することを阻止する役割を果たさせるために、ウィーン会議でオランダに帰属させられた地域である。それがいまや、オランダと人種、宗教、経済を異にするベルギー人の独立要求を無視することができなくなる状況が生まれ（1）、ロンドン会議の結果、一八三一年に、イギリス、フランス、オーストリア、ロシア、プロシァによって、ベルギーの独立が集合的承認をうけることとなったのである（2）。また米国も一八三二年、ニューヨーク駐在ベルギー領事にエクゼカツールを発給して、ベルギーの独立を黙示的に承認した（3）。また、ギリシアもトルコとの闘争を経て、一八三二年、イギリス、ロシア、フランスの承認をうけ（4）、翌一八三三年には、米国の承認をうけた（5）。

（1）　ベルギー地方に革命が勃発したさい、オランダ王は列国に対してオランダを援助してウィーン会議の決定を維持することを要請し、これに対してプロシァおよびロシアは、一旦はベルギー地方に対して武力干渉を試みようと企てた。しかし、正にそのときにあたって、ロシア領ポーランドにポーランド民族解放を目的とした反乱が勃発し、ロシアは自国内のこの事態を収拾しなければならなくなり、プロシァも、かって旧ポーランド王国の一部をなしていたその東部国境地方のポーランド人の動向を警戒し、その結果、両国はベルギー地方への干渉計画を放棄して、ベルギー地方の革命はそのまま成功したのである（岡、前掲書、八四～八五頁）。

（２）ラウターパクトは、一八三一年のロンドン条約によるベルギーの承認、および一八三二年のコンスタンチノープル条約によるギリシアの承認を「集合的承認」に関する先例の最初のものとしている（H. Lauterpacht, Recognition., p. 68.）。

（３）J. B. Moore, Digest., Vol. 1, p. 110.

（４）当時、イギリス、フランス、ロシアはトルコと対立し、現にロシアとトルコとは戦争を交えた。従ってギリシァの分離独立は、これら三国の支持と援助をうけていたのである。

（５）米国務長官リヴィングストン（Livingston）は、ギリシアの独立承認を支持して、イギリス、ロシア、フランスの駐米大使に対し、一八三三年四月三〇日、次のように述べている。「その政治権力を実際に行使し、確立することによって、（by its establishment in the actual exercise of political power ...）、国民の明示的もしくは黙示的同意（the express or implied assent of the people）を得ている政府を、その国の合法的政府として承認することは、米国の不変の慣行である」（傍点・広瀬）と（J. B. Moore, ibid., p. 112.）。ここには、すでに事実主義の基礎に国民の同意というデモクラシーの要請がみられるが、しかしその事実主義即ち政府権力の実効性を基礎づける国民の同意は明示的でも黙示的でもよく、それは政府権力を現実に行使しているか否かによって推定されるものとしている点に注意する必要がある。

この時代に、ベルギーとギリシアが独立したことは、承認法の発展の上に大きな意味をもつこととなった。けだし、それがヨーロッパ国家系の中で成立したからである。もっとも厳密には、ギリシアは、トルコというヨーロッパ国際法団体の外にあった国から分離したものではあるが、しかしこの国は、同じく中世以来のキリスト教共同体というワクの中で、他のヨーロッパ諸国と共に共通の歴史的伝統、文化的遺産をもち、政治的社会的活動の様式、技術のみならず、法的規範意識の点でも同質性を有していたのである。このような文化的政治的且つ法的性格において同一性をもつギリシアとベルギーが、ヨーロッパ国家系の中に独立国家として新たに成立し、ヨーロッパ国際社会に新しい法的構成をもたらし、しかもそれが諸国家によって黙示的ないし明示的な方法によって承認されたということは、従来の国家承認の性格を一歩前進させ、且つ明確化する意味をもつものであった。即ちすでにみたように、従来の国家承認に関する法慣行では、新たな国家がヨーロッパ国家系内に成立したときは、改めて諸国による国家承認の行為を経ないでも、それが国家としての独立性をもつかぎり、当然、国際法（ヨーロッパ公法）の適用をうけ国際法主体となるというふうに考えられ、従って承認行為という媒介が新国家の法的成立に必要とされる意識は必ずしももたれていなかったからである。

しかるに、ベルギーとギリシアの独立は、その国家としての法的成立に関連して列国による承認行為を必要とした。単にそれは、母国たるオランダやトルコに対する承認国の独立保障としての意味をもつだけでなく（これだけならば、一六四八年のウェストファリア条約によって承認されたスイス、オランダ両国に対する諸外国の独立保障の場合にもみられる）、明示的にこれらの国が独立国家として国際法主体となることを承認するという意識が作用している。(1)つまり、ベルギー、ギリシア両国が国際法共同体における法主体となるためには、右の国が共同体内で成立し、元来、実質的には旧本国を通じて国際法の支配のもとにあったにも拘らず、新たに独立の法主体として既存秩序の直接の受範者となると共に、新たな法を定立する能動的主体としての地位（国際法共同体の構成者たるの地位）を認容されるためには、既存国家による「承認」の行為が必要であるとされたのである。これはまさに、承認行為の意味が国際法主体としての新国家の国家的地位創設にあることを示している。

かくして、ベルギー、ギリシアに対する列国の承認行為が、ヨーロッパ国家系内（或いは、国際法団体内）に成立した国でも、それが国際法的に国家として成立する（単なる国際法の受範者つまり客体としての地位ではなく、国際法団体の独立且つ能動的な主体として右の団体の一員として加入する）(2) ことを認容されるためには、既存国家の具体的な承認行為を必要とするのだ、という法慣習を成立させる端緒を作った意義は小さくない。これは一つには、ヨーロッパ国家系外に成立したアメリカや、中南諸国の独立に関連してすでに国家承認の問題がクローズ・アップされ、それがヨーロッパ諸国の法意識の中に十分定着し、今後新国家が本国との革命抗争を経て独立し、それが新しい国際法主体として成立する場合には、それが国際法団体外で成立しようと団体内で成立しようと外国の承認行為が手続として等しく介在せしめられるべきであるという認識を諸国家がもつに至った結果であると考えられる。このことは、他面、ヨーロッパ国家系外の諸国がヨーロッパ国際法団体へ加入する性質が、「右の法秩序における国家」を「創設」する意味をもっていたことを、そのままヨーロッパ国際法団体内で新たに成立した国家を承認する場合にもあてはめようとしたものとみることができるのである。

つまりヨーロッパ国際法団体内に新たに生れ出たコミュニティーに対する国家承認の性質も、右のコミュニティーを国際法的意味での国家として創設し、新主体として既存の国際法団体へ加入することを認めるという意味に理解されていたということができるのである。それと共に、理論的に言っても、国家が国際法主体として法的に成立するためには、国際法団体内にそれが生れでたと否とを問わず、国家としての要件（第一に、独立主権を行使しうる能力をもっていること）を具備しているかどうかを判断しなければならず、しかもその判断は外国（既存の国際法団体内国家）がこれを行うのであり、その結果、国家としての要件を満たしていると認定（これは、事実確認の意味をもつ）したとき、これに国家としての地位、国際法の主体としての地位を認める（これは、地位創設の意味をもつ）という承認の行為が必要となると解せられたためであった。たとえば、マルテンス（G. F. Martens）は、当時（一八三一年）、刊行したその著「ヨーロッパ近代国際法要綱」（Précis du Droit des Gens Moderne de L'Europe.）のなかで、国家承認の問題にふれ、承認条件およびその認定について、ほぼ次のように述べている。即ち、独立を実際に保持しているからといって、それが合法性（légalité）の決定的な証拠となるわけではないが、しかしだからといって「諸外国にとって疑いがある場合には、革命の不正が明白な場合を除いて、権力保持の事実から判断して新国家が前政府から離脱し独立した地位をもつのとしてみなすことを妨げるものではない」[3]（傍点・広瀬）と。これは、ある国が独立国たる地位を認められるためには、特別の場合を除いては、その国が実効的な権力を保持していることをもって十分とするが、それがそうであるかどうかはこれを判断する必要があり、そしてこの判断権は諸外国にあり、外国がそう認定したならば、そのときはじめて独立国たる地位をその国に認めうることを明らかにしたものである。これはまさしく国家承認とそれによって新独立国家が国際法主体となる根拠を諸外国のそのような意思に求めたものであった。

のみならず、そのような承認行為の必要性はヨーロッパ地域外に成立した国に対してのみならず、ヨーロッパ国家系内に成立した国に対しても等しく適用することを前提として、「独立の政治組織をもっているコミュニティーは、従来の従属的地位から離れ……ヨーロッパ社会内で（sur le théatre de l'Europe）直接に存在を認められる法人格（personnes morales）として平等に取扱われねばならぬ」（傍点・広瀬）と言っているのである。[4] このことについてヘフター（A. W. Heffter）も、「承認とは新国家がヨーロッパ国際法団体の一員として加入（eintreten）することを認め、それによってその国際的存在を確認（bekräftigen）する行為である」と述べ、その実証的根拠としてアメリカ合衆国や南米諸国というヨーロッパ地域外の諸国のみならず、ヨーロッパ国家系内で成立したポルトガルやギリシアやベルギー等に対する列国の承認という事実をもあげている。[5] このようにみてくると、承認という行為わけても国家承認の行為は、革命等の方法によって本国から分離した新国家が、果して国際法上の国家として成立しうる要件（主として実効的・独立的な権力を確立するに至ったかどうかという事実的要素）を満たしたかどうかを、承認国が認定（確認）する意味をもつと共に、その効果として、右の新国家に国際法共同体における主体（国家）としての地位を創設するという二重の意味をもつものとみられていたということになる。そしてこのことが、右の一連の歴史的事実の中に実証されているということである。[6][7]

（1）一八三一年のロンドン条約で、オーストリア、ロシア、イギリス、プロシア、フランス等の諸国は、ベルギーの独立国たる地位を承認すると共に、その独立且つ永世中立国たることを特に保障して、ベルギー代表もこの条約に調印している。一八二八年の条約では、イギリス、フランス、ロシアは、ギリシアの将来の独立を明文で保障した。但し、正式承認は、同三国による一八三二年の条約で改めて与えられた。

（2）一八五〇年、ハンガリーがオーストリアから独立したとき、米国は事実主義の見地から率先これを承認したが、そのさい、ハンガリーが承認によって国際法団体の一員となるという見方が米国によってなされている。即ち、一八五〇年三月の大統領テイラー（Taylor）のメッセージは次のように言っている。「もし、ハンガリーが、我々がこれまで承認したきたような政府を確立することに成功するならば、我々は彼女を国際社会に迎い入れる（to welcome her into the family of nations）最初の国となるだろう」（傍点・広瀬）と（J. B. Moore,

Digest., Vol. 1, p. 113.)。

（3） G. F. Martens, Précis du Droit des Gens Moderne de L'Europe., 1831, p. 193.

（4） G. F. Martens, ibid, pp. 76~77. なお、マルテンスは、本国が主権を放棄したため、この地域の独立性が国内法的に争われえない状態に至ったときでも、右の新国家に対する外国の承認行為が不必要になるわけではないと言っている、とウィリアムスは述べている（J. F. Williams, La Doctrine de La Reconnaissance ; Recueil des Cours., 1933, Tom. 44, pp. 228~229.)

（5） A. W. Heffter, Das europäische Völkerrecht der Gegenwart auf bisherigen Grundlagen, 1861, §. 23.

（6） コルテ（H. Korte）も、国際法団体内で成立した新国家が、国家としての権利義務をもつに至るのは、既存国による承認行為を必要とすると述べて、承認の創設的性格を肯定しているが、右の承認を法的に可能ならしめる理論的前提として、国際法団体へ新国家が先ず加入していること、即ち一般国際法への先験的服従をフィクションとして設定する（H. Korte, Grundfragen der Völkerrechtlichen Rechtsfähigkeit und Handlungsfähigkeit der Staaten, 1934, SS. 116, 119, 123, 133.)。しかし、国際法団体への加入と、承認による国際法主体たる地位の設定とを分離する理論上の根拠は薄弱である。けだし〝加入〟とは、そもそも国際法主体たる地位を予定しているからである。新国家が承認をうける前にすでに国際法の支配をうけ、これに従属しているとしても、それは自己の独立の意思ではない、本国の意思によってそうなっているにすぎず、いわば法の客体ないしせいぜい主体の構成部分としての地位がもたらす効果でしかなく、自己の独立の意思にもとづく加入の結果ではない。

（7） クンツのように、国際法団体内に成立した新国家は、その事実によって当然に国家としての地位を取得するとみる者は、右の国に対する既存国家の承認を確認的ないし宣言的意味に理解することになる。つまり米国や南米諸国独立のさいにみられたような国際法団体外に成立した国家が、国際法団体による受容即ち一般的承認を経て初めて法的意味での国家としての地位を創設されるという国家承認の慣行も、それが後に国際法団体内での新設国家に適用された場合には、その性格を創設的なものから確認的なものへと転換するほかなくなる。

このように、ヨーロッパ国家系内に成立した国であると、ヨーロッパ外に成立した国であるとを問わず、ともかくそれが国際法団体のメンバーになり国際法の主体となるためには、既存国家による承認を介在せしめるべきことが一九世紀前半を通じて次第に確立されるに至ったのである。そしてその後、一九世紀後半におけるトルコや極東諸国の国際法団体への加入という歴史的事件を通じて国際社会が全世界的に拡大されると共に、ヨーロッパ国家系の国家のみに国際法の主体たる地位が認められるという従来の観念が完全に消滅し、国際法共同体（Völkerrechtsgemeinschaft）は、いまやグローバルな範域を占めるに至ったという意識が次第に強く形成されることになったのである。このようにして、ヨーロッパという地域的な法の障壁がはずされると共に、無差別に、即ちヨーロッパ地域内であろうとその外であろうと国家の新しい成立がみられるときには、常にそれを法的に処理するための必要な手段として承認行為を意識すべきであるという見方が支配的となって行ったのである。

なお当時、承認行為が慣行的に次第にはっきりと認められるに至ると共に、そうした行為に特に強い法的意味をもたせようとする見解が現れた。論理主義的な思考方法を背景とする創設的効果説の立場からのそれである。つまり承認を、関係国家が相互にそれぞれを国際法主体として成立せしめるための原初的合意としてとらえようとする見解であった。たとえば、哲学者であり且つ一九世紀における実証主義と絶対主権理論の父といわれるヘーゲル（G. F. W. Hegel）は、「国家が相互に法的関係に入るのは、承認行為を通じての国家の意思によってである。承認以前には何らの法的関係も国家間には存在しない(1)」と述べて、承認行為が国家を法的意味で国際間に成立させるための相互的必要条件であることを認め、承認がない間は、国家間の関係は単に事実上のそれにすぎないと主張して、承認制度の法律上の意味を明らかにした。これはまた国際法を契約（それを法的に成立せしめる根拠は"pacta sunt servanda"の根本規範）にもとづく共同法（law of coordination）としてとらえることをも意味するが、(2) この見方は承認の創設的効果を最初に理論構成したといわれるイェリネック（G. Jellinek）の見解にもみられる。即ち「上位規範に属することのない二国家間の権利義務の形での法的関係は、単に法人格性の相互承認の結果としてのみ発生しうる。……組織された人間集団の一部である国家は事実上当然に（ipso facto）一般国際社会に加入する。しかし法的国家共同体の部分となるためには承認が必要である」(3)と。このようにして承認行為には、自然のステートフッドしかもっていない事実上の国家に、権利義務の淵源である完全な国家法人格性を付与する効果をもつ行為としての地位が与えられたのである。(4) しかしながら、右の見方が当時一般的であったということはもとよりできないし、(5) 国際慣行上の実証性の点においても(6)また理論上でも(7)若干の疑問はあるが、しかし右の見解が承認行為の本質を鋭く分析し法的に理論構成を試みた点で、一九世紀の後半においてすでに承認制度が十分に法規範化され、それに対する学者の研究も進んでいたことを示すものとして、実証的価値をもつものと言わねばならない。

（1）　G. F. W. Hegel, Enzyklopädie der philosophischen Wissenschaften, 1870, §. 331. なおヘーゲルは、必要な条件が満たされたならば、他国によって承認されるのが「国家の最初の絶対権」であるとも言っている（ibid., §. 547.）。

（2）　H. Lauterpacht, Recognition., p. 38.

（3） G. Jellinek, Die Lehre von den Staatenverbindungen, 1882, SS. 92~99 ; Die rechtliche Natur der Staatenverträge, 1880, S. 48.

（4） ホイートン（H. Wheaton）も、国家の対内主権（internal sovereignty）は、その国家のデ・ファクトの存在だけでデ・ユーレなものとなるが、国際社会での外国との関係で生ずる対外主権（external sovereignty）は、外国の承認によって創設されるとしている（H. Wheaton, Elements of International Law, 1863, p. 36.）。

（5） たとえば、マルテンスは承認が原初的合意として契約的性質をもつとする見方については何らふれておらず、またクリューバーも、国家の独立主権的地位が他国の承認によって創設されるならば、それは独立主権が他国の意思に依存せしめられることを意味するから、これは独立主権の性質に反する。従って主権的地位はその事実によって取得されるのであって、他国の承認はこれを確認する意味しかないというふうに言っている（J. L. Klüber, Droit des Gens Moderne de L'Europe, 1831, §§. 23, 48.）

（6） 承認が新国家と既存国家との間で相互に行われて始めて法的意味をもつとする承認双方行為説は歴史的実証性に乏しい（H. Lauterpacht, Recognition., p. 40.）。しかし、双方行為（合意）の意味を、新国家の既存国際法に従って法主体として承認してもらいたいという意思表示（承認要求）――事実行為――を前提にした上での既存国家の一般国際法にもとづく許与行為――法律行為――というふうに解釈すれば、実証的にも裏付けうる見方となる（南米スペイン植民地の独立にさいして、革命政府はしばしば米国やイギリスに承認方を要請している）。

（7）「契約」が法律上の制度である限り、未承認国家が国際法主体としての地位をもたないうちに、それをなしうる法的根拠が問題となろう。もっとも、右の契約を社会契約的意味での原初的合意とみる立場をとれば原理的には説明がつくわけであるが、しかしそれならば、承認行為は法を前提としない行為即ち事実行為ということになり、一般国際法上の現象である事実を説明しえなくなる。

第二節　承認法の非ヨーロッパ社会（東洋諸国、米州諸国）への拡大とその内容的充実

第一項　東洋諸国の国際法団体への加入の意義と承認行為の性質的拡大
——非革命的国家成立に対する承認行為——

一九世紀後半において注目すべき現象の一つは、先にも少しふれたように、国際法の妥当範囲が全世界的に拡大されたことである。つまり、それまで国際法の主体とは考えられていなかった東洋諸国にも法律上の国家の地位が認められ、国際団体の一員たる地位が与えられるようになったことである。より詳しく言うとこうなろう。一九世紀前半から一九世紀後半にかけて、すでに米国や南米諸国のように非ヨーロッパ国家系の国家が成立し、ヨーロッパ公法としての国際法がこれに適用され、国家承認の制度が生まれたことについてはすでにみた通りである。つまりこの当時において、既に国際法の妥当範囲がヨーロッパ領域外に拡大されていたわけであるが、しかしここにみられた国際法の妥当範域の拡大は、一九世紀後半における東洋諸国へのそれと性質的に異なるものがあった。第一に、前者においては、米国や中南米諸国の成立した米州大陸の領域は、植民地としてすでに以前から、ヨーロッパ国家系の国家の領有の対象となっており、国際法の客体としての地位はこれをすでに取得していたのであって、この意味で国際法の適用範囲内にあったのである。つまりヨーロッパ国際法の妥当領域内にあったといえるのである。ただその主体としての地位が認められていなかったにすぎない。

これに反し、東洋諸国は、原理的にはヨーロッパ国際法上の「無主地」の概念で把握することができたに

も拘わらず、なお、その一部地域たとえばインドその他若干の東南アジア地域を例外として、一般には実効的支配権を行使することが実際上不可能であったために、事実上ヨーロッパ諸国の植民地となることもなくヨーロッパ国際法の具体的な適用を免れていたのである。つまりこれらの諸国は、ヨーロッパ公法の客体としての地位をも主体としての地位をももたなかったといえる。ただ、部分的にはヨーロッパ諸国と接触を保ち、法的関係を維持したことがあり、その限度で、非ヨーロッパ社会の国家としての地位を一定範囲で認められたとみられるふしもあるが、しかし右の関係の基礎にある秩序はあくまでもアド・ホックな契約上の法関係（ないし戦闘のさいに適用される規律関係）に限られ、一般に基礎規範としてのヨーロッパ公法に統一的に規律される一般法秩序内での恒常的法関係ではなかった。そしてここで注意しなければならないことは、これらの法関係がよって立つ基盤としての文化的・社会的制度が、米州大陸のそれが本質的にヨーロッパ・キリスト教国のそれと同一であったに反し、東洋諸国のそれは全く異質のものであったことである。ところでまず、トルコはクリミア戦争後に締結された一九五六年のパリ条約で、始めて「ヨーロッパ公法と和合の利益に参加すること（à participer aux avantages du droit public et du concert européen）」を認められた。これはトルコが国際法（ヨーロッパ公法）によって、既存のヨーロッパ国家系の国家と形式上対等の資格をもつ国家として正式に承認され、国際法上の主体として新たに国際法団体に加入することを認められたことを意味する。またこの場合、「ヨーロッパ公法」への「参加」という表現が用いられているが、これは、国際法の適用範囲がヨーロッパのキリスト教国に限られるという、これまでの観念からの転向を自ら表明したものであることは極めて明らかであった[1]。

このように、国際法は非キリスト教国へも次第にその妥当範囲を拡大して行ったが、そのような国際法の妥当範囲の拡大を示すより注目すべき現象は、極東の諸国家が漸次欧米諸国と国際法関係に入り、国際法団体の一員たる地位を認められるようになったことであった。先ず中国が、一八四二年にイギリスと南京条約を締結し、五港を外国貿易に開放することを認め、それにひき続き、欧米の他の諸国家と同種の条約を締結したのをはじめ、日本も米国との間に締結された一八五四年の神奈川条約によって開国し、ひき続き、他の諸国と条約上の関係に入った。いずれも始めは、領事裁判権または居住、通商、航海上の特権を欧米の諸国家に一方的に認めた不平等条約であったが、しかし、とにかくそれによって両国が、ヨーロッパ国際法の主体としての地位を与えられ、やや形式的にではあったが、欧米諸国と同様に独立主権国家たる地位を認められたのは注目すべき現象であった。[2] たとえば、日米間の神奈川条約（一八五四年）の第一条には「日本と合衆国とは其人民永世不朽の和親を取結ひ場所人柄の差別無之事」（傍点・広瀬）と記され、また、米使節ペリーが提出した米大統領フィルモアの「日本皇帝陛下」宛て親書にも、「合衆国の憲法は、他国の宗教的または政治的事項に干渉することを悉く禁ずるものなり。」と記されていた。これらは少くとも形式的には、日本も米国と対等の主権国家的地位を認められたことを意味し、文物制度の相違によって国際法の適用の仕方が異なるという古いヨーロッパ法的感覚が放棄されるに至ったことを示しているとみてよいであろう。

このように、国際法の妥当範囲が極東諸国にまで拡大されたということは、中国や日本の開国がいずれも、商品の販売市場を求める欧米の産業資本の強い圧力のもとで行われたことからもわかるように、産業革命と交通（航海）手段の進歩による市場の世界的拡大によるものであった。しかしとにかく、これまでヨーロッパ諸国家の間で形成、適用されてきた国際法に、多数の非ヨーロッパ諸国家が法主体としての資格で参加したことによって、その後の国際法の展開過程に無視しえない要素が加えられたことは、やはり否定できない事実であった。[3][4]

（1）　従って、国家承認の要件として従来必要とされたキリスト教文明の存在という前提（国際法はキリスト教諸国の間で成立したもので、キリスト教文明をもつ国でなければ国際法の主体として認められないという立場）は放棄されることになった。

（2）　但し、欧米諸国との条約関係の実体から判断して、その不平等内容を重視する観点からは、不完全主体として承認されたにすぎないとみることもできよう（横田喜三郎、国際法学、昭和三〇年、二七八頁、注二）。ロリマー（J. Lorimer）も、次のように承認の効果を分類し、トルコや日本、中国は一九世紀後半では、まだ完全な形では国際法団体の一員となっていないとする見解を明らかにしている。即ち彼は、人類を「文明人」（civilized humanity）、「野蕃人」（barbarous humanity）、「未開人」（savage humanity）の三種に分類し、それぞれについて承認を区別し、第一のものには、「完全な政治的承認」（plenary political recognition）が認められるが、第二のものには、「部分的な政治的承認」（partial political recognition）、第三のものには、「自然のまたは単なる人間としての承認」（natural or mere human recognition）しか行いえないとした。そして野蕃人や未開人には、実定国際法を適用しなければならない義務はないというふうに述べたが、トルコや日本、中国は、第二の範疇に属せしめられた（J. Lorimer, The Institutes of the Law of Nations, 1833, pp. 101~103）。

しかし、これは従来のヨーロッパ国際法の観念に支配された偏見であって、近代国際法の性格からみて、必ずしも正しい見解とは言えないものであった。なぜなら東洋諸国の国際法団体への参加は、単なる法の適用客体としてのそれではなく、法の形成主体として、つまり主権国家としての立場での参加であることに注意しなければならないからである。形成された条約内容が不平等であるかどうかは、この場合別問題というべきであろう。

（3）　田畑茂二郎、国際法、昭和三一年、七五～七六頁。

（4）　ここで問題としなければならないのは、トルコや日本、中国等の東洋諸国の国際法団体加入の承認（これは右の東洋諸国を国際法上の国家として正式に承認する意味をもつ）が、本国との抗争を経て成立した新国家の承認という従来のパターンとは異なる国家承認の性質をもっていることである。従来、革命や抗争によって成立した新国家（アメリカ合衆国やラテン・アメリカ諸国或はギリシア、オランダ等諸国）が承認されるという場合の承認行為の意味は、理論的にいえば、第一に、その国が独立主権国家として成立しうる法的条件を具備していることを確認（事実認定）すること、第二に、それによって右の国を国際法の主体即ち国際法団体の構成員（国家）として公式に迎い入れるということにあった。

　しかし、右の東洋諸国が、承認をうけた（黙示的承認にせよ）さいには、そこに正統（本国）政府に対する不法な革命抗争の事実が存在しない。つまりここで始めて、革命、抗争を原因としない既存の国家に対しても、それをヨーロッパ公法（国際法）上の正式国家として受け容れるための手続きとして、承認行為の必要を理論上提起したと言えるのである。その歴史的事実が本件であったのである。そうすると、ヨーロッパ国際法団体が与えた承認は、理論的にみると、性質上、単に承認行為の第二の意味即ち右の諸国を国際法団体の新構成員として創設するという意味しかもたず、承認の第一の意味、即ち国家としての要件を具備したかどうかの「事実」判断は、原理上不必要な認識過程ではなかったかどうかが問題となろう。

　この見方は、承認制度が専ら革命を手段とする不法な手続を経て成立した新政府や新国家を、対象としてもともと予定しているという見方、換言すれば、革命騒乱等によって一国の政府権力が相争う当事者のいずれに帰しているかの事実認定をする必要がある場合に始めて、承認制度の意味があるとする見方と関係がある。米国やラテン・アメリカ諸国の独立、或いは一六、七世紀以来の革命主権者の承認等における承認制度成立の直接の原因がほぼそれであったことから、沿革的に肯定される議論である（田畑茂二郎「国際法における承認の理論」、昭和三〇年、五一～六五頁、参照）。ここではまず、「承認」制度が革命（或いは本国からの分離抗争）を与件として成立した国家や新政府に対してのみ適用あるのではなく、新国家がヨーロッパ国際法団体へ加入するという点だけで、適用可能性が肯定されていたことを知る必要があるが、それをひとまずおいて、承認条件を具備したかどうかの認定の必要は、被承認主体が革命抗争の事態の中に置かれているときにのみ限られるのではないことに注意しなければならない。

たとえば、新国家の政治組織が未発達であったり、一定水準の文明をもたないような場合は、かりにその国に程度の低い統治組織があったとしても、果して国際団体の国家としての権利義務を果たすに足りるかどうか疑問のある場合がある。外国の援助によってはじめて準国家的地位を維持している半主権国、被保護国（一九世紀から二〇世紀初期にかけての英連邦諸国はこれに属する）等は、コミュニティーとしての体裁は整っているとしても、なお独立性、政治権力の自立性等の点において問題がある。トルコや、中国、日本等の東洋諸国の国際法団体加入が実現するまでは、キリスト教文明という一定の形態の文明の存在が承認条件として暗黙のうちに考慮されていた事実も、それがない場合には国際法団体内における主権国家としての資格を欠くものとみられていたからである。

そうとすれば、一国に革命抗争等の事態が存在しなくても、なおその国が国際法団体内の国家として承認されるためには、右にあげた国家の資格条件の存在を承認にさいして審査し認定する必要がでてくることは否定できない。もとよりこの場合は一国内に相争う複数の政治権力があり、何れが実効的な支配権力をもっているかの問題点や、或いは本国から分離した政治組織が、本国の武力抵抗を排除して十分な政治権力として確立したかどうかといったような、国内対抗的意味での事実審査の必要はない。しかし少なくとも、既存のヨーロッパ国家との比較衡量の上に立った国際的基準での政治権力の実効性(文明や国際法遵守の意思、能力を含めた)についてては、なお認定の必要があるとしなければならない。従って、革命等の内部抗争の事実がない場合でも、第一の承認のプロセス即ち、国際法主体としての条件（事実）認定の必要はこれを否定することができない。このことは、国内法上本国の同意のもとに平穏裡に行われた新国家の成立（分離国家の形成）に対して外国が与える承認許与についても、一般に言えることである。たしかにこのことは非ヨーロッパ地域人民の視角からみれば、欧米先進国の独善的見解と映るであろう。しかし近（現）代の国際法秩序の形成過程を実証的に考察する限り、そうみざるをえないのである。

しかしともかくいずれにしても、合意に基づき平穏裡に新国家が成立した場合にも、承認行為が必要とされたことは確かである。たとえば一八六六年、北ドイツ連邦が成立したとき、米国は大統領グラント（Grant）からドイツ皇帝にあてた書簡のなかでこれを承認し、また一九二一年に中米連邦（Gentral American Federation）が成立したときも承認が行われ（以上は、複数の国家が「合併」によって新国家を形成した場合）、第二次大戦後、フイリピンが米国から独立承認条約によって独立を完成し、モロッコ、チュニジア等が母国フランスから合法的に分離し、更にガーナやマラヤ連邦等の多くのA・A地域における旧植民地がイギリスからの独立を合法的に認められたときも、外国はこれら諸国を直ちに国家として承認したが、それはいずれの場合も新国家の独立性や国際法社会での生存資格に疑問がないと判断されたからである。

こうして現代的意味では、たとえば新独立国が本国との国内的手続上（国内法関係）では、独立性、自立性等の保持が約束されていても、それが単に形式的なものにすぎず、国際法の定める真に独立的自立的な実効権力を確立しているかどうか、或いは旧本国の負担していた国際義務を、新独立国に関係ある部分について継承する意思と能力及びそれに関する本国の同意を保持しているかどうかを、承認にさいして既存国が判断すべき必要は依然として存在する。実際問題としては、右のことを改めて第三国が審査する余地と必要は多くはないと思われるが、しかし少なくとも理論上はそう言える。実際問題としても、かって米国が本国イギリスから合法的に独立したエジプトを承認したさい（一九二二年）、米国の既存の権利、即ち領事裁判権や商業上の権利、最恵国待遇の継続について、エジプトから保証を要求しこれを承認の条件としたことがある（G. H. Hackworth, Digest., Vol. 1, pp. 192~193.）。のみならず、国際発言力確保等の対外政策の必要上（たとえば第一次大戦後の Anschluss 禁止の国際合意に反して、一九三八年、オーストリアはヒトラー・ドイツと合邦した）国際法違反の起源をもつ新国家の成立に対して国際社会はデ・ユーレの承認を与えなかったし、或いは民族自決を要求する国際社会の非難を回避する手段としての疑似国家の建設（たとえばトランスカイなど、南アフリカ共和国におけるバンツースタン計画による一九七六年の仮装国家の設置）等、国家としての実体を具備しない新国家が本国から形式的に独立せしめられる可能性もあるから、実際問題としても国家の成立条件に関する実体審査の必要は、国内手続上合法的に成立した新国家についても十分に肯定されるといえる。

もとよりこのような場合、既存国が承認条件を実質的に具備していないと判断したにも拘らず、政治的考慮から承認を急ぎ、いわゆる「尚早の承認」を行ったとしても、本国に対する不法行為を構成することはない。けだし、本国がもともと新国家の成立を法的に（国内法上）承認し、尚早の承認に基づく違法行為問責権を放棄しているからである。また、第三国も、かくして成立した新国家が少なくとも既存国家（本国を含む）との間で、国際法上の国家対国家の法的関係を設定していることを（法的事実として）否認するわけにはいかない。但し国際社会に一応の集権的機構（国際連盟、国際連合）が成立し、その決定（決議）により右の疑似（人工）国家の承認拒否が宣言されているような場合は別である（右の南ア内のトランスカイなどバンツースタン国家に対する国連の不承認効果）。

右のことは、承認制度の個別的性格から当然そうみなければならないものである。ただ第三国は承認を与えない以上、自国との関係では右の新国家を国際法上の国家とみる必要はない（承認行為の創設性）。従って、第三国は新国家の分離独立を国際法上の要件欠缺を理由として否認することができる。そうとすれば新国家は、右の第三国に関する限り依然として旧国家の一部とみなされるべきかが問題となる。しかし第三国も一国の内部事項に干渉する権利はないから、その国の国内的法律行為（新国家の分離独立を認める本国の措置）を原則として否認することはできない。ただその国内行為の効果を国際法上で改めて評価し審査しうるにとどまるのである（効果を承認すべきものとそうすべきでないものとを区別する必要がある）。従って、右の国内行為の結果、出現した一定の事実（新国家の分離という事実）を国際法の構成要件に従って再認識し、その事実に相当する法的効果を帰属せしめることが必要となる。

たとえば、右の合邦禁止の国際約定に違反してドイツに併合された一九三八年の独墺新国家や、日本の武力を背景に中国から分離独立がなされた一九三二年の満州国のように、新国家の本国からの分離が一応完成し表面的にせよ新政府が自立的に支配権を行使している場合、その事実に対しては一定の法的効果を国際法上も認めねばならない。たとえば新国家の国内行為の効果や新国家とこれを承認する外国との間の法律行為の効果はこの範疇に属しよう。いわゆるデ・ファクト（事実上）の承認制度はこれを説明する法理であり、後篇（下）で詳しく述べるところのものである。ただ、新国家が、実質的に自立的な統治能力をもたず旧本国や外国からの援助によって政府権力の実効性を保持している場合とか、或いは旧本国の締結した条約のうち自領や自国民に関する部分の承継（承継が国際法上要求されている場合）を怠るというふうな国際法上の義務を履行する意思と能力を欠いている場合には、独立主権国家としての資格を欠くものとしてデ・ユーレの承認を与えることを拒否しうることは否定しえないのである。この場合はそのような事実状態を放置し又は黙認している旧本国も、条約義務不履行上の責任を分担させられることになる。つまり、第三国は、あくまでも、一定の事態に対する実質審査を通じて始めて承認を与えるべきかどうかを決定することができるのであり、またそうする必要があるのである。

こうして単に分離独立が本国の同意のもとにスムーズに行われたからといって、それだけで新国家という新たな国際法の主体成立に関する第三国の事実認定権ないし承認権を、旧本国の意思即ちその国の一方的な国内行為に一般的に委任すべき理由はないのであり、実証的にもそうである（カザツスタン、ウズベキスタン、キルギス、ウクライナ等のソ連邦崩壊後の一九九〇年代に数多く誕生したロシア周辺の国家に対する各国の承認行為の存在）。この意味で、本国の同意のものに平穏裡に成立した新国家に対しては承認行為の必要がないとか、かりに承認を行ってもそれは形式的確認的なものにすぎないという宣言的効果説の主張は十分な根拠がないと言わなければならない。

こうしてみると、新（分離）国家は、その実体に相当する国際法上の限定的地位（権利義務）はこれを認められるが、完全な国際法主体としての地位はこれを認められないこともあり、従って、後者にのみ認められる国際法上の権利義務については、未だ承認を与えていない第三国との関係では、旧本国がなおこれを享有し行使する立場におかれることになる。たとえば、既存条約上の義務不履行からくる一定の国際責任については、その外交上の一般的な担保能力は旧本国のみが保有するという立場に立たされることとなるのである。旧本国はそのような立場に置かれることを政治的に拒否するであろうから、第三国はその請求権を実際には行使しえないことになるかも知れない。しかし、法的には右のようにみなければならないものである。

右に述べたところの法理は、もとより「国家」承認の場合についてである。また本国の同意のもとに合法的に独立を達成した新分離国家の場合が中心である。「政府」承認の場合には、承認が必要となるのは、通常、革命やクーデターという非合法な手段で政府の変更が行われた場合だけである。合法的に政府の変更が行われた場合には承認はとくに必要ではない。それは新しい国際法主体の生成消滅ないし地位の変動とは関係がないからである。つまりここでの問題は、合法的な政府の変更の場合に承認が問題とされないことから、直ちに合法的手続による国家分離の場合にも新国家の承認が不必要だと結論するのは誤りだということである。換言すれば前者の場合には、旧政府と新政府との間に法的継続性があり、むしろ法的に同一の政府（政府構成員が違っただけ）といってもよく、別個の認識面に入ることがないからである。

これに反し後者即ち合法的国家分離の場合には、旧本国と新分離国という二個の主体が法的にも区別されて登場しているからである。つまりこの場合には、新国家と旧国家とを同一とみることができないためである。新たな国際法上の認識対象と言わなければならない。そこに新国家成立の場合には、それが非合法に成立したか或いは合法的に成立したかのプロセスの如何を問わず、承認が問題とされ必要とされる所以があるのである。前にみた国家承認の第二の意味即ち「国際法主体」としての創設という意味が、新たな（従来の主体とは法的にも区別される）主体の創設という内容をもっていることでも、このことは十分に理解されうるところである。

ところで、合法的に交替した新政府に対しては承認行為が不必要であると言っても、この場合の「合法的」という意味については、十分検討が加えられねばならないのである。即ち「合法」という場合でも、それは手続面と実体面の両者について考慮されねばならないということである。換言すれば、承認行為の不必要とされる合法的な政府の変更とは、手続面と実体面の両者の合法性が満足された場合のそれを言うのである。従って手続上合法的に成立した政府でも、実体的に国家の基本法秩序を変更している場合には、承認行為が必要とされる。たとえば、一九五七年七月二五日、制憲議会が王制を廃して共和国を宣言した新チュニジァ共和国政府に対して、各国の承認通告が行われたのがそれである。これは政体という憲法上の基本性格の変更（手続的には合法性を破壊することなく平穏裡に行われたけれども）であるから、実質的に言って革命とみられる。従って外国の承認行為の対象となる政府変更とみなされたのである。ところで右のさい、王制の廃止については当時国内において若干の反対もあり、新共和国政府の基礎が必ずしも強固とはみられない要素があったため、承認は必ずしも遅滞なく行われたわけではなかった。つまり、右の新政府に対する承認行為は、各国のそれぞれの立場からの政治的考慮も影響して、列国間において時期的に必ずしも一致していない（単に事務的手続上の違いというのではなく、政治的判断、認定の差がみられた）。先ず、七月三〇日にエジプトがこれを承認し、米、英、仏、伊の諸国がこれに続き、日本は右の諸国の承認の経緯を参考にして（外務省情報文化局、昭和三二年八月二三日発表記事資料「チュニジアの独立とその承認について」、参照）、八月二三日に至ってはじめてこれを承認した。このようにみてくると、国内的には合法な手続によってなされた新政府の成立でも、「体制の変更」を伴う場合には国際社会（諸外国）の「承認」を必要とし、承認を必要とする以上、その政府の実体に対する実質的審査を経て始めて承認が許与されるのであって、この承認の行為を自動的ないし形式的な性格のものと理解してはならないことに注意する必要があるのである。

第二項　大国の対外経済活動保護政策と承認条件充実との関係

さて、既にみたように、近代国際法は一九世紀の後半に入るとともに、次第に妥当範域を拡大し普遍化への方向を示し始めたが、そうした妥当範囲の拡大という外面的な現象のほかに、更に注目しなければならないのはその内容の面においても、従来にはない充実と発展がみられるに至ったことである。このことは承認法においても例外ではなく、特にラテン・アメリカ諸国や極東諸国が国際法団体に加入するに至って、これらの諸国が政治、経済等の社会制度において、かなり後進的な要素を含んでいたことと相俟ち、右の諸国の内部にしばしば発生する革命とそこから成立する事実上の政府をどのように法的に取扱うかが、先進諸国にとって大きな問題として提起されたからである。のみならず先進欧米諸国にとっては、ラテン・アメリカや極東の諸国は自国産業資本の恰好の進出地であり、そこに安定した政治制度が確立することが投資保護の面で強く望まれていたから、革命政府がかりに成立しても、それが国民によって十分支持され安定した政治権力として確立することが、承認の絶対条件であることを強調する必要が常にあったのである。

また、既に先進国によって獲得されていた経済上の権益を、革命政府が継続的に保証することも強く要請されたから、既存条約の尊重即ち国際義務の遵守ということも承認条件として強く主張されるに至った。こうした資本主義的推進力を背景とした対外膨張政策の外交理念がいわゆる「帝国主義」として登場すると共に、国家利益（national interest）の観念に深く底礎されて、国際法規範の中に組み入れられてゆくこととなったのである(1)（一九世紀後半での欧州諸国の砲艦外交とこれに対抗するドラゴ・ポーター・ドクトリン及びモンロー・ドクトリン）。

もとより、先進諸国のこのような政策に対しては、後進国家はたとえば革命を武器として外国権益の破棄を目論み、実力によって外国の商業資本の進出から自国産業を保護しようと試みたのである。そのため、革命政府と外国との間に多くの紛争を生じたのであるが(2)、このさい先進諸外国が、既存の権益の維持を新政府承認の条件として掲げれば、革命政府は、権力の保持という客観的状態のみを承認条件とすべきであるという事実主義を主張するというふうに、いわば大国対小国、先進国対後進国という対立のかたちで承認法の内容に実質的な変化が生じてゆくのである。一方で既にみたように、大国間のパワー・ポリティクスの結果、大国間（たとえばヨーロッパ諸国対米国）にも承認政策上の争いがあったことも事実である。たとえば革命小国に好意を寄せる大国は、早急にこれに承認を与えようとして、その承認条件も単純な客観的事実主義を主張する傾向があった。そしてこうした現象は二〇世紀に至って、人民主権主義（民族自決主義）と結びついたナショナリズムが国際社会の新たな法的構成をめざして民族国家を次々と形成してゆく過程においても同様にみられたのである。

（1）　G. Niemeyer, Law without Force, The Function of Poltics in International Law, 1941, p. 60.

（2）　ヌスバウム（A. Nussbaum）は、一九世紀に入ってからの国際紛争の中で、経済的性質の紛争が極めて多くなったことをこの時期の特徴時な出来事としてあげ、その理由として、未開発地域や後進国家に対するヨーロッパ諸国家の投資、すなわち資本の移動が急激に増大したことをあげている（A. Nussbaum, A Concise History of the Law of Nations, revised ed., 1954, pp. 215~216.）。

右のように、一九世紀後半から第一次大戦頃までの間に、承認法の内容には若干の顕著な進展がみられ、それが慣行としてもほぼ確立するに至るのであるが、その基本的な展開は大国対小国、先進国対後進国の勢力関係において特にみられ、たとえば承認条件の内容に各国の承認政策を色濃く反映するという形で展開されたのである。より詳しく言えば、第一には新しい独立の承認条件として、前政府の結んだ条約上の権利義務特に義務（債務）を新政府が遵守すべきことが先進諸国によって強く要求され、それが慣行として成立して行ったこと。第二には既に承認条件として一般的に成立していた「政府権力の実効性」という基準が、国民の同意、とくに選挙等によって明示される被支配者の積極的な同意という形で示されるべきこと（この主張は、後にもみるように、米・英等の西欧諸国の国民主権主義ないしデモクラシーの原理からの要求でもあった）という二つの形をとって展開されたことである。

もっとも第二条件即ちの国民の同意という条件は、政府権力の実効性ないし安定性を判断する要素として主張されたにすぎず、それ自体が特別な新たな承認条件として規範化されたわけではなく、(1) また、その現れ方も、必ずしも選挙等の明示的な形や或いは積極的な方法で示されなくてもよく、たとえば国民の政府に対する黙示的ないし消極的服従という状態でもよいとされたことも少なくなかったから、性格としてはやや明確さを欠いてはいたが、しかしともかく従来、政府権力の実効性ということが、大たいに於て、外面的な支配現象だけで判断されることが普通であっただけに、その国民の内面的な意思（主観的態度）が問題とされたということ、特に国民の現政権に対する明示的、積極的な支持意思の表明が要求されたということは、一九世紀後半から二〇世紀にかけての承認制度を理解する上で、無視しえない性格の条件として考慮さるべきものと思われる。

（1） H. Lauterpacht, Recognition., p. 137.

第三項　国際義務遵守の意思と能力

果してそうであるとすれば、先ず第一に承認条件として、国際法わけても前政府の締結した条約上の義務の遵守という要請がどんな政治的背景のもとに生まれ、またそれが国際法上の規範として成立していったか、その歴史的過程を詳しく検討していってみよう。一九世紀、とくにその後半に入るとともに国際法の妥当範囲が世界的に拡大されたことは既にのべたが、それに伴って以前に比べ、国家間の合意によって条約が締結される例が極めて顕著になってきたことが注目されねばならない(1)。

そのなかでも著しい現象は、通商、領事職務、犯罪人引渡、郵便、電信電話、鉄道、著作権、工業所有権などといった経済的、行政的、技術的な性質の事項を対象とした条約が急激に増加し、わけても通商条約の数が著しく増えた(2)。また、通商条約の内容についても、最恵国待遇や内国民待遇というような先進諸国の経済的便宜を保証しようとする仕組みが整えられるようになった（これは、反面そうすることによって、後進諸国が自国の経済開発を効率的ならしめえたことをも意味する）のをはじめ、当事国国民の相手国国内における人権の保障、その身体・財産の保護、営業の自由、差別的課税の禁止、裁判付託の自由、宗教の自由等の保障について規定することが、一九世紀の通商条約では一つの定型となった。このことは、対外的な経済活動たとえば市場の獲得と確保、資本投下等を保障するために、一般的な法的安全性と私有財産の保護を求めた市民階級とくに先進諸国の産業資本の要求を反映したものであった。

（1）　一八一五年のウィーン会議から一九二四年にかけて締結された条約の数は約一万六千もの多数に上るといわれている（L. Bittner, Die Lehre von den völkerrechtlichen Vertragsurkunden, 1924, S. 13.）。

（2）　特に一八六〇年から一八七〇年にかけての約一〇年間は、ヨーロッパにおける国際通商がもっとも自由貿易制へ近づいたときで、一八六〇年にイギリスとフランスとの間で自由貿易主義に立脚する通商条約が締結されたのをきっかけに、ほぼ同種の条約が数多く締結され、その数は合計一二〇にも及んだといわれている（岡義武、国際政治史、一九五五年、九五頁）。

このような国際的事情を反映して、内乱や革命によって一国内に新政府が成立した場合や、或いは本国から分離して新独立国が誕生したとき、前政府が締結した条約の効力はどうなるのかがあらためて問題とされた。とくに、外国人が従来、条約や一般国際法にもとづいてその国でもつていた権利（逆にこれは外国人が居住する国のその外国人ないし本国に対する義務）が革命によって変更をうけるのかうけないのかが問題とされた。そして、主として、従来そのような条約上の権益に均霑していた先進諸国によって、既存の条約や国際法がそのまま新政府を拘束すべきこと、また新独立国に承継さるべきことが要求された。学者もそれについての法理を研究し学理的な根拠を与えるに至り、ここに慣行として確立して行ったのである。

具体的に言うならば、特別な承認条件として、新政府または新独立国が前政府または旧本国の負担した条約上の義務、並びにすでに確立された国際慣習法を遵守する能力及びその意思をもつことが主張され、これが一九世紀後半から二〇世紀にかけてほぼ確立することとなったのである。先ず、政府の革命的変更によって条約の効力に影響があるかどうかについては、すでにグロチュースが、「政府は変更しても国家はそのまま存続する」(1)ことを主張した当時から、国家が存続する限り、国家自体に権利義務が帰属する条約自体もそのまま効力を継続するとする見方が学説上有力であったといえる。たとえば、グロチュースやプーフェンドルフ(2)(3)やヴァッテル(4)は、前政府が結んだ国家債務契約がそのまま革命新政府を拘束すると述べているが、この見方は各国の通商交通がはげしくなり、通商・航海条約等による法律関係が密接且つ複雑になった一九世紀に入ってからは一段と強調されることとなった。

たとえば、ホイートン（H. Wheaton）は、君主間の個人契約ではなく、国家的目的のために結ばれた債権契約に関する条約上の保護義務や、一般国際法並びに通商条約によって保障された外国または外国人の権益が侵害された場合の違法行為地国の国際責任は、政府の変更によっても影響をうけることなく、そのまま革命政府によって相続さるべきことを主張している。[5]また、ヘフター（A. W. Heffter）は、革命によって本国から新国家が分離した場合には、権利義務承継の法理から本国政府が結んだ既存の条約を、部分的ではあっても負担する義務が生ずると述べているのである。[6]

（1）H. Grotius, De jure belli ac pacis, Liv. II, Chap. IX, §. 8.

（2）H. Grotius, ibid., Liv. II, Chap. IX, §. 8.

（3）S. Puffendorf, De Jure Nature et Gentium, Liv. VIII, Chap.12, §§. 1~3.

（4）E. D, Vattel, Droit des Gens, Liv. II, Chap. 12, §§.183~197.

（5）H. Wheaton, Elements of International Law, 1863, pp. 48~57.

（6）A. W. Heffter, Das Europäische Völkerrecht der Gegenwart auf den bisherigen Grundlagen, 1861, §. 23.

右のように、革命によって新政府や新国家が成立した場合に、右の新政府や新国家が前政府または本国政府の結んだ条約を履行すべき義務のあることは、ほぼ異論のないところであった（但し、特殊な条約たとえばクリスチャン君主間の個人的なコンコルダートや既存の政治形態の維持を目的とする援助条約等は、革命者を拘束せず、或いは革命によって目的を失い自動的に消滅することが当時においても認められていた）が、しかし、そのような条約遵守が特に革命政権や分離国家の承認にさいして要求されたことは、一九世紀半ばまでほとんどなかったし、学説上もこれを特別な承認条件として主張したことがなかった。[1]これは、一九世紀以前においては、条約関係がそれほど密でなかったことが一つの理由と考えられる。また条約関係がかりにあっても、国民一般を拘束する国家的契約か或いは君主の個人的な契約かが判然とせず、絶対君主制の崩壊と共に、旧契約内容も自動的に消滅させられて行ったことが背景にあったと思われる。また、一般国際法の遵守についても、一般慣習法の内容が必ずしも明確化ないし体系化されておらず、これを承認のさいの条件としてとくに考慮するほどの必要を認めなかったからである。

ところで国際法、特に条約を遵守する意思及び能力をもつことという条件が承認にさいして強く要求され、それが国際慣行として成立して行ったのは、やはり一九世紀後半から二〇世紀にかけてであって[2]、学説としてそれを認める主張のなされたのもほぼ二〇世紀においてであった。ところで原則論としてみる限り、「国際法とくに国際義務を遵守する意思と能力をもつ」という基準は、或る国が国家という国際法の主体として、または或る政府が国際法上で一国を代表する地位を承認されるための不可欠の論理的前提であるように思われる（もっとも「能力」については、その歴史的沿革は別として、理論的には政府権力の実効性という条件のなかに包摂せしめうることについて、後述、参照）。

なぜなら、そうでなければ、各国家が実際の国際社会で、一定の秩序を背景として法生活を営むことが不可能となり、そうした国家生活の開始を許与すべき承認行為自体が意味を欠くこととなるからである。このような意味で、たとえばトルコが一八五六年のパリ条約で、「ヨーロッパ公法と和合の利益に参加すること」を認められ、それによってヨーロッパ国際法団体の一員たる地位を承認されたのは、トルコがヨーロッパ公法に拘束され、この法共同体のなかでヨーロッパ諸国と協調してゆく意思を明らかにし、またその能力と資格があることが認められたためであったと解するのが素直な見方だと思われる。

これに反し、同一の法的紐帯に結ばれることを拒否している（即ちその意思をもたない）国を、その法によって承認し強制的に法の拘束を課する、言い換えれば、承認条件としては特に国際義務遵守の意思を要求しない（要求する必要がない）という見方を採用することは、法的実効性と安定性を確保する観点からみる限り説得力に乏しい見方とならざるをえないだろう。のみならず、国際社会が主権国家並存の体制を中心とした基本的に合意社会のそれである――少なくともヨーロッパにおけ近代国家系の成立以来、最近までの歴史的沿革ではそうである――という認識を前提にして考えれば、実証性の点で極めて難点の多い見方となることも免れない。こうした意味から、新国家に国際法の拘束を承知し特にその義務を受諾するという意思を明らかにさせることは、その国を国際社会の法的主体として受け入れる既存国家の承認行為の前提条件としては十分な根拠があると思われるのである。また歴史的実証性の裏づけも存在すると言えよう（ただし、それが帝国主義的政策の道具として濫用されたゆきすぎが、ときに債務負担問題等にみられたが）。

もとよりこの見方は、政府承認の場合にも基本的に適用のある見方であって、ただ政府承認の場合には、革命の事実とは無関係に国家はそのまま国際法主体として存続し、単にその意思機関が変更されただけであるという態様の相違があるが、しかし、右の国家の意思そのものの変更を問題として、新しい政府（国家意思代表機関）によっても、国際法に対する態度は変更をうけないかどうかが改めて問題とされ、審査されるということが必要とされたわけである。

一九世紀後半から、主として米国の中南米諸国に対する承認政策として展開された「条約上の義務遵守」という要求は、米国の国家利益の保護という政策が原動力になっていたとはいえ、一応、法律的にも意味のある主張であって、それだけに次第に各国によっても認められ、慣行として確立して行ったのである。

(1) もっとも、ナポレオン戦争を収拾した一八一五年のウィーン会議で、王政復古したフランス政府の代表タレイランは、ナポレオン政府の非正統性を主張しながらも、なお、ナポレオンが主権者としてなした行為の有効性を認め、とくに彼の負担した国際義務をそのまま新政府が負担する意思を明らかにして、諸国の承認を容易ならしめようとしたことがある。(F. Larnaude, Les Gouvernements de fait, Revue Générale de Droit International Public, Tom. 28, 1921, pp. 465~468.)。

また、フランスの一八三〇年の革命では、新たに政府を組織したルイ・フィリップは、即位後、列国に対して声明を発して、平和の維持に協力すること、ウィーン会議の国際的取極めを尊重すること、他国の内政に干渉しないこと等を明らかにして承認を求めている。このことからみると、一九世紀始めにおいて国際慣習法や条約を遵守する意思を革命政府がもつことが承認をうける上に有力なファクターとなっていたことがわかるが、しかしこれは承認を与える国に心理的に有利に作用する意味での効果はもっていても、それ自らが承認の法的要件として明確に要求されていたとは言えないものであった。右の政府を承認するにあたって、諸外国が条約や国際法を遵守すべきことを特に承認条件として主張したことのなかったのは、これを実証するものである。換言すれば「国際義務遵守」ということを、特に新政府の承認条件即ち規範的基準として意識していたわけではなかったということである。

(2) J. L. Kunz, Anerkennung., S. 139. ; H. Lauterpacht, Recognition., p. 109.

さて、革命政府承認の条件として、前政府の締結した条約を遵守する意思と能力が明確に要求されたのは、クンツも言うように[1]、米国が一八七七年、メキシコのディアス(Diaz)政権を承認したときに始まると考えられる。即ち、ときの米国大統領ヘイズ(Hayes)は、議会に対するメッセージの中で次のように述べた。「メキシコに従来、政府の革命的変更が発生したとき、事実上の政府を承認しこれと公式の関係に入る前に、米国が基準とした慣行は、その革命政府がメキシコ国民によって承認され、且つ、条約上の義務の遵守及び国際友好の意思を表明した場合に限られるということであった」(2)（傍点・広瀬）と。ここで注意しなければならないのは、右のヘイズの言葉からみると、国際義務遵守の条件が承認許与のさいの基準として以前から要求されていた慣行であるように述べられている点である。しかしこの点は、右の承認ケースが隣国メキシコについて特別に言及している点で一般的でないこと、並びに右の条件を明示することによって、従来友好関係を判断する資料としか考えていなかったこの基準を、改めて今後の承認政策の中に据えようという意図があった点ではやはり、法的基準形成過程の最初の一歩として理解すべき発言と思われる。

このことは次のケースからも肯定できよう。即ち、この承認条件を新しく確立しようという見方が二年後、一八七九年にヴェネズエラのブランコ（Blanco）政権の承認問題に関連して明らかにされたことである。米国国務長官は、ブランコ政府が実効的な統治権力を国内で維持していることを認め、従って、「承認の障害となるものは従来の慣行上は何ら存在しない」ことを肯定した（注、これは法的な承認条件としては政治権力の実効性だけを肯定するものである）後、次のようにつけ加えた。「しかし、承認にあたって要求される国家それ自身の能力（capacity）と、他国による承認の事実とは別のものである。承認は政府変更の合法性（constitutionality）や完全性（completeness）にのみ基づくのではなくて、それはしばしば二国間の相互関係の必要によって影響される。急激な変化が国家の内部構造に起こったとき、そして、それらの変化が対外関係において考慮されるときには、条約やその他の外交上の取極めによって取得された米国々民の権利が、右の変化によって影響されてはならないという理解が存在することが必要である。そのような理解があるかどうかが現在この政権に対する懸念として残されている。米国はその国際的な取決めや義務を、外国の政府（government）と結んだものとしてではなく、国民（nation）と結んだものとして考える。従って、米国は外国政府に対する態度をその国民に対する関係に影響させてはならないよう注意するつもりである。かくして、この点（注、新政府が国際義務を遵守する意思をもつこと）について、満足をうけることが米国の確立された政策（policy）なのである。ただ、そうすることは、他国に発生する内部的変化の正当性（legitimacy）について何ら疑いをさしはさむものではないことに注意する必要がある」(3)（傍点及び注・広瀬）と。

右の主張は、これを文字通りに解すると、国際義務の遵守を承認に必要な条件としてあげてはいるが、しかし、これを法的条件としてあげているというわけではなく、単に承認を許与すべきかどうかを判断するさいの政治的考慮ないしは政策（政治的条件）として考慮しているにすぎないようにみえる。しかし、これは従来の法慣行上、承認条件として意識されていたものは、米国国務長官が明らかにしたように、「政府権力の実効性」ということだけであったことを考えると、新たに法的条件として国際義務遵守の意思ということを慣行上確立するために初期の努力としては、先ずこれを明示的に政策として掲げる以上のことをなしえなかったのは当然であったと思われる。もっとも特に関係の深い隣国のメキシコに対しては、最初にあげたヘイズ大統領の言葉にもあるように、より以前から「国際義務遵守」を承認政策として暗黙に考慮していたと言えるが、すでに明らかにしたように、これもまだ政策の段階であり一般的にあらゆる場合に適用すべき条件として考えられていたわけではなかった。

ところで既にみたように、従来、「政府権力の実効性」という唯一の法的条件を適用する場合にも、その認定にさいして種々な政治的考慮が介入したわけであるが、しかし外交上の正式の承認根拠として明らかにされた主張の中には、そのような政治的考慮は示されておらず、法的には常に「政府権力の実効性」のみが唯一の承認条件として主張されてきたのであった。こうして、米国が正式に条約の遵守ということを承認許与のさいの考慮の基準として意識的に示したことは、それがかりに法的条件としてではなく単なる政策としてではあっても画期的な意味をもつものであり、それが慣行的に積重ねられることによって、米国の国際的力量の増大に伴い法規範化する可能性を十分に含むものであったことは争いえない。(4)(5)(6)

（1）J. L. Kunz, Anerkennung., S. 139. ; H. Lauterpacht, Recognition in International Law, 1948, p. 109.

（2）J. B. Moore, Digest, Vol. 1, p. 148.

（3）J. B. Moore, ibid., p. 151.

（4）ラウターパクトも、「国際義務遵守の意思という条件が、一九七〇年代以来、米国の政府承認上の法的基準として確立されていったことは争いえない」と言っている（H. Lauterpacht, Recognition., p. 110.）。

（5）一九一三年に、当時の米国務長官は、承認条件として、第一に政府権力が国家の行政機関を支配すること、第二に国民の一般的な黙認（acquiescence）があること、第三に国際義務履行の意思と能力があることの三つをあげたことがある(U. S. Foreign Relations, 1913, p. 100.)。第一と第二の条件は、政府権力の実効性という基準の中に包括することができるが、第三の条件はこれとは異なる要素を含むものである。ところで、これらの条件が「米国独立以来有効に確立されたものである」と述べているのはやや注目される。しかし、第一と第二の条件についてはともかく、第三の国際義務遵守の意思と能力という条件が米国独立の当時から、承認のための法的（国際法）条件として規範化され、要求されていたという見方には賛成できない。

なお、米国の慣行の中でも、承認条件として国際義務履行の意思を正面から問題とするのではなく、能力について主張されていることが時にあった。たとえば、一八九九年一一月一六日付のヘイ国務長官のポンスホート（Pauncefote）にあてたノートには、ボリヴィア政府に対する承認の基準として、ボリヴィア政府の行政機関に対するコントロール並びにその国際義務を履行する地位（a position to fulfil its international obligation）の二つが指摘されている(U. S. Foreign Relations, 1899, p. 344.)。また、一九〇〇年九月明らかにされたヘイ国務長官の対外政策のステートメントの中でも、政府承認の基準としてその政府の国際義務履行の能力（ability）（他のケースにおける米国の声明でしばしば用いられた「意思」という言葉を使っていない）が問題とされている。

国際義務履行の能力があるかないかは、政府権力の実効性の確立如何にかかっているので、それ自体、独立の承認条件として考慮する必要はないという見方もできるが、しかし、国内問題に関する統治権力についてだけでなく、国際問題という異質の政治環境下における義務遂行能力をも、実効的支配権力の内容として要求することは、やはり従来歴史的に理解されてきた政治権力の実効性という基準とは別の特別な条件として当時考えられていたとみる方が正しいであろう。このことはまたそれだけ国際間の関係の緊密化を物語るものである。

（6）　米国が、一九世紀後半以後、新政府（主として米州諸国）の承認にさいして、国際義務の遵守を特に要求するようになったのは、それらの国家内にある米国の経済的利益の擁護、殊にその投資の保護を目的としたものであったことは、明白な事実であったといってよい。

たとえばマクマホン（J. L. Mcmahon）も、特にタフト大統領に関して、彼が中米における新政府の承認のさいに、承認の要件として国際義務の遵守を何よりも強調した理由が、米国の企業を保護することにあったことを指摘し、そこに一九世紀後半以後における米国の承認政策の変更――単純な事実主義を放棄した点――を強調しているのは興味深い（J. L. Mcmahon, Recent Changes in the Recognition Policy of the United States, 1933, p. 26.）。またデニス（L. Dennis）が、それを米国の経済的帝国主義（economic imperialism）に基づく承認政策上の干渉行動として説明している点を注意したい（L. Dennis, Revolution, Recognition and Intervention, Foreign Affairs, Jan. 1931, p. 208.）。

米国の承認政策で、新政府の国際義務遵守の意思と能力の問題が特に明示されたのは、一九世紀においては、右のほかに、一八九五年のエクアドルの革命政権に対して、また一八九九年のボリヴィアの新政権に対して、同じく一八九九年のサント・ドミンゴの革命政権に対して、更に一九〇〇年のコロンビアの革命政権に対してなされている。たとえば、一八九九年のサント・ドミンゴの革命政権承認のさいに国務長官ヘイは、同国駐在米公使に対する訓令のなかで「新政権は、国家の行政能力を確保し、且つ国際法と条約の義務に正当な考慮をはらって(with due regard for the obligations of interuational law and treaties,)、国家事務を処理している」から承認を許与してよい旨を述べているし、また一九〇〇年のコロンビア革命政権承認にさいしても、国務長官代理ヒル（Hill）は同国駐在米公使に対する訓令のなかで、「条約と国際法のもとで主権国家に課せられたすべての国際義務並びに責任を履行する地位」を、右の政府が有しているかどうかを承認の前提として問題にしている(1)。

ところでこの承認条件は、二〇世紀に入ってからは、ほとんどすべての承認のケースに適用されるようになり(2)、また米国のみならず、他の諸外国でも採用され(3)(4)、第一次大戦後は特にその傾向が顕著となり、慣行上ほぼ一般的に確立したと言える。ただ、一般国際法や条約上の義務を履行すべしというこの承認条件が適用される場合、それが含む政治的機能については、十分な考慮が必要である。特にこの条件が、既にみたように、承認国の特定の政治目的を達成し、ないしは経済上の利益を獲得するために利用されることが多く、いわゆる承認権の濫用という形で提示され、法的には「条件付承認」と呼ばれる現象の一形態をしばしば示したことに注意する必要がある。

たとえば、米国は一九一三年、メキシコのフェルタ（Huerta）政権を承認するにあたって、その内乱中、米国民の生命及び財産に与えた損害に対する賠償問題を新政府が解決することを要求し、これが法的に許された承認条件であることを主張した。同時に、従来懸案となっていたコロラド河の水利問題ならびに国境地帯の土地問題の解決をも要求して、承認の対価として一定の政治的ないし経済的要求を行った(5)。また一九二一年、同じくメキシコのオブレゴン（Obregon）政権承認問題に関連して、米国国民の在メキシコ土地所有権の没収問題の解決並びに通商条約の締結という二つの条件を提示したが、これに対してメキシコはそれが条件付承認であることを主張して拒否したため、承認が延期されたことがある(6)。

ところでこの場合、外国人財産の没収が国際法上の違法行為であるとすれば、これに対する損害賠償の義務を負担することはその国の政府の国際義務となるから、この義務を履行する意思を明らかにすることを承認条件として要求すること――「国際義務尊重の意思」という承認条件充足の有無を判断する材料として利用すること――は、法的に許された行為とみることはできる。しかし右の米国国民の土地所有権没収がなされたのは、一九一七年のメキシコ法によってであって、しかもそれが国際法上違法かどうかが当時争われていたわけであるから、一九二一年にオブレゴン政権が成立したとき、右の問題解決をとくに承認条件としてもちだすことは、それが法的に国際義務として確立しているかどうか争われていただけに問題が残るのである。事案を仲裁なりその他の方法によって解決する意思があるかどうかを問うこと、換言すれば国際紛争を一般に国際法上の許されたルートで解決する意思をもつことという原則的な要求ならば、国際法上の責任ある政府としての当然の義務を要求したにすぎないから問題はないであろう。しかし右の事件はそうではなかった点で問題が残ったのである。なお通商条約の締結についても、これを承認の前提条件としてもちだすことには問題があると言えよう。

また、一九〇八年、モロッコのサルタン、ムライ・ハフィド（Mulai Hafid）が革命政府を組織したとき、英、米、仏、スペインの諸国は新主権者が、前サルタンの負った国際義務、即ちアルジェシラス条約の義務を負担する意思と能力をもつべきことを承認条件として要求したが、更にこれら欧米諸国の国民がモロッコ領内において平等の待遇を与えられるべきだという最恵国待遇の要求をも提起したのであった。これはしかし全く新しい要求であって既存の国際義務とは別のものであった。しかし新サルタンがこの条約を受諾したため、それによって各国は共同してこれに承認を与えたのである(7)「条件付承認」の実際例である。

同様に一九一二年、革命によって成立した中国の袁世凱政府に対して、日本及びロシアは共同して両国の共通の利益を確保するための十分な保証が与えられるまでは承認は与えられない旨を通告したことがある(8)。これも部分的には既存の条約上の権利の確保という趣旨を含んでいたが、しかし、中心は新たな国家利益の獲得をめざし承認問題を外交上の手段として利用したもので、既に、法的に形成されていた「国際義務遵守」という基準の直接のコロラリーではない。また、一九二四年、米国がニカラグァ新政権を承認したさいには、ニカラグァの経済開発について米国資本の導入が約束さるべきこと、並びにそれに対して十分満足しうる利益を確保するようニカラグァ新政権が保証することという条件が要求され、それが受諾されているので(9)ある。

このようにみてくると、過去の慣行は、国際義務遵守という条件が要求される場合には、これに附随してないしはそれに含ませて、一般国際法の義務として確立されているかどうか疑わしい事項や、或いはまた前政府の負担した条約義務ではなく、将来必要ならば締結を求めるべき条約上のコミットメント（たとえば通商上の特権の付与など）まで、承認という対価と引換えに、新政府に予め負担させる政治的取引が行われたことを実証しているように思われる(10)。しかも、このことが先進国ないし大国が自国の国家利益確保のために、後進国ないし小国に対して行ったパワー・ポリティクス上の手段であった点に無視しえない問題があるのである。この点について、ラウターパクトは次のように言っている。

「国際義務遵守という承認条件は、それが用いられた場合、承認の対価として、より過酷な約束や譲許を被承認国に認めさせる手段として利用される危険を含んでおり、過去の慣行は、しばしばこの危険を実証した。このことは、この承認条件が純粋に理論的に用いられていないことを示すものである。つまりこれは、この承認条件の正しい機能に関係のない目的のための濫用と言わるべきものである。革命政府が国際義務履行の意思を明らかにするのを殊更に急ぐ場合がある。特に専制的な政権は、自己が負担すべきかどうか疑わしい義務まで承認するのにやぶさかでない。それは外国が自己を承認するという貴重な政治的代価の故である。承認拒絶という武器をちらつかせることによって、革命政府をして国際法(注、現実には承認国の政策)に従った行為をとらせることができるのは、主として強大国が、弱小の隣国に成立した革命政府に対してそうした態度にでたときである」[11]（注・広瀬）と。

（1）　以上の例は、ムーアの「ダイジェスト・インターナショナル・ロー」（一九〇六年）に詳しい（J. B. Moore, Digest., Vol. 1, pp. 155~156, 163. 参照）。なお、J. Spiropoulos, Die defacto Regierung im Völkerrecht, 1926, SS. 31~32. 参照。

（2）　この例については、ハックワースの「ダイジェスト・オブ・インターナショナル・ロー」（G. H. Hackworth, Digest of International Law）の第一巻（一九四〇年）、四七~五一節に詳しい。米国のこの慣行は、ラテン・アメリカ諸国に対してのみ適用されたのではなく、一般に欧州、アジア等の諸国に対しても適用されている。たとえば、一九二一年、ギリシャにコンスタンチン王（King Constantine）が復位したとき、承認問題が起こったが、アテネ駐在米代理公使は本国政府に報告し、「現政府は、前政府が外国と締結した条約（treaties）、協約（conventions）、協定（agreements）から生ずる一切の義務（obligations）を承認している」と述べて、右の政府の速やかな政府承認方を勧告している（G. H. Hackworth, Digest, Vol. 1, p. 287.）。

一九一一年の中国の共和革命のさいにも、新政府に対する承認問題に関連して、タフト大統領が議会に送ったメッセージの中で、新政府の国際義務に対する態度が、承認の前提として考慮さるべきことが述べられている（U. S. Foreign Relations, 1912, p. 21.）。

（3）そのもっとも顕著な例は、一九一七年の一〇月革命によって成立したソヴィエト政権に対する列国の不承認理由にみられる。即ち当時、革命ソヴィエト政権に対しては、ほとんどすべての国が、同政権の国際法並びに条約に対する不遵守意思を問題にして、これに承認を与えなかった。即ち、ソヴィエト政権は、当時前政府の負担した条約上の義務並びに債務と、外国人財産の没収に対する補償の問題、並びに外国に対する革命宣伝の禁止ということに関する一般国際法上の義務の履行に保証を与えることを拒否したのである。そしてこれが列国の同政権に対するデ・ユーレの不承認の主要な原因となった。詳細については、Lagarde, La Reconnaissance de Gouvernement des Soviets, 1924 ; G. H. Hackworth, Digest., Vol. 1, pp. 298~305. ; N. D. Houghton, Policy of the U. S. and Other Nations with respect to the Recognition of the Russian Soviet Government (1917-1929), International Conciliation, Feb. 1929, No. 247. ; S. Gemma, Les Gouvernements de Fait, Recueil des Cours., Tom, 4, 1924, pp. 362~365. 参照）。

その他にも、多くの例がみられるが、たとえば一九一七年、革命ポルトガル政権が諸外国に承認を要求したさい、同政権は外国と友好関係を保ち、ポルトガル国が負っている一切の国際義務を尊重する意思のあることを、同国駐在外交団に通告している（G. H. Hackworth, Digest., Vol. 1, p. 293.）。

（4）イギリスの慣行については、C. S. Smith, Great Britain and the Law of Nations, A Selection of Documents, Vol. 1, 1932, p. 239. 参照。日本についても、ほぼすべての場合に、新政権の国際義務遵守の意思と能力を条件として要求している。二、三の例をあげるならば、一九一三年の中国の袁世凱政府承認にさいして、日本は列国に次のことで共同行動をとるよう申し入れている。

即ち、「支那国ニ於テ鞏固ナル新政府樹立セラレ且該政府ニ於テ同国ノ負担ニ属スル諸般国際的義務ヲ履行スルノ意志ト実力トヲ示ストキハ列国ハ新国家ニ対シ承認ヲ与フルヲ要スルニ至ルヘキ処、支那国ノ現状ニ鑑ミルトキハ此際列国ニ於テ右承認ニ関スル事項ニ付慎重ナル考慮ヲ加フルコト必要ナリトス。諸外国人カ現ニ支那国ニ於テ享有スル一切ノ権利、特権及免除ハ新制度ノ下ニ於テモ継続セシムルコト極メテ肝要ナル処是等ノ権利、特権及免除ハ主トシテ条約ニ基クモノナリト雖モ支那国及各国国法ノ規定若ハ従来ノ慣行ニ拠ルモノモ亦尠シトセサルヲ以テ列国ニ於テ承認ヲ為スニ際シ念ノ為新政府ヲシテ是等ノ権利、特権及免除ヲ正式ニ確認セシメ置クコト得策ナルヘク之ト同時ニ新政府ヲシテ従来支那国ノ負担セル外債ハ之ヲ継承スヘキ旨ヲ正式ニ約諾セシムルヲ可トスヘシ」と（「国家及政府ノ承認」、国際法先例彙輯⑶、外務省条約局編、昭和九年、二一〜二二頁）。これについて、英、米、仏、独、露、墺、伊等の諸国は原則的に同意を与えている。

また、一九一五年、メキシコのカランサ（Carranza）政権承認にさいしては、「帝国臣民カ「カランサ」政府ノ下ニ於テ凡テノ事項殊ニ生命、身体、財産、利益並ニ革命ニ依リ蒙リタル損害ニ対スル賠償ニ関シ最恵国ト同様ノ待遇ヲ受クヘキコトヲ確信スル（「国家及政府ノ承認」、前掲書、一七九頁）旨を主張したことがあるが、これに対し、同政権は、右の条件は受諾しがたくメキシコ在住の日本人の被害に対しては、メキシコ人の享有する所より大なる保障は与えられない旨を回答してきたことがある。

また一九一一年のポルトガル革命政権承認のさいには、日本政府の要求に従って「葡国共和国仮政府ハ葡萄牙国ノ正当ニ為シタル約束、条約、国際現行契約及一般適法ニ負フ所ノ義務ヲ履行スヘキ」（「国家及政府ノ承認」、前掲書、三〇一頁）旨の回答を右政権から得ている。

（５）G. H. Hackworth, Digest., Vol. 1, p. 258.

（６）G. H. Hackworth, ibid. p. 261. なお、一九二四年、米国がギリシヤ新政権を承認したとき、両国間に通商条約が締結さるべきことが米国によって希望されたが、しかしそれは承認条件として要求されたものではなかった。米国務長官ヒューズ（Hughs）のクーリッヂ（Coolidge）大統領にあてた同年一月二五日の書簡の中にそれがみられる。即ち、右の書簡には次のような言葉がある。「ギリシアとの通商条約について商談することが望ましいが、しかしこれは承認に先行する問題ではなくて、承認後に生ずる問題である（but this again is a matter which would naturally follow rather than precede recognition)」と（G. H. Hackworth, ibid., p. 289.）。

（7）　G. H. Hackworth, ibid., p. 307.

（8）　H. Lauterpacht, Recogniton., p. 111, n. 3.

（9）　G. H. Hackworth, Digest., Vol. 1, p. 194.

（10）「条件付承認」といっても、その条件の履行ないし実現が承認の効力を発生せしめる意味でのいわゆる停止条件としての機能をもっているわけではない。ただ、条件に関する合意即ち将来一定のことをなすべき義務を被承認主体が受諾することをもって条件は完成し、承認は効力を生ずる。従って後に右の条件が現実に履行されない場合でも、単に被承認主体に責任が発生するだけであって、承認それ自体が効力を失うことはないし、承認国に承認取消権が発生することもない（一九三六年、ブラッセルで採択された国際法学会の「新国家及び新政府承認に関する決議」第一三条参照 —— A. J. I. L., Vol. 30, 1936, Supp. p. 187.）。

また、行為に単に附随して、即ち承認許与と時間的に同時であり、また形式上も同一文書上でなされてはいるが、しかし、承認の許与とは別個に、任意に一定の権利義務関係を設定した場合は、右の権利義務設定の行為は、厳密な意味で条件付承認の条件ではない。けだし、条件付承認の条件とは承認許与が右の条件の成立（合意）にかかわらしめられているものを指すからである。

ところで、理論的にみると、「条件付承認」は、承認を法的義務の行為としてではなく、単なる自由裁量上の政治行為とみる見方、即ち特定の法的条件を具備したと認定しても、なお、承認の義務がなく、政治的に任意に新たな条件を加重しうるとみる見方をとることによって、始めて肯定しうる承認の形態といえよう。

（11）　H. Lauterpacht, Recogniton., p. 112.

右のように、「国際義務遵守の意思及び能力」という条件は、それが要求されるとき、しばしば承認国による特定の国家目的実現の手段として利用され、また一方、被承認政府側にしても、これを受諾することによって承認を速やかに獲得し、それによって自らの国際的地位を高め、同時に国内政治においても反対勢力に優位の立場を築くために利用することが少なくなかったのである。しかしながら、それはこの承認条件の政治的機能であって、とくにそれが濫用された場合の危険である。しかし、或る条件が濫用の危険があるからといって、その条件自体の正当な法理的機能まで否定することはできない。のみならず、現実の慣行上それが確立していることを無視することは不可能である。

既にみたように、第一次大戦頃までに、この承認条件は諸国の慣行においてほぼ一般的な傾向として認められていたが、特に第一次大戦後、国際関係が緊密化の度合を増すに従って、ほとんどすべての新政府承認のさいにこれが要求され、新政府によってそれが受諾された後、承認が与えられるという慣行が成立して行ったのである。一、二の例をあげるならば、一九三〇年、ブラジルに発生した革命により新たに成立した軍事委員会の臨時大統領ヴァルガス(G. Vargas)は、同国駐在の外交団に対して、「軍事委員会は、外国と締結したすべての条約、約定、内外債、現行契約及び適法に規約されたその他の義務を承認し尊重する」旨を通告して列国の承認を求めた(1)。

また、一九三二年の革命で成立したチリのオヤネデル政権承認にさいしては、英、米、独、仏、オランダの諸国は、右の政権から条約上の権利尊重の保証をとりつけた後、始めてこれを正式に承認した(2)。更に、一九三七年、ボリヴィアのブッシュ（Busch）革命政権承認にさいして、米国務長官ハル（Hull）は、ボリビア駐在米大使にあてた訓令の中で、右の政権が実効的な支配権力を確立し秩序を維持していることを認めた後、更に「ブッシュ政権は、チャコ議定書を含むボリヴィアのすべての国際義務並びに合法な私有財産権を尊重する意思のある」ことが明らかとなったので承認を付与することを通告している(3)。

このように、国際義務即ち一般国際法上の義務(4)並びに前政府の結んだ条約上の義務を遵守する意思をもつことという条件は、当時の国際法上で、すでに確立した承認要件であったということができる(5)。

（1）　G. H. Hackworth, Digest., Vol. 1, p. 229.

（2）　「国家及政府ノ承認」前掲書、二六四～二六五頁。

（3）　G. H. Hackworth, Digest., Vol. 1, pp. 228~229.

（4）　一般国際法上の義務としては、たとえば内乱によって生じた外国人の生命並びに財産に対する侵害について、損害賠償、責任者の処罰等の責務を新政権が負うこと等があげられる。たとえば、このことは中南米諸国の革命にさいして、革命政権承認の条件として列国からしばしば要求され、また新政権によって大部分受諾されている。顕著な例については、G. H. Hackworth, Digest., Vol. 1, pp. 258, 264；「国家及政府ノ承認」前掲書、一七九頁等、参照。

（5）　米州諸国の国際法学者で組織している汎米国際法学会（American Institute of International Law）が、一九二五年二月のハバナ（Habana）会議で作成した国際法典案のうち、「国家及び政府の承認」に関するプロジェクトでも、その第五条に承認条件として、秩序維持能力のほかに国際義務履行の意思がかかげられている（A. J. I. L, Vol. 20, 1926, Suppl., p, 310.）。

右のように、国際義務履行の意思と能力わけても意思の問題が承認条件としてクローズ・アップされ、これが満されない限り、法律上（デ・ユーレに）、承認は与えられないとするのが、国際的な慣行として成立してきたわけであるが、しかしこの特別な承認条件が満されなくても、新政府が少なくとも「実効的支配権力」を維持している事実は、これを認めうる場合が少なくない。このようなとき、なお他の承認条件たる国際義務遵守の意思が明確でないとの理由で、その政府の政府たる地位を全く否定することが実際上も、また法律上も、正しいかどうかは極めて問題である。

そこでこれを合理的に解決する手段として、「デ・ファクト（de facto）の承認」（事実上の承認）という制度が次第に明確な形をとるようになってきたといえる。つまり、実効的な政府権力を確保している政府は、承認の第一条件はこれを満しているものとして、少なくともそれに相当する地位は国際法上当然に認められるべきであるという見方である。たとえば、デ・ファクトの承認を与えられた政府は、国際的な行為については完全且つ一般的な行為能力は認められないとしても、少くともその国内行為の有効性と、限定的範囲での国際行為の効力は、これを国際法上で認めうる政府としての地位を与えられるとされるようになったのである。そして、国際法遵守の意思という承認の第二条件が満されたときに、始めて、「デ・ユーレ（de jure）の承認」（法律上・外交上の承認）が与えられ、ここに新政府は、始めて国際法上の完全な法的主体としての地位を与えられることになるのである。

このような承認制度の新しい方式は、国際通交の緊密化という現実と、一方、承認基準の内容が複雑化し充実しはじめた法的システムとのギャップを埋める意味で重要な機能を営むものであるが、これが慣行上で規範化されるとともに、法理的にも承認制度の一環として明確に体系化されるに至るのである。一、二例をあげるならば、米国は、ブラジル、チリ、アルゼンチン、ガテマラ等の中南米諸国とともに、一九一五年、メキシコの革命カランサ（Carranza）政権に実効的政府権力を確保していることを理由としてデ・ファクトの承認を与えた。イギリスもこれにならった。しかし、この承認はデ・ファクトのものであってデ・ユーレの承認ではないとされた(1)。その理由は、右の政府が同国内乱中に外国人に与えた損害に対する賠償と外国人の生命、身体、財産に対する十分な保護の意思を明らかにしなかったこと、並びに米国については、米国民がメキシコに投下した資本にもとづく事業財産を没収する規定を同国新憲法が定めたこと等が、いわゆる新政府の国際義務遵守意思の欠如として解釈されたためであった。

日本もほぼ同様の見地から、一九一五年、右の政府にデ・ファクトの承認を与えている。(2) また、一九二四年、中国の革命段祺瑞政府承認にさいしても、米、ベルギー、英、仏、伊、日本、オランダ等の諸国は、新政府が、在中国の外国人の条約上の権利、特権及び免除をひきつづいてみとめる意思と能力をもつに至るまでの暫定的措置として、デ・ファクトの承認を与えた。(3) その後、フランスは新政府との間に金法《フラン》問題を解決し、右の政府の国際義務遵守意思が明確になったとして、これにデ・ユーレの承認を与えている。(4)〔「デ・ファクト承認」の法理的解明は、のちに下（後篇）で詳細に試みる〕。

（1）H. Lauterpacht., Recogniton., p. 332.
（2）「国家及政府ノ承認」前掲書、一七七～一八八頁。
（3）同右、四〇～四一頁。
（4）同右、四五～四六頁。

第四項　国民の同意 ── 立憲的正統性の原理 ──

一　その一般的意義と初期の形態

さて、このように、「国際法及び条約上の義務を遵守する意思と能力」という基準は、承認の条件として法的に確立していったわけであるが、これとともに既に少しくふれたように、承認の第一条件たる「政府権力の実効性」という要件の内容についても、一九世紀後半から二〇世紀にかけて顕著な変化がみられ、とくに実効性を判断する基準についての検討が慣行上も学説上も強く要求され、結果として規範の深化と充実をもたらすこととなった。

これは主として米、英の慣行を先鞭として、次第に広く諸国の国際慣行として展開されて行ったのであるが、具体的には、政府権力への実効性を判断する根拠として、政府(政治権力者の統治)に対する国民(被支配者)の同意という基準が要求されたことであった。即ち従来は、政府権力の実効性を判断する基準としては、その政府に対する顕著な抵抗がみられないという外面的な現象だけでとらえられることが多かったのである。いわば客観的実効主義或いは消極的実効主義と言ってよいであろう。

ところが一九世紀半ば頃から、とくに国民の政府に対する服従意思が問題にされ、一部の国家実践では、それが選挙等の明示的方法によって示される積極的な同意という形で要求され始めたのである。主観的実効主義或いは積極的実効主義と言ってよいであろう。このように、国民の自国政府に対する主観的な態度、意思ということが問題にされ始めたのは、一つには主として、米国やイギリスのように民主政体をとる国が自己の政治形態に自信をもち、それを対外的にも要求するという政治原理上の考慮からきたものである。また二つには既にみたように、一九世紀に至って澎湃として起こった人民主権の思想がこれを要求したことであり、三つには、政府権力の実効的支配力というものが結局は、国民の同意によってしか維持しえず、国民の同意や支持のない専制的支配形態では、長くその政権の安定性、永続性を確保することができないという見地に基づくものであった(1)。更に四つには、国民の実質的な支持をえた安定した政府が作られることによってはじめて、その国において外国または外国人が経済活動を能率的に営むことができ、特に投資を促進し保護する政治体制が実質的に形成されることになる、という先進投資国側の対外経済政策上の配慮にもとづくものであったのである。(2)

（1）　ラウターパクトも「国民の同意（popular approval）は、政府権力の真実性、恒久性、安定性の証拠である」と言っている（H. Lauterpacht, Recognition., p. 115.）。

（2）　J. L. Mcmahon, Recent Changes in tha Recognition Policy of the United States, 1933, pp. 23, 26.

ところで、政府に対する国民の同意、即ち支持意思がどのような形で認められるかというと、慣行上は二つに分けられる。第一は、選挙等によって明示的に示される積極的な意思表示であり、第二は、政府が実質的に国家を支配している事実から、黙示的に推定される国民の少なくとも積極的な服従の意思がこれである(1)（もっとも、国民の積極的な支持意思は、投票等の明示的な方法によらなくても支配態様から黙示的にみとめられることもある。また選挙等の明示的手段で国民の意思を確認した場合でも、施行方法によっては、外形的な投票結果が直ちに国民の実質的な支持意思、積極的な同意を意味するかどうか疑問のある場合もある）。

ところで、右の二つの形態のいずれも、国民の政府に対する態度、意思を問題にしているところが従来の伝統的な事実主義と異なる点であり、これまでは政府の実効的支配能力を認定するさいには、単にその政府が現実に主たる抵抗なく国家権力を行使しているという外面的現象だけでこれを判断しており、それ以上更に国民の政府に対する主観的態度といったものを問題にすることがなかったとの比べると、評価基準に大きな差があるといわねばならない。

とりわけ、第一の選挙等によって明示的に示される積極的な国民の同意ということが、政府の実効的権力保持の認定要素として強く主張される場合には、その政治的機能の点のみならず法理的意味においても画期的な意義をもつものと思われる。この認定基準は、一九世紀後半から二〇世紀の二〇年代までに主として米、英によって主張され、国際的にもかなり広く採用された手段であるが、いわゆる米国の二〇世紀始めのウィルソン主義（Wilson Doctrine）や中南米諸国で同じ頃主張されたトバール主義（Tobar Doctrine）といわれるものに、その特徴が典型的に示されている。

しかし、この基準も第一次大戦後、全体主義的傾向をもつ政府が諸国に成立する傾向が顕著になるに及んで次第に衰退し、従って十分な意味で国際慣行として確立したということはできないといえる。ただこの承認条件認定の基準、即ち革命政府の支配権力の実効性を判断する基準として、選挙・投票という手段を通して国民の意思を問うという方法は、法理的には次のような意味をもつことに注意しなければならない。即ち、不法にないし非憲法的手段で成立した革命政府でも、明示的、積極的な国民の同意という手続を経ることによって改めてレジティマイズ（正統化）ないしリーガライズ（合法化）されうるという見方である。

つまり、右の政府の成立過程の不法性が、国民意思を通じて事後の救済をうけ治癒されるとするものであり、これを合法性（Legalität）または立憲的正統性（constitutional legitimacy）の基準と呼ぶ学者もある。(2) この見解はまた、政治的には民主主義の原理に胚胎するものであり、更に国際法で認容されている国民の革命権を少数者の独占に委ねることなく、国民多数の意思に基づく行使にのみ制限しようとするものとみられる。ところで、この考え方を一歩進めるならば、たとえば一九〇七年並びに二三年に中米諸国間に締結された革命阻止のための条約または一九一〇年代に米国の承認政策を代表したウイルソン主義にみられるように、憲法的手段によって成立した政府のみを合法な政府として承認するという態度を「合法性」ないし「立憲的正統性」の原理とみる見方をも導く。(3) ただこの場合には、スピロプーロス（J. Spiropoulos）が指摘するように、いわゆる合法な手段で成立した政府だけが「レガリテート」を満足するということになり、従ってこの意味では、憲法的手段による政府変更だけが可能で、革命という不法な手段による政府の交替は認められず、かりにそれが成功し、革命政府が成立してもそれは本来、合法性を満たしていないから国際的に承認を与えられないということに帰着する。つまり、結局、国際法上で論じられている「承認」の問題（これは、革命という国内的には不法な手段で成立した政府でも一定の条件を満せば、国際法上、デ・ユーレの政府として承認されるという制度）が存立する余地のない議論となるわけである。(4)

ところで、一九〇七年及び一三年の中米諸国間の革命予防のための条約や、或いはトバール主義（エクアドル外相トバールの主唱した政策）と呼ばれる一連の反革命行動は、その成立の沿革からみても理解されるように、その精神としては、革命政府をあくまでも不法な政府とみようとするものではあったが、しかし一般国際法上では、革命政府が一たび成立し、それが特別な方法特に選挙を通じて国民の積極的な支持を確保していることが確認されるならば、終局的には承認を与えることを否定するものではなかった。

（1） A. Thomas & A. J. Thomas, Non Intervention : The Law and its Import in the Americas, 1956, p. 250. ただ第二の立場では、国民意思に反する無慈悲な専制政権についても、それが現実に支配権を維持している限り、国民がそれに消極的な同意を与えているものと解釈しうる根拠を提供することにもなる（H. Lauterpacht, Recognition, p. 116.）。

（2） J. L. Kunz, Anerkennung., SS. 145~146. ; B. Azevedo, Aspects généraux de la Reconnaissance des Gouvernements, 1953, pp. 20 et seq.

（3）この意味では、合法主義（Legalitätsprinzip）は、君権と王朝の歴史的権利を絶対とし、人民の意思によるこの主権的地位の変更を不法且つ不正とするかっての正統主義（Legitimitätsprinzip）と、結果的に（革命並びに革命の結果生じた事態を国際的に不法としこれを認めないという意味で）一致するものである。換言すれば、一七、八世紀の「レギティミテート」は君権の絶対性に根拠をおく君主主義的正統性であったのに対し、二〇世紀の「レガリテート」は、政権の変更についてあくまでも法の正当な手続を要求する西欧型の民主主義的原理に基礎をおいた立憲主義的正統性であったといえる。

しかし政府権力の国際的承認の問題に関して通常いわれる「レガリテート」の基準とは、法理的には、革命政府が「国民の同意」を条件として事後的に合法化されうることをいうものである。即ちフランス革命に象徴的にみられるように、デモクラシーとは、専制絶対主義政権に対する自由、人権の保障を目的とした国民的抵抗→革命の思想を本来的に内包するものであって革命と当然に対立する概念とはいえないのである。つまり「レガリテート」の要求は、国民主権思想を背景とする限り、原理的には国民の実質的意思の支配を政府権力の存続に及ぼそうとするものであって、単に形式的合法の手続のみを政権変更の方式として要求したのではないということである（後にもみるように、一八五二年のイギリスのマルメスベリー卿の「立憲主義」の理解もこの趣旨を明らかにしている）。こうしてみると、「レガリテート」の基準とは、結局、政府権力の実効性（Effektivität）という承認条件を判断する素材として要求されたものといってよいだろう。従ってこの条件のなかに含まるべきものといえる。

だからこの意味では、かって承認条件として、事実主義（政府権力の実効性のみを問題とした）と対立する意味をもった正統主義（実効的政府であると否とを問わず、また王権復活のために革命手段を用いたと否とを問わず、ともかく旧来の王朝の血統を維持している政府、君主が正統な政府であり、また承認を与えられるべき政府であるとする主義）とは本質的に異なるものということができる。

右の意味で「レガリテート」と「レギティミテート」が異なることについて、たとえば一九二三年、ヒューズ米国務長官は、サミュエル・ゴンパース（Samuel Gompers）に対する書簡のなかで、「レガリテート」の問題にふれ、しかしだからといって「我々は、かつてヨーロッパ諸国によって主唱された政府の正統性（legitimacy）の問題に関心をもっているわけではない」と述べていることが参考になろう（J. L. Kunz, Anerkennung., S. 151, n. 22.）。

（4）　J. Spiropoulos, Die De Facto Regierung im Völkerrecht, 1926, S. 46.

さて、右のように新支配者の同意、とくに選挙によって示される積極的な国民の支持意思が、新政府の「実効的権力」を認定する素材として取りあげられてきたわけであるが、それが具体的にはどんな形をとって現れてきたかを実証的に考察してみよう。まずイギリスは、一八四八年のフランスの二月革命で成立した新政府の承認問題に関連し、英政府は駐仏大使に、英政府が新しい信任状を現在大使のおかれている状況のもとでは送ることができない旨を述べ、その理由として「新政府が十分安定し、国民の大部分から支持され（sufficiently settled and well supported by the nation at large）、従って国家の現実の機関として外国が認めうるような地位にあるかどうか疑しい」（傍点・広瀬）からであるとしたのである。[1]

これは、国民の政府に対する積極的な同意を、その政府が実効的な国家機関としての立場をえているかどうかの認定素材として要求したものであった。また、一八五二年、ルイ・ナポレオンがクーデターにより新政府を樹立し、更に国民投票によって帝位に登極したとき、英政府は駐仏大使に次のように訓令してその承認を命じている。即ち「フランス国民は、最近しばしば国民投票によってその指導者と国内組織を変更したが、その国民投票による実際の結果を躊躇することなく認めるのがイギリスの確立した政策である」[2]（傍点・広瀬）と。

同様な言明は、一八五二年一一月六日のマルメスベリー卿（Lord Malmesbury）演説にもみられる。即ち、「すべての国民は、外国の干渉なしに、自己の主権者を選ぶ権利をもっている。人民によって自由に選ばれた主権者は、それが主権者（Sovereign）、支配者（Ruler）或いはその他どんな言葉で呼ばれようと、その国の事実上（de facto）の支配者であるから、イギリス王によって承認されるであろう（should be recognized）。この立憲主義（constitutional doctrine）を認めるのが、一八三〇年のパリの革命以来二二年に亘って採用されてきたイギリスの確立された政策である」（傍点・広瀬）と言っている。(3)

ここにも、デ・ファクトの主権的地位の確立を、選挙等によって示される積極的な国民の意思に依存せしめている見解をみることができる。このイギリスの態度は、フランスの第二帝国が一八七〇年に倒れ、新共和政府（Gouvernement de la defense nationale の名称を有していた）が組織されたときの承認問題にもみられる。即ち同年九月、右共和政府首班のチェール（Thiers）がイギリスを訪問し、新共和政府に対するイギリスの承認を要請したとき、英首相グランドヴィル（Earl Grandville）は次のように回答した。「いま、貴政権を承認することは先例に反する。けだし、貴新政権が国民議会（Constituent Assembly）によって選挙されない限り、新政権は何らの法的認可（legal sanction）も与えられていないからである」と。(4)一八七一年一月、フランス新政府が再びその承認方をイギリスに要請したとき、イギリス政府はまたしてもこれに応ぜず次のように回答した。「承認の第一の要素（注、政府権力の実効性）がなお欠けている。国民防衛政府は国民議会の公式投票によってのみ与えられる安定性を有していない（it did not possess that stability which a formal vote of a Constituent Assembly could alone bestow upon it）ことを自ら認めているのであるから、国民の意思によって究極の政府形態が決定されるまでの期間、暫定的に国家事務を処理しているにすぎない政府を、フランスの国民政府として承認することは、時期尚早である」[5]（注及び傍点・広瀬）。

ただこの場合、右の政府の名称が示すような防衛上の臨時的権能をもつ政府としての地位（一般的権能をもつ政府としての地位ではないが）は、これについてのフランス国民の一般的な同意があるものとしてこれを承認している。[6] オーストリア・ハンガリーも、右のフランス政府に対する承認問題で必ずしも強い調子ではなかったが、主義と国際慣行上の問題として、政府権力の実効性を判断する根拠として国民投票による確認の必要を主張している。即ち一八七〇年一〇月、オーストリア・ハンガリー国の外相ボイスト伯（Count de Beust）はフランスへの通告の中で次のように述べている。「われわれは、共和制を敵対視するものではない。またわれわれは、それが国民投票による認容をうけたならば、公式に貴政府を承認するのにやぶさかでない（Nous n'hésiterons pas à la reconnaître officiellement, aussitôt qu'elle aura reçu la consécration d'un vote nationale.）。フランス国民が自ら政府形態を決定する前に、特定の政権に承認を与えて、その決定に先んずる態度をとることは国際慣行に反するものである」（傍点・広瀬）と。[7] スイスは、右のフランス新政府をそれが成立するとほぼ同時に承認した。しかしその承認基準としては、列国と同様に、国民の政府に対する同意の存在をあげ、ただそれが成立と同時に満されたものとみなしている。駐仏スイス大使は、スイス連邦政府の承認許与の決定をフランス政府に通告するにあたって次のように述べている。「スイスは、常に国民の自由な組織の権利を認めている。フランスは全国民の賛同にもとづいて共和制体に組織された（La France s'étant constituée en République aux acclamations du pays tout entier.）。連邦政府は、フランス新政府に対して即時にこの原則を適用するにやぶさかでない。[8]」（傍点・広瀬）と。

ここで注意すべきは、スイスの右の見解が、国民の政府に対する支持意思は、選挙等の明示的な方法によらなくても、他の種々な要素から十分判断されうるとみていることである。つまり、政権の実効性を認定するために国民の意思や態度が問題とさるべきものであるとしても、それは必ずしも選挙や国民投票等の方法によって判断される必要はなく、革命の態様とか革命後の国民の服従の形態等から総合的に判断されうるという見方をとっていたということである。

（1） C. S. Smith, Great Britain and the Law of Nations, A Selection of Documemts, Vol. 1. 1932, pp. 106~112.
（2） Foreign Office Memorandum（Great Britain）, Oct. 1, 1874.
（3） House of Lord Debates（Great Pratain）, Vol. CXXIII, Col. 971.
（4） British and Foreign State Papers, Vol. LXL, p. 751.
（5） Parliament Papers（Great Pratain）, 1871, Vol. LXXI, I, No. 328, p. 258. ; Britain and Foreign State Papers, Vol, LXI, p. 995.
（6） Ibid.
（7） Archives Diplomatiques, 1871-2, Tom. II, No. 573, p. 703.
（8） Ibid., No. 434, p. 529.

同様な態度は、一八六八年に成立したスペインの革命政権承認にさいしての列国の政策にもみられる。即ち、英政府は当初、スペイン新政府が十分に強力で且つ多数国民の十分な支持をうけており、従って国家の現実の機関と解されうるに足る要件を満たすまでは承認を与えないとした。そしてこの承認政策に従って、イギリスが右の新政府に承認を与えたのは、一八六九年、スペインに君主制を認める新憲法が公布され、革命指導者セラノ（Serrano）元師が摂政に選出されたときであった。また、一八七三年、この政府が倒れ共和政府が組織されたとき、イギリスは、新政府の承認要求に応ぜず、同国に国民議会が召集され「この議会が自己の見解を表現するまでは、グランドヴィル卿がすでに述べたところ以上のことにでることができない。しかし英政府は、スペイン国民が正式に確認し受諾する如何なる政府をも承認する用意がある（Whatever government was formally confirmed and accepted by the Spanish nation would be recognized by Great Britain）」（傍点・広瀬）と回答したのである。[1] なおこのさい、ドイツ政府が英政府に書簡を送り早急な承認が必要なことを説き、その理由として、承認許与が内乱を終了せしめるのに有効な手段であり、且つそれによってカーリスト（Carlist）運動を抑圧し、ヒューマニティに対する義務を果たすことができることを述べているのは、[2] 承認行為の政治的機能（濫用のニュアンスもあるが）を物語るものとして注目される。

更に、一九一〇年一〇月、ポルトガルに成立した革命政権に対して、イギリス、オーストリア、ドイツ、イタリア、スペインの諸国は、一九一一年九月、これを共同して承認したが、その共同宣言には、「新憲法が国民投票によって可決されたのであるから、われわれは新政府の承認に参加することを喜びとする」（傍点・広瀬）という言葉があった。[3]

（1）　Foreign Office Memorundum（Great Britain）, Oct. 1, 1874 ; C. S. Smith, op. cit., Vol. 1, pp. 198~205.
（2）　H. Lauterpacht, Recognition., p. 121. n. 1.
（3）　但し、この共同宣言は、それ自体承認の法的効果を生ずるものではなく、具体的な承認は、改めて各個別国家によってなされるというかたちをとった（K. von Martens, Nouveau Recueil Général, 3 Ser. Tom. VIII, p. 348. 参照）。

このような列国の承認態度は、ヨーロッパ諸国に対してのみならず、中南米諸国や、アジアの諸国に対しても適用されている。たとえば、一八九一年、チリに成立した革命政府の承認を同政府から要求された英政府は、「サンチャゴ駐在英公使は、チリの新政府を臨時に（provisionally）承認し、これと非公式の関係に入った。このような問題に関するイギリスの従来の慣行によれば、公式の関係を樹立するための正式且つ完全な承認は……大統領が憲法に従って選出され就任したときに与えられるであろう（formal and full recognition will follow as soon as a President has been constitutionally elected and installed)」（傍点・広瀬）と回答して、即時の承認を拒否している。(1)

また、一九一二年、中国に革命袁世凱政府が樹立されたとき、同様に承認問題が起こったが、米、英、独、オーストリー等列国の見解は、中国の憲法が代議制国民議会によって明確に採択され、且つ、大総統が選挙によって選出され政府がその憲法に従って組織されるまで、承認はさし控えられるべきであるということであった。(2)(3)

（1）British and Foreign State Papers, Vol. XCV, 1892, Chile, No. 1.

（2）U. S. Foreign Relations, 1912, pp. 82~86, 1913, pp. 109~115.;「国家及政府ノ承認」、前掲書、一一頁以下。

（3）以上の先例によってもわかるように、「国民の同意」という基準が、選挙を通じての国民の新しい意思に基づく「新憲法の制定」という形で求められることが少なくないのが注目される。これは政治組織の変更を国家基本法の構造的変化として理解していることにもとづくものであるが、また一面、国民の自由や政治的権利の保障をはかるイギリス流の法の支配（Rule of Law）の精神を、相手国の政権承認の基礎におこうとする意味をもっていたといえる。また大陸諸国家の法意識からみても、法治主義という近代国家構造の基本的な要請を満たす意味をもっていたのであり、新主権者の自由裁量的専断を何ほどかでも防止する機能を果たすと考えられたのである。承認にあたって、しばしば立憲主義（Constitutional doctrine, Constitutionalism）と名付けられる原理が、「国民の同意」の表現として用いられている（たとえば一八五二年のフランスの新主権者ルイ・ナポレオンを承認するさいにイギリスのマルメスベリー卿によって使われている）のは、この意味からであり、革命行為の不法性を新憲法によって事後的に救済するという法理的意義もここにあると思われる。

右の承認に関する認定基準は、米国についてもみられる。一七九二年、フランス革命に関連して、ジェファーソンが、「実質的に表明された国民の意思によって組織された政府を正当なものとして認めるのが我々の主義である」と述べて以来、「国民の同意」という原理は、一九二〇年代までの米国の承認政策の指導的原則となっていた[1]。もっとも右のジェファーソンが述べたような一八～一九世紀始めにかけての「国民の意思尊重」の原則は、原理的には君権絶対主義に対するブルジョアジーの革命・抵抗の思想を裏付けるのに重要な意味をもってはいたが、しかし革命成立後の統治の体制におけるスタティックな支配状況判断の基準として理解されていたわけではなかった（つまりこの場合には素朴な客観的事実主義が承認条件としては一般的であった）。そして後者の意味即ち革命後の新政権の権力基盤の安定性を認定する基準として「国民の意思（同意）」が理解されはじめたのは、やはりだいたいにおいて一九世紀後半以後と言ってよいであろう。

また、この「国民の同意」という原理には若干の弾力性がもたせられており、それが常に選挙等によって明示される国民の積極的な政府支持という形態のみを意味したのではなく、黙示的な服従をも（或いは抵抗しないという消極的服従すらも）含んでいたことに注意する必要がある。たとえば後者の例として、一八三三年四月二〇日付の米国務長官リヴィングストン（Livingston）が英公使に与えた書簡の中の次の言葉にみられる。「政治権力を実際に行使している政府は、人民の明示もしくは黙示の同意（the express or implied consent of the people）を得ているものと解せられるから、それを合法政府として承認することは米国の不変の慣行であり主義である」（傍点・広瀬）という言明である。[2] 即ち国民の同意は明示的でも黙示的でもよく、実際に政権を確保している場合には、国民投票で選挙等の明確な方法をとらなくとも、客観的な支配の状況だけで国民の服従意思を推定しうるとしたのである。

また、一八七〇年、国務長官フィシュ（Fish）も次のように述べている。「われわれは、政府の変更に関しては、国民の一般的黙認(the general acquiescence of the people)を常に民意の決定的証拠としてみなしてきた」（傍点・広瀬）と。[3] 更に、一九〇〇年のヒル（Hill）国務長官の訓令にも、「人民の同意と、現政府への実質的抵抗の不存在」を実効的な政府権力の証拠としてあげており、[4] また、一八五七年のボリヴィア新政権承認に関連して、「米国の政府承認の基準は、結局、その政府が当時、デ・ファクトの政府であるかどうかにかかり、政権の永続性の証拠をうるために長期の期間を待つ必要がない」ことが明らかにされ、[5] 選挙等の方法による明示的な国民の政権支持の形態は必ずしも要求されなかったのである。[6]

（1）　H. Lauterpacht, Recognition., p. 126. 水垣進、「事実政府に関する若干の考察」、中村進午博士追悼記念、「国際法外交論文集」、昭和一五年、二一～二三頁。
（2）　J. B. Moore, Digest., Vol. 1, p. 129.
（3）　U. S. Foreign Relations, 1871, p. 792.
（4）　J. B. Moore, Digest., Vol. 1, p. 139.
（5）　W. R. Manning, Diplomatic Correspondence of tha U. S., Inter-American Affairs, 1831-1860, Bolivia, Brazil,

Vol. II, p. 53.

(6)　なお、認定基準としての「国民の政府に対する同意」という要素はこれを問題にしているが、それが明示的であるを要するか、黙示的で足りるか、或いはまた積極的であるを要するか、消極的で十分か、政府当局の言明だけでははっきりしないケースもある。たとえば、一八五六年のピアス（Pierce）米大統領の議会に対するメッセージは、「いかなる政府といえども、その起源、構造、及び政権獲得の方法の如何を問わず、もしそれが国民の意思によって受認されたデ・ファクトの政府であるならば（provided there be a government de facto accepted by the people of the country）、これに承認を与えるのが米国の確立した政策である」と言っている（J. B. Moore, Digest., Vol. 1, p. 142.）。同様な意味での例は、一八五五年のニカラグアの革命政府承認問題に関する米国務長官の言明にもみられる（J. B. Moore, ibid., p. 140.）。その他にもいくつかの例がある。しかしいずれにしても「国民の同意」という要件だけは、はっきり掲げていることに注意する必要がある。

しかしながら、他方、明示的方法によって積極的な国民の支持意思が明らかになるまでは承認を与えないという態度も、米国の慣行の中ではかなり顕著な傾向ともなっている。(1) たとえば、一八六八年、国務長官シワード（Seward）は次のように述べている。「共和制国家における革命は、国民が組織法（organic law）によってそれを採択し、その安定性及び永続性を保証するに足る厳粛さがえられるまでは、承認されない」（傍点・広瀬）と。(2)

このように、国民が立憲主義的方法で積極的に革命を承認する態度を、政府承認の根拠として援用した例は、米国の慣行上かなりの数にのぼる。たとえば、一八八〇年のヴェネズエラの革命で、新政権を組織したブランコ（Blanco）将軍の承認は、彼が選挙によって大統領に選出されたときに与えられたが、これについての米国の見方は、国務長官エヴァーツ（Evart）の言葉を借りるならば、「これ（注・選挙にもとづく大統領の選出）は、ラテン・アメリカ諸国において、国民が政府の革命的変更に服従することを意味するものとして通常期待しうる態様であって、これはヴェネズエラ国民の自由且つ完全な同意（sanction）の証拠とみなしうるものである」（注・広瀬）というのであった。また、一八九九年のボリヴィア革命政権に対しては、憲法議会が召集されるまで承認が与えられなかったし、[3] 一九一一年のポルトガルの革命にさいしても、米国務長官は、駐ポルトガル米公使に次のように訓令している。「六月一九日に召集されるはずの国民議会が、国民の意思を宣言しポルトガルのとるべき政治形態を確定したならば、遅滞なく承認を与えるよう」と。[4] 更にまた、一九一七年の同国の革命政権の承認のさいにも、選挙が未だ行われず、政府が憲法に従って成立していないという理由で承認が延期されている。[5]

（1）ラウターパクトは、「一般的には、これが第一次大戦直後までの米国の態度であった」と述べている（H. Lauterpacht, Recognition., p. 127.）。

（2）J. B. Moore, Digest., Vol. 1, p. 152. ; J. Goebel, The Recognition Policy of the U. S., 1915, pp. 198 et seq. シワードのこの主義は、その後エヴァーツ国務長官を経て、ブレーン長官に継承された。即ち、一八八一年、ペルーのカルデロン政権の承認にさいして、同長官は、真に憲法的制度を復活する意思が認められれば、これを承認してもよいことを命じている。また、同じ線で、国務長官フレーリングハイゼンも、一八八四年、ペルーのイングレシアス将軍の政府の承認にさいし、代表制議会によりその権力が確認されるまで待っている。

更に、再び国務長官となったブレーンは、一八八九年、ブラジルの共和政府の承認は、国民の大多数がこれを承認したときに与えられるべきことを説いている。以上の例については、立作太郎、「新政府の承認」国際法外交雑誌、二七巻八号、一四頁、註十五、参照。

なお、一八六八年のシワードの言明の中に、共和制国家（Republican States）における革命は、国民の組織法にもとづく同意がなければ承認が与えられない旨（本文・参照）の発言があるが、これは共和制に基礎をおく革命である以上、国民の同意という民主的認可の手続を経ない限り、共和制自体の要素である国民主権の実現は期待できず、従って革命は完成しないとの見方を含むものである。

しかしそうとすれば、逆に共和制をくつがえし、専制君主制を目的とする革命が成立した場合についてはどうかが問題となる。右の法理を機械的に援用すれば、そのさいにはすでに主権者ではなくなった国民の同意は承認のために必要でないことになる。しかし「国民の同意」という要求は、元来、革命によって成立した政権の基礎が安定しているかどうかの認定要素として要求されているのであるから、これが要求されるのは、革命政府が共和制をとるか、君主制をとるかという政体の問題には関係がないとみるべきである。これは、一八五二年、フランスのルイ・ナポレオンが皇帝に登極したときの諸国の承認、或いは一九二二年、君主制を復活したギリシア革命政権に対する承認が、いずれも右の新君主や政権に対して国民投票による同意が与えられた後に許与された例によっても実証される。

（3）　U. S. Foreign Relations, 1899, p. 344.

（4）　Ibid., 1911, p. 690.

（5）　G. H. Hackworth, Digest., Vol. 1, p. 293.

二　その発展と変質

㈠　ウィルソン主義とトバール主義

「国民の同意」という立憲主義の要請は、米国においては、一九一三年、ウィルソン（W. Wilson）が大統領に就任すると共にいっそう強く主張された。即ちウィルソンは、ラテン・アメリカ諸国に当時顕著な傾向となっていた革命の頻発を防止し、右の地域に政治的安定を確保する目的をもって、一九一三年三月一二日、次のような宣言を発した。「我々は、憲法の規定に従って権力を維持する政府に対してのみ友好的感情をもつ」。「我々は個人的利益のために権力を奪おうとする者に対していかなる同情をももたない」。「暴力ないしは非憲法的手段によって権力を獲得したラテン・アメリカ諸国のいかなる政権に対しても、ワシントン政府は同情はもたないし、これを承認もしないであろう」（傍点・広瀬）と[1]。この主張をウィルソン主義という。こうした厳格な「立憲主義的正統性」の原則に従って、米国は一九一三年、メキシコに成立した革命フェルタ（Huerta）政権の承認を拒否し、そのさい、米国の承認は、「専制的ないし不規則な暴力によらない、法律にもとづく公正な政治の秩序ある経過」を条件としてのみ与えられることを明らかにしたのである[2]。このウィルソン主義は、一九一四年、サント・ドミンゴに成立したヴァスクェス（Vasquez）政権の承認問題にも適用された。即ち、ブライアン（Bryan）国務長官は、同国駐在米公使に対する訓令の中で、「現在並びに将来、革命によって成立したいかなる政権もワシントン政府は承認しないであろう。我々はいっさいの可能な手段によって一国の憲法上の政府を支持する義務がある」と述べて[3]、革命行為が国際法上も違法とみなされ、従ってそれから生じた結果の法的効力も認められないという態度を明らかにしたのである[4][5][6]。

右のような米国の承認政策の顕著な変化、即ち事実主義から、やや極端ともみられる立憲的正統性の原則の主張という、いわば革命そのものを否認する立場への転換は、米国の中南米諸国に対する経済的支配の強化と無関係ではなかった。つまり、そうした米国の支配体制の安定をはかろうとする動機が根底に働いていたことは疑いえないところである。マックコークル（S. A. Mac Corkle）は、二〇世紀になって、米国が素朴な事実主義の原則を離れるに至った理由を次のように説明している。「事実主義の理論は、わが国の外交政策と不可分のもののように思われている。しかし同時に、二〇世紀初頭の合衆国は、もはや一九世紀初頭の合衆国でないことを銘記しなければならない。当時は若くして弱い国家であり、国際外交の陰謀と詐術の中で暗中模索しながら、本能的に、事実主義の理論を支持したのである。その当時においては、承認を要請する事態の多くは、わが共和国を成立せしめるに至ったと同じ理想によってもたらされたものであった。だから、合衆国が他の地域における同様の運動に深く同情したということは驚くに当たらない。ところが二〇世紀の合衆国は、各地に利害関係をもつ世界的な国家になっている。その結果、今や我々がそれを欲するならば、より大胆なまたより不特定な政策を追求することができるようになった。そして実際に、それこそ我々がまさに行ってきたことなのであった」と。(7)

（1）　De la Rosa, Les Finances de Saint-Domingue et le controle américain, Revue Générale de Droit International Public, Tom. 21, 1914, p. 465.

（2）　J. L. Kunz, Anerkennung., S. 148.；なおこのさい、ウィルソン大統領は、フェルタ政権打倒のために、経済的圧迫や或いはまた、必要ならばメキシコ港湾の封鎖、メキシコ領土への侵入等の措置をとることを言明しているが、実際にも一九一四年、米国は他の米州諸国と共にメキシコ領土の一部を占領し、これも一原因となってフェルタ政権は崩壊した。このことは、ウィルソン主義が、革命を国際的違法の行為とし、これに対する制裁として革命政権に対して一定の干渉行為を行いうることを是認したとみられる一面を示すものである。また、このことは一九一四年、ブライアン国務長官のサント・ドミンゴの革命ヴァスクェス政権承認問題に関する見解のなかにも明瞭にみられる。即ち彼は、「……我々は一切の可能な手段で一国の憲法上の政府を支持する義務がある」と述べて（本文参照）、革命政府に対する武力干渉をも想定し、それを国際法上許された行為と解していたのである。

（3）　De la Rosa, op. cit., p. 466.

（4）　ウィルソン主義の適用は、右のほかにも、当時、ドミニカの革命政権、メキシコのカランサ政権、更にはコスタリカのティノコ政権に対する米国の承認政策にもみられた。なお、ウィルソンの前の大統領であるタフト（Taft）も政府承認の要件として、新政府の国際義務遵守意思と能力のほかに、右の政府が国民の意思を代表しているかどうかを問題としている。たとえば、彼の見解を代表するとみられるノックス（Knox）国務長官は、一九一二年、駐サント・ドミンゴ公使あての書簡の中で次のように述べている。革命的手段で成立したいかなる政府も、それが、国際義務を遵守する意思と能力をもち、国民の意思を代表するものとみなされない限り（unless it appears to represent the will of the people）承認を与えないのが米国の慣行である」と（C. C. Hyde, International Law, Chiefly as Interpreted and Applied by the U. S., Vol. 1, 1922, p. 70.）また一九一二年、中国の革命衰世凱政府承認問題が起ったとき、タフトは議会に対する同年一二月三日の一般教書の中で次のように述べている。「現在施行中の選挙を通じて、中国国民の正当に選出した代表から成る国民議会が、恒久的な憲法を採択し、共和制政府を組織するために来年一月に召集されるはずである。この立憲的過程にある段階では、国民の意思に従って国際義務を履行する能力のある安定した共和政府が組織されるために、右の議会が明確な決定をするまでの間は、米国は先例に従って、現中国臨時政府とは完全且つ友好なデ・ファクトの関係を維持するつもりである」と（G. H. Hackworth, Digest., Vol. 1, p. 180.）。これからみると、タフト大統領の見方では、承認は単純な客観的事実主義に基づくことはできないが、しかし立憲主義的な国民意思の明示的表現があるならば、革命政権はその成立過程の不法性にも拘らず、承認が与えられるという原則を承認していたとみることができ、この点でウィルソン主義とは原理的に異なっているといえよう。

（5）　しかし、それではウィルソン時代、米国は革命によって成立した政府を全く認めなかったかというとそうではなく、米大陸（中央アメリカ地域）以外の諸国の革命に対しては、事後の国民の同意さえあれば、これに承認を許与する政策をとっており、これらの地域に対しては、厳格なウィルソン主義は適用されていない。たとえば、一九一三年五月、中国共和政府に対して、やや尚早とも思われる承認を与えており（U. S. Foreign Relations, 1913, pp. 96~98, 100~103, 173~174. この承認が尚早であるとの各国政府の見解については、ibid., pp. 110~113. 参照）、このさい、米国は中国駐在公使からの「新政権は、少数者の政治活動によって樹立されたものであって、人民の一般的要求によったものではない。しかし、新政権は中国の唯一の政権であり、しかも承認は——とくにそれが列強の共同行動によって与えられるならば——この政権の中国における地位を強化するに役立つであろう」（傍点・広瀬）（U. S. For. Rel., ibid.）という勧告に従って、承認を許与している。即ち、当時、中国政権はその成立過程からみて国民多数の支持をえているとは必ずしもいえない状態にあったが、承認許与によってそれが得られ、新政権の実効的権力も確保されると判断したのであった。これは一面、承認行為の政治的機能を物語るものであるとともに、他面、ウィルソン政府が従来の米国の慣行とは全く別の、革命政権に対する否定的態度を、少なくとも米州地域以外の国家に対してまでとっていたことを意味するものでないことを証明したものといえよう。

この点は次の例でも明らかである。即ち、一九一七年三月に成立したロシアのケレンスキー革命政府に対して、「この革命は我々が擁護し主張する政治原理、即ち被支配者の同意による政治を実現したものと考える」（傍点・広瀬）（Hackworth, Vol. 1, p. 298.）として、これに承認を与えている。つまりこれらの例からも明らかなように、ウィルソンのいう立憲的正統性の原理も、結局、国民の事後の同意による政府の組織という承認条件と異ならないといえるであろう。この立場からすると、スチムソン（Stimson）国務長官が一九三一年に述べたような『ウィルソン主義を特殊な承認原理とし、これをジェファーソン以来の米国の慣行とは異なる』ものと解釈している見方は、必ずしも是認しえなくなる。従ってこの見方からすれば、ラウターパクトのいうように、かりにウィルソンの承認政策で目新しいものがあるとすれば、それは右の中国に対する態度に示されたように、承認行為を立憲主義的思想の発達及び民主的慣行を促進するための武器として用いたことにあるということになろう（H. Lauterpacht, Recognition., p. 128.）。

ただ、革命によって成立した政府は、実効的権力を確保した後でも、常にこれに承認を与えないとする厳格な意味でのウィルソン主義は、主として中米諸国に適用された地域的に限定された政策であったことは疑いなく、従って、中米諸国に適用されたウィルソン主義に関する限り、従来の米国の承認慣行とは異なっていたと言ってよいであろう。なお、ウィルソン主義とその後の発展の研究については、J. L. McMahon, Recent Changes in the Recognition Policy of the U. S., 1933. ; G. H. Hackworth, Digest., Vol. 1, pp. 180 et seq. 参照。

(6)なお、ウィルソン時代に、米国はキューバ、ハイチ等の若干の米州諸国と条約を結んで憲法上の保護と保証を約束させる関係を作った。この条約によって、当事国に憲法的手続によらない政府変更の行為が発生した場合、これを阻止するための干渉が条約上可能な行為として米国に認められる結果となった。これを帝国主義的政策の一つとみる見方も少なくない。

(7)　S. A. McCorkle, American Policy of Recognition towards Mexico, 1933, p. 23.

右のウィルソン主義にみられるような革命の予防と立憲主義的正統性を擁護する見解は、中央アメリカ諸国によって二〇世紀始めに同様に主張されている。即ち、一九〇七年三月、エクアドル外相トバール（Tobar）は、非憲法的手段で成立した政府はそれが国民の自由意思に基づく正当な方法による同意によって新たに合法化されない限り、承認を与えられないといういわゆるトバール主義なるものを主張した。[1] この見解は、更に同年一二月、中央アメリカ五ヶ国（コスタリカ、グァテマラ、ホンジュラス、ニカラグァ、サルバドル）が締結した「平和と友好のための一般条約（The General Treaty of Peace and Amity）」の附属協定第一条にも規定され、それによって当事国を法的に拘束する意味をもつこととなった。この附属協定第一条は次のように規定している。「当事国は、各々の国内で、すでに承認された政府に対して、クーデターもしくは革命的手段を行使することによって権力を保持するに至ったいかなる政府をも、自由に選出された国民代表がその国

を立憲的に再組織しない限り、これを承認しない」（傍点・広瀬）と。(2)

　更にこの条約を更新した一九二三年二月の条約（当事国は一九〇七年条約と同じ。但し、ホンジュラスは批准せず、また、コスタリカとサルバドルは一九三二年及び三三年にそれぞれ脱退した）も、右の一九〇七年の条約とほぼ同様の規定をおくと共に、「当事国の一つに起こった憲法的秩序を変更するいかなる措置も、他の当事国に対する脅威とみなされる」旨を明らかにし、更に、前条約にみられなかった絶対的不承認の対象をも設定して、第二条はほぼ次のことを定めたのである。即ち、国民の事後の同意があっても、正、副大統領として自由選挙によって選ばれるべき人物については、その者が革命の指導者であったりその血縁である場合、もしくは革命やクーデターのときに反乱団体の外交責任者または軍の高級指揮者であった場合には、それに対する承認は常に拒否されることを規定したのである。(3)ここにみられるように、右の二つの条約は、明らかに革命の抑圧をはかる政治的趣旨を内包していたといえる。とくに一国の革命が他の当事国に対する脅威とみなされたことは、当時の国際法上の自衛権の概念（わけてもその恣意的適用がしばしば生じた国際環境の存在）を前提とするならば、この規定を根拠にしてその国への干渉を合法化する道を開いたとみられるものであり、換言すればこれは革命の国際的鎮圧のための事前協定としての実質をもっていたといえよう（この点で、ウィルソン時代に結ばれた米国とキューバ、ハイチなどとの革命鎮圧協定と同様な国際干渉容認の性格をもつ）。

　しかし、この場合でも革命が一たび成立し、新政府が組織され、それが国民の意思に従って立憲的に再構成されるならば、これに対する承認まで否定するものではなかった（但し、一九二三年条約については右にみたように例外があるが）から、既に述べたところの「国民の同意」即ち立憲的正統性という伝統的な承認の基準から原則的にはずれるものではなかったということも言えよう。特に、米国、イギリス等によって一九世紀後半から採用されてきた『選挙等の明示的な方法によって具体化される積極的な国民の支持意思』という基準と一致するといえる。ただしかし、右の中米諸国間の条約や或いはトバール主義と呼ばれるプリンシプルが、既にみたウィルソン主義などと同様の傾向のもとで、この立憲主義的正統性を従来の承認条件とは異なる特別な基準、即ち政府権力の実効性や、国際義務遵守の意思等の条件（その条件の範疇での操作）とは別個の独立の承認条件としての意義をもたせようとしているように解せられる点で性質上の差を認めざるをえないのである。なぜなら、この事後の立憲的正統化の手続きを経なくとも、客観的支配の事実から、既に政府権力の実効性が確保されたと判断されうる場合にも、なお右の手続きをあらためて完了することを承認許与の前提とすることを義務づけられているからである。

ところで米、英を中心とする諸国の「立憲的正統性」の要求は、既にみたように、少なくとも一九世紀においては原則として、『政府権力の実効性』という承認条件を判断する認定基準として認められてきたものであり、それ自体独立の承認条件とは、少なくとも原理的には解せられていなかったはずである。こうした点からも明らかなように、立憲的正統性の主張が、本来、国民一般の民主的意思を政府存立の基礎として位置づけようという、いわば主観的実効主義の原理であったにも拘らず、ウィルソン主義やトバール主義が立憲主義の形式（外形）面のみを重視して、実質的な国民の政治参加即ち場合によっては革命的抵抗の必要性ということを無視する傾向が少なからずあったことを否定するわけにはいかない。このことはたしかに一面では、政権の交替は、暴力革命ではなく法の正当な手続を通じてのみ行うべきであるという近代民主制度の促進をねらう意味はたしかにあったが、しかし国民意思の発現が実質的に保障されていない非近代国家に対してそれが機械的に適用された場合には、逆にデモクラシー制度の確立を目的とする革命行為に対する無理解として機能することになる。いいかえれば、こうした立憲的正統性の主張或いは過度な国民意思の形式的発現形態を尊重しようとする態度は、「国民の同意」に基づく政権の尊重を原理として要求した承認法上の事実主義＝主観的実効性の主張とは相反する作用を営むこととなったのである。つまり一八世紀後半に始まった絶対主義体制の崩壊と国民主権主義思潮を背景とした事実主義（客観的実効性）の流れを汲み、更にそれを近代デモクラシーの思想によって深化せしめた主観的実効主義の要求とは異質の作用を営むこととなったのである。これはかつて君権的正統主義と対決した革命（国民の基本権を守ろうとする正当な革命）とすら対決するという性格を帯びることともなったのである。

ところで、いずれにしても右にのべた条約は、少なくとも、当事国たる中米諸国を拘束する承認法上の特別法としての意味はもっていた[4]（同様な意味でウィルソン主義、トバール主義も一般的慣行としての価値はもっていなかったが、米州とくに中央アメリカ諸国に適用される特殊な地域的慣行としての効力は、少なくとも一時的にはもっていた）。言い換えるならば当時においては、承認条件の内容的確定とその広汎な定着性が必ずしも十分でなく、従ってたとえばいわゆる「条件付承認」や恣意的な承認拒否或いは承認の遅滞は違法であるという観念が未成熟であり、承認にさいしては任意に既存条件とは異なる新しい条件を設定することも外交上の自由であると考える傾向が少なからずあったから、その限りで条約当事国に関する限り、この条約の規定する意味での立憲的正統性の根拠に基づく不承認政策が革命政権に適用されても、その条約規定自体の無効を主張し、そうした不承認政策を国内問題に関する国際法上の不法な干渉として抗弁する法律上の立場を革命国政権が十分認識していなかったことを留意しなければならないのである[5][6]（この点で後述一九一七年のティノコ政府の抗弁がその後のこうした米州の特殊な承認政策を撤廃させることに効果があったこと、そしてこのティノコ政府の主張は一九二三年のティノコ仲裁判決にも反映されたこと。また一九三三年の米州の「国の権利義務に関する条約」第六条に、「条件付承認」の禁止規定が挿入されたことを見落としてはならないだろう。ただし革命鎮圧のための外国の「軍事」干渉の違法性については、一般国際法上で規範意識としてほぼ定着していた。一九〇七年のドラゴ・ポーター条約はその一つの表れであり、国際連盟成立後においては特にそうであったといえる)。

（1）　このように主張したのは、ラテン・アメリカ諸国で、絶えまなく革命が起るのを防止しようとしてであって、トバールは、「アメリカ諸国は、人道と博愛のためでないとしても、名誉と尊敬をうけるために、少なくとも調停的、間接的な方法で、アメリカ諸国の国内的争乱に介入すべきであり、このような介入は、革命によって憲法に違反して成立した事実上の政府に対して、承認を拒絶することにあるであろう」と述べたのである。

（2）　L. H. Woolsey, The Recognition of the Government of El Salvador, A. J. I. L., Vol. 29, 1934, pp. 326~327.; 横田喜三郎、国際法学、昭和三〇年、三〇四頁注（八）。

（3）　G. H. Hackworth, Digest., Vol. 1, p. 188.

（4）　J. L. Kunz, Anerkennung, S. 146.

（5）　L. H. Woolsey, A. J. I. L., Vol. 21, 1926, p. 545. 但しこのような政治条約は、特にその廃棄が革命の目的となっているときには、革命の成功によってその国に関する限り自動的に消滅し、新政府に継承されることはないとみるのが一般であるから、この場合には新政権はこれに拘束されなくなると解しうることになろう。従ってこの新政権は、外国の承認を自由に受入れうるし、また自らも他の国の革命政権を積極的に承認することに何らの条約上の拘束をうけないこととなる。ただ、他の条約当事国は、条約そのものが一般的に消滅したわけでなく、むしろ条約の適用されるべき事態がまさに発生したものとして不承認の義務を履行すべき立場におかれるわけである。

(6)　米国は、この二つの条約の当事国ではなかったが、ウィルソン主義の思想的影響は少なくなく、この条約に規定する主義と原則を承認政策として採用する旨を公式に明らかにしたことがある。たとえば、一九二四年のホンジュラスの革命のさい及び一九二五年のニカラグァの革命シャモロ（Chamorro）政権の承認に関して、国務長官ケロッグ（Kellog）は、一九二三年の中米五国間条約に従って、選挙の結果が判明するまで右の政権の承認を差し控えるべき旨を明らかにしている（Hackworth, Digest., Vol.1, pp. 255, 266.）。また、一九一七年、コスタリカに成立した革命ティノコ政府の承認問題が起ったとき、米国は同年二月、同政府に対して、「たとえティノコ将軍が選挙されるとしても、彼は米国によって承認されないであろう」と通告した（G. H. Hackworth, ibid., p. 234. ; S. Talmon, Recognition of Goverments in International Law, 1998, p. 34.）。これはむしろウィルソン主義そのものの適用ともみられるが、しかしこれに対してティノコ政府は、同年七月、米国に次のような抗議を行って右の米国の態度が、国際法上で認め難いものであることを主張したことがある。即ち、「一九〇七年一二月、中央アメリカ五国によって結ばれた条約（注、コスタリカ自身も当事国であった）の附属協定第一条は、革命政府が自由に表明された国民の意思によって同意されない限り、承認を与えてはならないというだけであって、革命の神聖な権利まで奪ったわけではない。もし革命権が否定されるならば、それは国民を専制者の餌食とするだけである。……従って、すでに選挙を通じて立憲的に組織されたコスタリカ政府を米国があくまで承認しないというのは、これは不当な干渉（unjustified intervention）として解釈されねばならぬものである」（注・広瀬）と（G. H. Hackworth, ibid., p. 235.）。

右に詳しく検討したように、政府に対する国民の同意、とくに選挙等の明示的方法によって具体的に示される国民の支持意思という立憲主義（Constitutionalism）の要請は、一九世紀後半から第一次大戦直後までの間に、『政府権力の実効性』という承認条件を認定するさいの基準（材料）或いは、ときとしてそれ自体が独立の承認条件（前述のウィルソン主義やトバール主義にその傾向が強い）として強く主張されてきた[1]わけである。ところで、この立場は、専制政府形態が各国にみられるようになった第一次大戦後においても、なお一部の国によって強く主張された。たとえば、イギリスは、一九二四年の革命によって政権を獲得したファン・ノリ（Fan Noli）のアルバニアの新政権が承認を求めたさい、英政府は、「この問題に関して前例を無視する用意はない。……現アルバニア政府が国民の信頼を享受しているという民意の明確な表示を満足しない限り承認を与えない」という回答をしている。[2] また、同年、国民投票の結果、信任をえていることを明らかにしたギリシア政府（事実上の成立は二年前の一九二二年）を承認したときにも、アテネ駐在英公使は、ギリシア政府に次のように通告している。「英政府は国民投票の結果をギリシア国民の希望を代表するものとしてこれを認める。従って、我々はかくして成立したギリシア政府を正式に（formally）承認する」と。[3] 更に一九三一年四月、イギリスは、スペイン新政権をその成立と共に、デ・ファクトに承認したが、右の政府をデ・ユーレに承認した（駐スペイン英公使に新たな信任状を送りこれを右の政府に提出せしめるという方法によった）のは、右の政府が国民投票によって確認され、且つ、憲法上の規定に従って大統領に選出された後であった。[4] また、フランスも、一九二〇年八月、ランゲル（Wrangel）将軍を首班とする政府を南ロシアの事実上の政府として承認し、高等弁務官の資格をもつ外交代表をセバストポールに派遣したが、これはランゲル将軍が政治形態の民主化とロシア国がかつて負担した対外契約の尊重を保証した後に許されたものであった。[5] 米国も、一九二〇年、ソビエト政府承認拒絶の理由の一つとして、右の政府がロシア国民の政治的自決の原則を否定し、民主々義の原理を侵害している事実をあげて、同政権の国民的基礎に疑念をいだいていることを根拠としており、[6] また、一九二五年のエクアドルの革命政権に対しても、「革命政権がその地位を正規なものとするか

（regularizes its position）、合法に組織された政府（legally constituted government）が成立するまでは承認を与えない」旨を明らかにしている。[7]

（1）　日本の慣行についてみると、とくに政治的経済的に利害関係の深い国の革命政権に対しては承認にさいして、条件（実効性）の認定に慎重であり（それだけに政策的考慮の介入する余地も大であるが）、従って種々の要素、基準を設けて検討しているようにみえる（もっとも、とくに政策上の必要があって、自国に友好的な政府を早く樹立させようとするときは別であるが）。たとえば、一九二四年の中国の段祺瑞政府承認問題が起こったとき、英、米、仏、伊等の列国と共同で、デ・ファクトの承認を与えるにさいして、右の政府が将来、「一切ノ省及党派ヲ代表スル正式政府ノ成立ニ至ル迄」の暫定的政府である旨を明らかにし、従って、デ・ユーレ承認は、立憲的正統化の手続を経た後に与えられるべきことを留保している（「国家及政府ノ承認」、外務省先例彙輯3、昭和九年、四〇～四一頁）。しかし、利害関係の比較的少ない国の革命政権の承認にさいしては、他の諸外国の事実認定や承認許与の態度を参考にしながらも、だいたいに、政権の事実上の支配という客観的条件のみを問題とし、国民の意思という主観的態度はそれほど重視しない傾向があった。またかりに主観的意思を問題にする場合でも、選挙、国民投票或いは代議投票等の形式的な立憲的正統化の手段を要求せず、現地の情報収集によって客観的ないし合理的に判断されうる国民の積極的な支持意思をもって十分であるとする態度をとっている。たとえば、一九二四年に成立したチリ臨時政府に対しては「同国ノ政情大体安定シタルモノト観測シ」ただけで承認を与えている（「国家及政府ノ承認」、前掲書、一九八頁）。

（2）　Foreign Office Memorundum（Great Britain）, Albania, 1924.

（3）　Ibid., Greece, 1924.

（4）　H. Lauterpacht, Recognition., p. 124.

（5）　U. S. Foreign Relations, 1920（III）, p. 611.

（6） Ibid., 1920（III）, pp. 466~468.

（7） 国務長官ケロッグ（Kellog）の駐エクアドル公使に対する訓令（G. H. Hackworth, Digest., Vol. 1, p. 244.）

㈡　共産主義および全体主義政権の誕生と客観的事実主義の復活

――立憲的正統性原理の動揺――

右のように、第一次大戦後の期間においても、なお明示的、積極的な国民の同意という立憲主義の要請は、各国わけても民主々義を政治理念として掲げる国にかなりの強さで存在していたということができるが、しかし一九二〇年代から、若干の異なった政策態度が現れ始めた。それは一つはソヴィエト革命がもたらしたものであり、二つにはファシズム傾向の新政権が若干の国に現れたことからくるものである。そのいずれもが、従来の立憲的正統性の基準に対する深刻な反省をもたらしたといってよい。のみならず米国の米州諸国に対する承認政策に端的にみられるように、「立憲的正統性」の主張に形骸化の傾向が生まれ、それが逆に民主的革命の成果の認定を遅らせる機能を営んだことである。それに対して改めて「客観的事実主義」の基準への復帰が『国民の同意』の基準の変質を防止する方法だと考えられたためである。前述（注）のティノコ政権の抗議（一九二三年）は後進小国の立場からこうした問題提起をはっきり示したものということができる。

ここでは第二の問題についてふれてみよう。一九二〇年代からドイツ、イタリア、スペイン、日本等の諸国を始めとして若干の国に全体主義的傾向の専制政府が樹立される傾向がでてきた[1]。そうした事態を前提としてこれらの諸国はもちろんのこと、米、英、仏等の諸国においても、爾後、新政府承認にさいして、政府に対する国民の自由な意思表明という主観的基準を特に問題とする民主的正統性ないし立憲主義のプリンシプルを背景とする承認政策は次第に影をひそめるに至った。つまり、或る政府が国際法上のデ・ユーレ政府として承認されるための資格の第一は、その政府が実際にその国において、統治権力を有効に行使しているかどうかという客観的事実にあるのであって、その権力の行使が国民の自由な意思にもとづいているかどうかはこれを問わないとする見方が、次第に強くなってきたのである。これは承認条件たる政府権力の実効性を判断する認定基準を、現実の権力行使という外面的事実に求めるものであって、政府に対する国民の意思を問うという基準は、それが自由な立場で表明される場と機会が存在しないかぎり、本来デモクラシーを基礎として歴史的に形成されてきた「立憲的正統性」の主張を支える条件として意味がなく、従って承認基準そのものとしては採用する必要がないというものである（但し「国民の同意」という要素は、承認条件認定のさいの承認国の政策的配慮の中には当然に入ってくるから、それによる承認時期の遅速に影響がでてくることにはなるが）。

またもう一つ。それはかりに国民の意思が問題であるとしても、それは、客観的服従の事実から当然に推定しうるものであり、もしくは、右の服従の態様を検討することによって合理的に確認されうるものであって（この場合、その服従意思が積極的なものであるか消極的なものであるかを問わない）、あらためて選挙とか国民投票とか或いはその他の明示的な立憲的正統化の手続をふむ必要はないという見方である。これはいわば、一九世紀前半以前の単純な事実主義という旧国際慣行に、現象的には復帰したといってもよいものである。(2) ただここで注意しておかなければならないことは、二〇世紀における右の客観的事実主義は全く国民の意思を問題にしないというのではなく、一つには、承認基準そのものには入らなくても、承認国の政治的、心理的考慮の中には当然入って承認決定の有無に影響を与えたし、また二つには、それが客観的事実から当然に推定されるか、或いは選挙等の明示的方法によらなくても他の手段で十分に推定しうるとする見方を背景としていたことに注意しなければならない。その点で、国民の新政権に対する主観的態度を革命後の統治状況については問題にする必要がなかった（但し、国民の「革命権」の肯定という意味では、既存政府に対する国民の自主的な抵抗の意思はこれを尊重した）一九世紀以前の事実主義とは原理的に異なるといえる。

ところでここで注意しなければならないことは、後述（注）でも明らかにするように、こうしたファシスト政権の台頭を前提とする承認法上の事実主義（客観的実効性を尊重し、国民意思を中核とする主観的実効性を少なくとも形式上は問題としない態度）は、君権絶対主義に対するブルジョアジーの抵抗思想を背景として成立した事実主義とは異質のものであったということである。いいかえれば、基本的人権や自由の尊重をプリンシプルとしたデモクラティックな抵抗権思想と本来結びついて理解された一八〜一九世紀始めにかけての事実主義は、少なくとも二〇世紀の二、三〇年代における全体主義的傾向をもった政権の承認を可能ならしめた事実主義とは、客観的実効性そのものの条件は同じながら、原理的に相反する機能を営んでいたことである。それは基本的には、前者の事実主義が民主的革命抵抗の原理の副産物（コロラリー）であったに対し、後者の事実主義は、始めから、権力の統治状況のみを判断する武器として用いられ、その政権の性格を問題にしなかったという点で根本的、理念的な相違があったといってよい。

（1）　ドイツ、イタリア等、ヴエルサイユ条約体制に不満をいだく国（後進資本主義国）は、大戦後、現状の打破を目的として国内政治体制を全体主義的な方向に統一し、国際的には帝国主義的侵略の体制をとるに至った。日本でも満州国問題等を契機として急速に帝国主義の体制を固めていった（岡、国際政治史、一九五五年、二六七〜二七〇頁、二七四〜二七五頁）。このような全体主義的傾向をもつ政府は、当然、民意の画一的統一化をはかることになる。従って、政治に対する自由な発言や批判等の意思表示を許さない傾向をもつ。甚だしい場合には、警察力を背景にしてこのような自由な国民の意思を弾圧することにもなる。また、選挙等の意思表示の方法も、反政府的結果のでる機会を予め除去する操作が加えられ、極めて形式化する。一方、政府は、一般教育や宣伝工作等の一切の機会と手段を利用して、自己に都合のいい世論をつくりあげる。この場合、右のことがいずれも法の名の下に、合法主義のヴェールをかぶって行われることに注意しなければならない。合法的選挙干渉がこれである。そしてこのような政府が、警察力、軍事力を背景として長期間、権力を実効的に保持し、行使しうることも事実である。のみならず、国民の服従の意思はこの事実から用意に推定しうる。その服従の性格は、一部の有識者については消極的なものであっても、一般国民大衆については積極的なものですらありうる。このような政治的事情のもとで、実効的支配権力を認定する手段として選挙ないし国民投票を行ってもそれ自体無意味である。けだし、結果は予め明らかだからである。従って、立憲主義に基づく国民の同意という認定基準も、この場合全く無効となる。たしかに立憲主義、合法主義の形式はこの場合常に満たされる。しかしその実質的前提たる言論出版或いは投票の自由という民主主義的要請が欠けていることを忘れてはならない。

かくして、選挙等の明示的方法による現政権に対する国民の同意という基準は、それが適用され、実際に行われたとしても（国際的監視にもとづく公正自由な国民投票でない限り。そしてそれを行うことは、現行実定国際法のもとでは、その国の特別な同意がない限り、或いは国連の強制力行使の場合を除いて、一般には、違法な内政干渉を構成するであろう）、真の意味での国民の自由意思の表明とは解しえなくなる。従って、このことを承認のさいの考慮にもちだすのは実質的に言って意味がない。しかしながら、それにも拘らず、ともかく右のような政権が現実に存在し、安定性、永続性の十分な条件を満たしながら、有効な権力行使を行っていることは事実であり、この事実を無視することはできない。従って、『政府権力の実効性』という条件を判断する基準としては、現政府が主たる抵抗なく支配権を行使し、国民がこれに服従している（その服従意思が消極的なものであろうと、或いは盲目的ではあれ積極性すらもっていようと問題でない）という客観的事実をもって足りるという主張も、十分根拠があることになる。ここに、単純な事実主義或いは国民の主観的意思を問題にする場合でもそれを客観的支配の事実から確認しうるとする主張が、説得力をもつ原因があると思われる。

（2）　しかし、第二次大戦により、日、独、伊等の全体主義国家が敗れるに及んで、米英等の西欧諸国のデモクラシー思想が再び国際的に勢力を得るに至り、政府の承認や国家独立の承認にさいしては、その国の人民の自由な政治的意思表示即ち選挙や国民投票等の手続が再び要求されるようになった。たとえば、一九四五年七月、米、英がポーランド臨時政府を承認したのは、右の政府から、秘密投票による普通選挙を行うことの確約をとりつけてからであったし（このことは、クリミア会議並びにポツダム会議でソ連によっても保証されている）、また、同年、英、米、仏等は、「満足しうる自由選挙が行われるか、またはそのための十分な保証が与えられるまでは」、ブルガリア、ハンガリー、ルーマニア、オーストリア及びギリシャの現政権を承認することができないことを明らかにしたことがある。そして更にブルガリア、ハンガリー、ルーマニアに対しては、選挙法が野党に対しても公平であるように民主的に改正されることが必要であることを要求したことがある。またギリシアの総選挙にさいしては、選挙の公正と言論の自由を保障するために、米、英、仏を中心とする国際監視団が派遣されている。もっともソ連はこれに反対し、監視団には参加しなかったが。(H. Lauterpacht, Recognition., p. 174.)。このことは、第二次大戦後の立憲的正統性の主張が、大戦前の選挙という形式だけに重点をおいた正統化の主張と異なり、言論の自由の保障や選挙のやり方に対する要求、或いは国際的監視の方法等の提唱によって明らかなように、実質的な国民意思の確認に重点をおこうとしていることに注意する必要がある。かってのファシズムに対する立憲的正統化の手続が無力化したことの反省から生れたものであり、他面、国際的民主主義実現のための一つの転換とみてもよいであろう。

なお、フェンウィックも、独裁政府に国民が黙従しているときは、それは言論、出版、集会の自由を欠いている場合であって、表面的な政府権力の安定性は認められるとしても真に安定的な政府とは言えない。特に世界人権宣言によって、基本的な人間としての権利、自由が保障されようとしている今日においては、問題を再考慮する必要があると述べている（C. G. Fenwick, The Progress of International Law during the Past Forty Years, Recueil des Cours., Tom. 79, 1951 (II), p. 33.）。つまり、この見方を押し進めるとこうなろう。基本的人権を極度に圧迫して漸く政権を維持している政府は、真の意味での安定的基礎をもたない（主観的実効性を欠く）という意味で承認条件を満していないと判断できる一方、また基本的人権の尊重を根幹として成立している国連憲章を始めとする今日の国際法の一般的義務を履行する意思をもたない政府として承認の対象となりえないという結論を出すことも可能と思われる。もとよりこの点については、国家主権尊重、内政不干渉という平和共存の国際法の立場からみて、一国の政治形態、社会体制を国際的に承認するさいに、西欧的民主主義の選挙方法による確認の手段を常に要求することは問題があろう。しかしイデオロギーに拘らず、国際社会一般の共通な人権尊重の建前に反すると客観的にみられる状況下にある政府に対しては、国連憲章を背景とする現行国際法のもとでは、承認基準として、自由な選挙を国民意思確認の方法として要求することはむしろ望ましいことと思われる。ただ常に必ず「自由投票」を条件としてもちだすことは、国際的監視のシステムが確立していない現状としての国際構造の下では(それを理由に承認の遅延や不許与を正当化することは)、やはり現行国際法上、承認基準の濫用と言わなければならないであろう。

右にみたような沿革（新たな「事実主義」基準による承認の傾向）を背景として、たとえば米国は、一九二〇年代以後、選挙等の明示的方法による国民の政府に対する支持という要素を、承認にさいして問題とする従来の立憲的正統性の要求を原則的に放棄した。つまり、長期に亘って実際に権力を行使している政府は、その権力の現実の行使という客観的事実だけでその政府に対する国民の同意（かりに積極的、実質的な支持ではなくても）を推定しうるから、従ってこれを実効的政府としての承認条件を満たした政府として承認してさしつかえないという態度をとるに至ったのである。

そしてこの態度はまずソビエト政権の成立のさいに明らかにされている。即ちソビエト政府承認問題に関する一九二三年の米国務長官ヒューズ（Hughes）の次の言葉はこのことを明瞭に物語っていると考えられる。「我々は革命の権利を認めるし、また他国の国内問題まで決定するつもりはない。しかし外国の政府が、支配権の行使と国民の服従とを通じて（through the exercise of control and the submission of the people）安定的に成立したのであれば、そこには考慮されねばならない問題がある。即ちわが政府は、従来、新政府承認の基準として、自由に表明されたその政府に対する国民の同意ということに重要な価値を認めてきた。しかしながら、このことは外国々民の意思が、事実上権力を行使している政権に対する長期にわたる黙認（long-continued acquiescence）というかたちでも表示しうるものだということを否定したわけではない。国民の意思が問題となっているときには、新政府にその権力の安定性と、その行使している権力に国民が黙従していることを証明させるために十分な時間的余裕を与えることが用心として必要なのである。外国との問題を処理する場合に、このような原理を適用することは決して我が国民の民主的理念を毀損もしないし、またどんな形の専制者をも正当化するものでもない。むしろこれは国際交通の重要性の考慮にもとづくものであり、また他国の国内問題には干渉しないという米国の確立した原則によるものでもある」(1)と（傍点・広瀬）。

こうしたソビエト政権の誕生という歴史的事実が、西欧資本主義社会での公理であった秘密投票や言論の自由を中核とする立憲的正統化の手続を、承認基準からはずす大きな要素となったことを見落とすわけにはいかない。いいかえれば、主権国家並存──→内政不干渉（主権国家はそれぞれの政治体制や社会機構を自己の意思のみによって定め、外国からそれに関する国民意思の表現形態についてまで指示をうけることはないという主権共存の方式）を原理とする国際法構造という枠組へ、承認法が客観的事実主義という条件への復帰を通じて再び組み入れられたと言ってよいだろう。のみならず、右のヒューズ長官の言明からもわかるように、国民の革命権を肯定する立場を強調するならば、近来の米国の一慣行である立憲的正統化の原理が、建前としては民主的革命完成のルートの一環として編みだされながら、実際の機能としては、革命そのものを否定する効力をもっていたことへの反省があったことが理解されるであろう。つまり革命権を肯定する以上、結局、米国建国当時の客観的事実主義へ復帰することが原理的に要求され、そしてそれがまた主権尊重→内政不干渉の伝統的国際法プリンシプルとも最もよくマッチすると考えられたわけである。

　同様な趣旨は、共産政権とは無関係な革命政権についても当時みられた。即ち、一九二〇年のボリヴィアの革命政権承認のさいの米国務長官の訓令は次のように言っている。「ボリヴィアの事実上の政府が国民の意思を代表しているかどうかを決定する機会を我々はすでにもっているとは思わない。しかし、この点に関する十分な証拠は、ボリヴィアに来年一二月、総選挙が行なわれた後に、始めて得られるとも考えていない」[2]（傍点・広瀬）というものであった。つまり、国民の意思は選挙等の明示的方法によらなくても、政府権力の行使の態様から十分に推定しうるというのである。ところでこのような態度の中には、まだ「国民の同意」という被治者の主観的意思を問題にする配慮がみられるが（ただそれを現実の支配事実から推定するだけで足りるとする）、しかし、当時に於ても、そうした意思推定のプロセスにふれる言葉を承認に関する外交的言明の上では必要と考えず、単に有効な支配権を行使しているという客観的事実だけで承認を許与した事例もみられた。たとえば一九三二年、チリの革命政権に承認を与えるさいに米国は右の政権がその国の支配権を保持しており、且つそれに対する何らの顕在的抵抗がないという事実だけで、十分実効的政府としての条件は満たされているとしたことがある（但し、国務省声明では承認のもう一つの要件、即ち国際義務遵守の意思については別に必要としている[3]。

このようないわば伝統的な客観的事実主義に復帰したとみられる態度は、当時、イギリスによっても採用されている。即ち、イギリスは一九二一年、ソヴィエト政府をデ・ファクトに承認したが、そのさいの英首相の議会での答弁は次のように言っている、「ソヴィエト政府は、広大な領域に亘って、他のすべての政府が現状のもとでもちうると同様の完全な支配権を保持している。それ故、ソヴィエト政府はその国のデ・ファクト政府として承認されねばならぬ」[4]と(もっとも、ソヴィエト政府の国際義務遵守の意思が不明確であるとして、この点からデ・ユーレの承認は、なお一九二四年まで与えられなかった)。つまり、現実の支配権を行使している政府は、国民の意思の如何にかかわらず、実効的権力の保持者としての条件を満たすものであるから、その限りで、事実上政府としての地位を国際的に承認されねばならないとしたのである。

当時の日本の承認の態度についてみても、若干の例外を除いて、選挙等の形式的な立憲的手段による国民の同意という条件はほとんど要求しておらず、単に革命政権の基礎が安定しているかどうか、永続性があるかどうかが認定の基準としてあげられているにすぎない[5]。

(1) G. H. Hackworth, Digest., Vol. 1, p. 177.
(2) U. S. Foreign Relations, 1920, i, p. 379.
(3) G. H. Hackworth, Digest., Vol. 1, p. 231.
(4) House of Commons Debates (Great Britain), Vol. CXXXIX, Col. 2506 (H. Lauterpacht, Recognition., p. 134.)
(5) この例について、「国家及政府ノ承認」、前掲書、一九八、二三二、二六五、二九〇頁等、参照。たとえば一九一七年のロシア臨時政府に関しては、「今や露国ニ於テハ事実上政権ヲ把持スルモノ臨時政府ヲ措テ之ヲ求ムルコトヲ得サル」（露国臨時政府承認ニ関スル閣議決定文――日本外交年表並主要文書、一八四〇―一九四五年、参照）という客観的支配の事実だけでこれに承認を与えている。

右に詳しく検討したように、一九世紀以来承認条件の一つたる政府権力の実効性を判断する認定根拠として、「国民の政府に対する意思」ということが形態に若干の差はあれ、かなりに諸国の慣行のなかで問題にされてきたことがわかった（それをはっきり承認の基準として要求したこともあるし、或いはまたそれを基準とはしなかったが、政策決定上、一応問題点として意識の中に入れていたことは疑いない）。現実に政治権力を行使しているという単純な客観的事実に、「実効性」のすべてを観照しようとする事実主義に対して、国民が現在の政府にどのような態度をとっているかという主観的意思を「実効性」認定の基準としてもち出してきたことは、既にみたようにそれなりに意味があった。もっとも、国民の政府に対する主観的態度も、政府の単純な支配の事実から当然に推定しうる（少なくとも、消極的服従の意思は認められる）とする見方は、客観的事実から主観的意思を演繹することであって、国民の意思はこれを問題にしていても、実質的には単純な事実主義と異ならない。

しかしそれはともかくとして、結論的には次のように言えるだろう。国民の政府に対する意思、態度を、被支配者たる国民の「服従の形態」から合理的、綜合的に判断して、そこから国民多数による積極的な支持が認められるか、或いは、単に消極的に服従しているにすぎないかを認定し、前者ならば、政権の安定性、実効性を積極的に解しうるとし、後者ならば積極、消極のいずれにも解しうるとみる立場（かりに当面、国民の積極的支持がなくても、治安維持力や或いは政策、人的能力等からみて長期的には国民の積極的支持を期待しうる場合もある）は、後述するように、「国民の主観的態度」を「政権の実効性」認定の基準として採用する場合に、もっとも妥当な見方と考えられる。いいかえれば、この見方は、後述するように、内政不干渉という国際的プリンシプルと二〇世紀的デモクラシー思想とを調和させた見方ということができるからである。

ところで問題となるのは、同じく国民の意思を問題にしながらも、それは選挙や国民投票或いは代議投票等の特別な形式によってのみ確かめられるとする立場、つまり明示的な国民の意思表示のみが「実効性」認定の絶対的手続であるとする立場である。換言すれば、政府に対する明示的意思を、国民の現在の服従の態様から黙示的に推定するのではなく、選挙、投票という明示的意思の表示を通じてのみ把握しうるとする態度である。そして、これが即ち、立憲的正統性の一つの典型的な主張でもある。

ところで、この事後の立憲主義的正統化の要請が、一九〇七年と二三年の中米五ケ国の条約によって承認条件としての特別法として具体化されたことについては既に述べた。つまり、それが政府権力の実効性を判断する単なる素材、基準として用いられるのではなくて、それ自体が独立の承認条件として、少なくとも右の五ケ国に関する限り負課されることになったということである（それが一般国際法にない概念であるとしても、特別条約としての拘束力はもつ）。しかしながら、もとよりこれは適用地域について限定的であり、従って一般国際慣行上の制度でないことは明らかである（この点についてはウィルソン主義やトバール主義についても同様であった）。また、理論的にみれば、そうしたプリンシプルがその機能の仕方によっては、「内政不干渉」という一般的国際法原則（今日でいえば、ユス・コーゲンス、国際公序）に違反することも考えられる。こうしてみると、一般国際法上で確立された承認条件としては、結局、「政府権力の実効性」という要件でしかありえないことがわかる（その他にもう一つの条件として「国際義務の遵守意思」があるが）。ただ、この「政府権力の実効性」という条件を認定する素材や要素として、一つは現実の統治権を顕在的抵抗をうけずに行使しているという客観的事実で十分とする立場、二つには国民の政府に対する同意という主観的意思の存在を要件とする立場が、そのときどきの歴史的事情と政策的配慮にもとづいて主張されてきたにすぎない。

ただいずれの国たるを問わず、一般に、自国に友好的であり、政治的思想的に共通の基盤をもつ革命政権に対しては、早期に承認を与えようとする考慮が働くために、事実認定の基準として単純で素朴な客観主義、事実主義をとることが多い。これに対し、敵対的な革命政権に対しては、国民の積極的明示的な同意という加重された基準をもちだして承認をなかなか与えない傾向がある。そうしてみると、かりに「国民の同意」という主観的基準が要求される場合でも、それは承認の対象となっている革命政権が実効的権力を保持しているかどうかを認定するさいに、承認国の裁量上の政治的考慮として入ってくる場合（状況）が一般的であると言わざるをえないであろう。もとより、それが要求されるということは、「実効性」という承認条件の内容を深く検討しようとする場合に意味をもち、承認の法制度を充実し発展せしめるための効果はこれをもつ。またそれだけ承認行為を慎重ならしめ、政治原理としての民主主義の要請にも沿うといえる。しかしそれとともに、その運用を一歩誤まれば、すでに十分に政府権力の実効性を確認しうる状態にあるにも拘らず（「国民の同意」という主観的態度すら、革命の成立過程や、革命後の国民の服従の態様から十分客観的に肯定しうるにも拘らず）、たとえば、単に形式的な立憲的正統化（一般選挙や国民投票或いは代議投票等にもとづいて国民の裁可をうけた憲法上の政府を組織する）の過程を経ていないという理由だけで、長期に亘って承認を与えないという不合理を生みだすことになる。また、逆に、実質が何であれ、選挙や国民投票或いはまた、他の憲法上の手続に従っての形式的な正統化の過程さえ経れば、国民の自由な意思が実際に表明されているかどうかに拘らず、政権の実効性の存在を認定して承認を与えてしまうという結果を招き易い。こうしてみると、選挙や投票等の明示的な立憲的正統化の手段も、政府権力の実効性を判断するための方法としては必ずしも適当でないことがわかる。それは余計で不必要なものとなるか、或いは、政権の実体的基礎を必ずしも正確に示さない道具に終る危険を多分にもつと言える。

ところで、既にみたように、事後の立憲的正統化の手続が踏まるべきだといわれる場合には、しばしば、憲法や基本法ないしは組織法に従って国民議会が開かれ、議会の同意によって政府が組織されねばならぬとか、或いは、国民の同意は憲法に従って表明されるべきだという主張がなされている。しかしここでいわれている憲法とか基本法とか組織法とかいうものは、革命政府の制定したものをいうのか、或いはまた前合法政府の作ったものをいうのか、疑問がある。もし後者だとすれば、既に実質的に効力を失った憲法の規定に従って国民の同意が与えられねばならないということになり、これは現実的でない。革命政府は、自らが打倒した前政府の憲法に従って表示される国民の意思を尊重するようにという要求には、容易に耳を貸しはしない。前政府が自由主義的、民主々義的性格をもち、これに反し、後の政府が全体主義的性格をもつというように、政府の性質に、従って法秩序の基本要素に本質的な相違がある場合には、とりわけそうである。のみならず、革命政府は、革命後の過渡的段階では、その完成した革命の成果を維持するために、行政府を中心とした国家権力の集中化をはかることが多い。――ラルノード（F. Larnaude）も「革命政府は本質的に集権的（collégiaux）であり独裁的（dictatoriaux）である。つまり、行政、立法、司法の国家権能が分離されていない」と述べている（F. Larnaude, Les Gouvernements de Fait, R. G. D. I. P., Tom. 28, 1921, p. 478.）。またゲンマ（S. Gemma）も、「革命はその期間に国家行為の急速性を必要とするから、権力分立制のような不可避的に国家権力行使の遅滞を伴う制度はとることができない。事実上の政府の組織構成について一定の形式上の制限を課すという国際法上の規則はない。どんな形態をとろうとどんな名称を用いようとその政府の自由である」と言っている（S. Gemma, Les Gouvernements de Fait, Recueil des Cours, 1924-Ⅲ, Tom. 4, pp. 382~383.）。――また右の段階では、革命政権はしばしば、武力統治の状態を維持することがある（もっとも、この状態では、政権の基礎が安定しているとみることができないから、「実効性」の条件は満たされていないとすることもできよう）。従ってこの段階では、国民の自由は一般に制限され、このような状況のもとで民主的な国民投票や議会構成のための自由選挙が急速に施行されると解することは、やや現実離れの議論となることを免れない。そうしてみると一般に、前政府時代の平常時における憲法秩序や憲法組織をそのまま革命政権に対しても要求するということは、実際上妥当でないし、いわんや、政権の基本的性格が異なる場合は当然そうである。

そうとすれば、他方、我々がいう「憲法」（基本法）とは、革命政権によって新たに定立（成文でなくてもよい）されたそれをいうのであろうか。革命の完成によって新政権が樹立され、それが国民を拘束する権力行使を行えば、その行為自体が新たな法であり、その法が、かりに実質上前政府のそれと同一であるとしても、形式的には常に新しい革命者の法である。ただ実質内容が継受されただけである。しかも革命者が、かりに右の新しい革命法に基づいて、選挙、投票等の民意確認の手段をとったとしても、その法自体に一定の作為や操作が加えられることは通常にありうることである。革命という異常事態が完全に終熄していない場合や、革命政府に対する国民の支持が必ずしも十分に期待しえない場合などは特にそうである。かりに革命政権が、選挙にさいして、秘密投票や言論の自由を保障し、また憲法でそれを規定したとしても、それが単なる形式にとどまる可能性はすこぶる大である。実質的意味での言論や表現、出版、集会等の自由に対する保障がみられず、かてて加えて警察（武装）力の監視の下に行われた選挙や国民投票が、国民の真の意思を代表しない単なる形式のみにとどまってしまうことは容易にありうることである。フェンウィックも、選挙が民意表示の方法として最適であることを認めているが、しかしそれも、言論、出版集会等の自由が確保されない限り公正な選挙とはいえなくなると言っている。但し、そのような公正な選挙が行われるかどうかを第三国が監視し審査することは、その国に対する不法な干渉となるとも言っている（C. G. Fenwick, The Recognition of New Governments Instituted by Force, A. J. I. L., Vol. 38, 1944, p. 449.）。

かつて、米国がメキシコの革命政権に選挙の結果、国民の同意をえたことを理由として承認を与えたさい、それにも拘らず米国務省は、「米国は常にメキシコにおける国民の選択の結果を受諾し承認してきた。しかしその選択の方法が正規（regular）のものであるかどうかを深く審査したことはない」（J. B. Moore, Digest., Vol. 1, p. 148.）と述べて、国民の意思を確認する方法は必ずしも西欧先進国で一般に期待されうる方法と内容をもつ必要はないことを明らかにしたのである。同様のことは次の例にもみられる。一八五一年のフランスのルイ・ナポレオンのクーデターは、国民投票の結果、七、四三九、二一六票対六四〇、七三七票の圧倒的多数で承認され、ナポレオンは帝位についた。しかし、その投票方法に公正及び自由という観点から、また、有権者の資格、構成という点から多くの疑問のあったことは周知の事実である。また、一八六〇年のネープルス、シシリー、ウムブリア三国の併合について、その可否を問う住民投票に関しては、イギリスのラッセル卿（Lord Russel）が、「これらの王候国に行われた一般住民投票は、事実上、イギリスにとって、あまり価値のないもののように思われる。この投票は、人民一揆、成功した侵略行為及び条約に続く単なる形式以外の何ものでもない。この投票は、国民の名によって与えられる民意の、何ものにもとらわれない行使

(independent exercise)を意味するものではない」(Parliament Papers, 1861, Vol. LXVII, Further Correspondence Relating to the Affairs of Italy）と述べているのが注目されよう。

こうしてみると、憲法に従って国民の同意をうべしという立憲的正統性の主張も、その憲法自体に民意表示の実質的裏付けが欠け、国民の真実のしかも自由な対政府意思の確認が困難である要素が含まれていることを知るならば、政権の実効性判断の手段としては極めて形式的なものにすぎなくなることがわかるであろう。この場合はただ、合法化、正統化の形式だけが満たされるだけである。なお、憲法による事後の正統化ではないが、事前に憲法上の合法手続きに従って、革命が成立することがある。つまり形式的には合憲であるが、実質的に憲法の本質を変革することである。たとえば一九二三年のムッソリーニによるイタリアの政権奪取と、一九三三年のドイツのヒトラー革命は、形式的には憲法の法的継続性を破ることなく完成された。後者については、議会が授権法を制定して立法権を一般的にヒトラー行政府に委任したのであった（A. Raestad, Guerre Civile et Droit International, Revue de Droit International et de Législation Comparée, Ser. 3, Tom. 19, 1938, p. 609.)。ここからみても、憲法による正統化、合法化という主張が、運用ないし技術的操作の如何によっては極めて形式的な要求に陥り、民意の実体を確認する手段としては、それほど重要な価値をもたなくなる場合のあることがわかるであろう。

㈢　立憲的正統性原理の妥当性と不当性
―― 民主主義理念並びに内政不干渉原則との関係 ――

このように、革命の不法性を国民の明示的な同意に基づく事後の正統化によって救済し、それを承認のさいの考慮に組入れようとする立憲主義の立場には、実際的観点から多くの疑点があるが（もっとも、右の手続が、自由公正に行われ、且つ革命政府の自発的意思にもとづいて行われるのであれば、民意の正確な確認の方法として、十分な効用のあることも事実ではあるが）、これはなお、次の法理的理由によっても問題とされざるをえない。それは国際法上の原則である国内問題不干渉の立場からのそれである。換言すれば、「国民の明示的な同意」という事後の立憲的正統化の手続きを承認の基準・条件として設定することは、革命行為を国際法上禁止せず、従ってそのコラリーとして、革命完成の事実がもつ効果を当然に法的に（何らかの形で）承認しなければならないという国際法上の原理と矛盾することはないかということである。国民が自己の意思で自国の政治形態と政権担当者を決定し、外国がこれに干渉しえないということは、内政不干渉の義務として国際法上確立した原則である（この点については、前述したように、ソヴィエト政権承認問題に関する一九二一年のヒューズ米国務長官の言明にもはっきり現れている）。この場合、国民が自己の意思で決定するということであるから、外国が一国の国民の意思が何であるかを問題にすることは差支えないことである。むしろ一歩を進めて、国民意思の実体が何であれ、かりにそれが外国の意見や政策と相反するものであっても、それが確認される限り、それを積極的に考慮し、尊重するのが外国の義務であるということになるはずである。

しかし、この場合、国民の意思というのは、国民が外力に左右されずに自らの力で表明した客観的な事実意思ということである。外国が国民意思の表示に、とくに一定の手続きを要求し、それで確認された意思でなければ国民の意思ではないというときには、すでにそこに一つの外的操作が加わっている。選挙とか国民投票とかの一定の立憲的正統化の手続を要求し、それによって確認されない意思は、国民の意思とは認められないというのは、明らかに外国の要求の強制的負課である。右の要求が容れられない限り、民意は確認されず、従って政権の実効性も認定しえず、結局、承認という一定の法的効果も与えることができないというのであれば、それはすでに消極的意味ではあるが一つの干渉行為としての性質をもつことは疑いない（一定の作為を強制し、それが履行され条件を満たすならば法的効果を帰属せしめる、という積極的干渉の半面をなす）。この点につき、ゲンマも、人民主権の原理を外国におしつけるのは、干渉を構成すると明言している(1)。

もとより、選挙等の方法によって現政府に対する国民の意思を確かめるというのは、立憲的手続を通じて、その国民をして自己の意思で、自己の政府を決定せしめるという意味であるから、それ自体、国内問題はその国民だけが処理する権利があるという原則とは矛盾しないようにみえる。つまり、立憲的正統性の要求は、原理的には一国の政治形態や、その国の国内法秩序のあり方を、その国の国民の意思で決めることを前提にしているはずであるから、少なくとも国内政治の実体について、外国が特定の内容を要求するという意味はこれをもたない。つまりその意味で、国内問題に関する内容的干渉のおそれは原理的に存在しない。

しかしながら、ここで考えてみなければならないことは、それが政治形態や政権担当者の決定、更には国内法秩序構成の手続きについて、一定の形態（選挙とか投票等の民主的手続き）を命ずることがあるということである。そこに問題がある。つまり、選挙等の明示的方式を合法化の手段として要求する立憲的正統性の主張は、形式面での国内問題干渉の性質はこれを否定しえないということである。このことは、革命政府が専制的性格をもち、或いはまた全体主義的傾向を帯び、デモクラシー（わけても西欧資本主義のデモクラシー）に対決することを意欲している場合に特にそうである。革命の目的自体が民主政治制度の破壊と独裁政府の樹立をめざし、しかもそれが国民の支持のもとでなされた場合において、民主的政治制度の手続きを内容とする承認条件（立憲的正統化という条件）を要求することは、まさしく国内政治形態に対する外国の干渉以外の何ものでもなくなる。それが直接には手続面における干渉にすぎなくても、干渉であることに変りはないのである。のみならず、その干渉が実質的な政治形態や社会体制への要求に及ぶ可能性も決して少なくないといえよう（たとえば個人の自由を中心とする言論・出版・集会活動の広範な是認の要求）。――二〇〇三年の米英のイラクに対する武力攻撃とそれによるフセイン政権の転覆行為は、かりに目標がイラクにおける「民主政治の確立」にあっても、「平和に対する脅威」の認定を根拠とする国連安保理の許可がない限り、二一世紀の今日の国際法秩序でも違法とせざるをえない――。

のみならず既にみたように、一六、七世紀の近代主権国家の形成期以来、ヨーロッパ公法として始まった国際法は国内法上の革命行為を是認している。それは革命が国内法上は不法であっても、国際法上は国民の意思にもとづく国内法秩序変更の行為として容認されていることを意味する。換言すれば、いかなる国の国民も革命権即ち自国の政治形態と法秩序を非憲法手段によって強制的に変更しうる権利を国際法上否定されていないということである（この点については、民族自決権に基づく国民の一部の分離独立の行為についても同様である）。つまり、政府の変更は、それが国民の意思によるものである限り、暴力的不法の手段をもってしてもさしつかえないことを意味する。この場合、国民の意思ということは、必ずしも国民多数の意思であることを必要としない。歴史的に考証すれば、それが一部の国民の意思であることがほぼ通常であったことを我々は発見する。国民の大多数が政治形態や政権担当者について明確な意思をもっていないことは普通一般の現象であった。

のみならず、ここでいう国民意思が必ずしも多数意思たるを必要としないことは次の理由からもわかる。つまり、国民多数の意思が革命にとって必要な要件であるとすれば、たとえば、民主的な政治参加の手段を憲法が国民に保証しているときには、その手続きを踏んで十分に国民の意思を政治に反映させることができるから、不法な革命手段をとる必要は元来存在しないともいえよう。[2] しかしながら、文化的社会的成熟度の高い一部の国を除いて、通常、デモクラティックな政治体制を形式的には採用している国でもその体制の運用は必ずしも理想的に行なわれる保証はないから、国民の一部ではあれ、そこに重大な不満や支配者に対する批判が鬱積され、当初は少数者の抵抗であってもそこから実力行使を伴う革命行動が発生する余地はないわけではない。つまり、一部少数者だけの革命も、革命として十分に成立しうるわけである。わけても広範な無意識層をかかえている社会についてはその成功の度合が大きい。この場合、彼らは彼らの意思表示を既存の法秩序維持の防壁と化したような民主的ルールでは決して行わないであろう。しかも彼らは、かりに国民一般の積極的支持なしでも、積極的抵抗がないというだけで治安を維持し、政権を確保することが可能なのである。いわゆる「クーデタ」(Coup d'état) はその典型である。このようにみてくると、革命者が現実に政府を組織し、事実上、権力を行使していれば、それだけで右の事実に対して国際法上の評価を認む（承認す）べきことは、本来当然といえよう。そうでなければ旧政府の崩壊という事実からくる法的ベイカンシー（空白）の状態を肯定しなければならなくなる。つまり革命の成功、政権の維持という事実だけで革命政府は国際法上の政府としての地位を承認さるべきだということになる。国民の実質意思が、右の政府を積極的に支持していると否とはこれを問わないというべきなのである。

もし、国民の大部分ないし一部に現革命政権に対して重大な不満があり、それを支持しないという積極的な反抗意志があるならば、改めてそれに抵抗し新しい革命行為を起こせば足りるのである。それが国際法上で歴史的に形成され認められてきた国民の革命権や民族自決の権利なのである。従って、国民がそのような革命・抵抗の行為もなさず、現政府の権力行使に従っていることは、少なくとも国民にその政府に対する服従の意思（それが大部分革命後に形成されたものであるとしても）があるものを推定せざるをえないであろう。[3] それが積極的な服従であるか、消極的是認の態度であるかは問題ではない（専制独裁政府は、国民の積極的な支持をもたないとは必ずしもいえない。彼らは通常、教育、宣伝等の手段を通じて世論の支持を形成することに力を尽くすからである。ドイツ、イタリア等のかってのファシスト政権がその好例である）。

それにも拘らず外国が特定の手続（選挙や国民投票、代議投票等）を国民の意思表示の方法としてもちこむことは、国民が自己の意思に従って現に選択しているのではない新しい民意表示の手段を一方的に負課するものであるといわざるをえないだろう。国民の一部が内心それを期待していたとしてもそうである。かりに国民の大部分がそれを望んでいたと客観的に考えられる場合でも、それは、新政権の権力の実効性に若干の問題があることを示すだけで（従って、デ・ユーレの承認を与えないことがあるだけ）、国民投票等の明示的手続を承認条件として要求することは、やはり内政干渉を構成するとみなければならない。つまりそれは、外部から強制的に一国の国内政治執行に特定の手続と機会をもちこむものであって、国内政治不干渉という国際法上の義務に抵触するものといわざるをえないからである。[4] 右のことは、立憲的正統性の要求を純粋に承認条件として要求するのではなく、「政府権力の実効性」を判断する認定基準として主張する場合にも基本的に同じである。——正確に言えば、そうした事実認定に基づいて、「デ・ファクト」政府としての権力作用の効果をも認めないとすれば、不法な干渉となる。但し「デ・ユーレ（外交的）承認」の不許与は政策手段の範囲内として可能である。——つまり、支配権行使という客観的事実の態様から、政権の実効性が容易に判断されたり、或いは国民の政府に対する支持意思も、服従の形態から綜合的客観的に判断されうるに拘らず、改めて、選挙、投票等の手続を要求するということは、右の立憲的正統化の手段が革命政府の自発的意思で行われるのでない限り、国内問題（内政）干渉の疑いは濃い。のみならず、「実効性」が種々な要素から合理的に認定しえ、しかも実際にそう認定しているにも拘らず、改めて右の手続を要求するのは、新たな承認条件を設定したものと解せざるをえなくなろう。(5)

しかしながらそうは言っても、承認にさいして、「政府権力の実効性」という承認条件の内容について、慎重な検討の必要があるということは否定できないだろう。実際上でも権力の実効性を判断するさいに政治的配慮は通常許されているから、その限度内で立憲的手続の実施を実効性確立のメルクマールとして考慮することは可能であるし否定しえない（たとえば新政権成立後、早期に国民投票や選挙を実施して国民の明示的支持を受けた革命政権は、外国によって早期の（デ・ユーレ）承認を与えられる可能性が高い）。ただそれがあくまでも法的準則として要求されることは、状況によって内政干渉の性質をもつと言わざるをえないのである。このようにみてくると、政権の実効性即ち安定性や永続性ということについて、その根底をなす国民の主観的態度や意思というものを全く無視することは原理的にもまた実際の政治行動上からもできないと思われる。ただ、それを判断する手段として選挙とか国民投票のような一定の形式を法的基準として常に必ず要求するということがゆきすぎているだけである。従って、右の国民の態度や意思を何らかの方法で測定し判断することはたしかに必要といえる。新聞の論調、街頭での国民の意見、与野党の勢力比や影響力、或いは一般に、新政権の施策に対する国民の服従の態様等、いっさいの可能な手段方法を利用して、それを合理的客観的且つ綜合的に確認することが必要である。このような手段方法は、革命国に特定の手続を要求しているわけではないから、その内政や内部秩序に対する干渉となることはない。しかも政権の実体的基礎を公平に判断することができ、「権力の実効性」という承認条件に関する真に客観的な評価認定が可能となる。

このような方法による評価認定が不可能なときにのみ、選挙などの明示的な国民の意思の表示が必要となるのであって、そのときにはじめて、承認のプロセス上そうした手続の完了を待つことが許されるといえよう。従って承認国側としては、現在の段階では民意の動向が不確かであるから、それを明確にする一つの方法として、国民投票等の立憲的正統化の手続をとるよう勧告するにとどまり、ただそれを絶対条件としないことが必要であろう。このようにみてくると、結局、「国民の政府に対する支持意思」というものを、選挙等の形式的な立憲方法によらなくても、他の手段によって合理的に確認しうるならば、承認を与えるということが法理的にもまた実際的便宜の点からも最も妥当な見方ということになろう（この意味で、たとえば一九五五年九月二七日、日本がロナルディ革命アルゼンチン政権を承認したさい、その根拠として「新政府は陸海軍、カトリック信者等相当広範な支持を得ている模様であり、又新政府はアルゼンチン国全域を支配下に置」いていること（傍点・広瀬、外務省発表文集第二号、一八頁）をあげて、国民の主観的態度を選挙や投票という形式によらなくても、他の方法から客観的に判断して承認を与えているのは妥当な態度といえよう）。このことは、革命の発生・成立の過程から判断して国民の革命に対する積極的態度、即ち新政権に対する支持が十分に認められる場合にもそのままあてはまる。つまりこのような場合に、改めて事後的な国民投票や選挙等の確認方法を要求することは、単に形式のみを求めるもので実質的な意味がない。むしろ新たな別の承認条件の設定にもなりかねない。国民の意思、主観的態度の認定が要求されるのは、あくまでも「政権の実効性」を判断する素材としてである。それが形式的な立憲的正統化の手続によらなくても十分に認められるならば、それだけで、「実効性」を判断しても差支えないのであり、またそうすることが必要なのである。

さて右にみたように、選挙や国民投票、代議投票等の方法による「立憲的正統化」の手続が承認許与の前提として不可欠の要件だという主張には法理的に言っても多くの疑点がある。しかし、この疑点の根底にある「国内問題不干渉」という国際法上の原則も、国際社会の緊密化とともに多くの制限が加えられてきている。つまり、いわゆる「国内問題」という事項の範囲が次第に狭められ限定的となってきたからである。特にファシズムを打倒した第二次大戦の影響とその後の世界的なデモクラシー思想の普及は、国内政治・社会体制に、共通の意識を醸成し始めたからである。もとより、第二次大戦後の冷戦の時代、西欧的デモクラシーとマルクス・レーニン主義的人民民主主義の対立が長く続いた。しかし自由陣営も共産圏も、イデオロギー的な理解の相違こそあれ、少なくともそれぞれ、基本的人権の尊重、民意の暢達という点については、積極的にせよ消極的にせよ否定することはなかった（ソ連圏諸国も、そして中国も、人権規範を中核に据える国連憲章の加盟国であり、若干の人権条約にも加入している）。つまり民意を背景にしてのみ実効的な政府が成立しうるのだという法確信は、第二次大戦後長期に亘って、歴史的な審判に堪えて定着してきたと言えるだろう。このことは二〇世紀にソ連が崩壊し東欧諸国を含め、いわゆる戦後全体主義体制国家の多くが消滅し、「東西冷戦」の時代が終了した今日ではますますそう言えるであろう（そうした風潮が国際社会になければ、米英による二〇〇三年のイラク・フセイン政権の武力攻撃による打倒と、その後のイラク新政府の形成を正当化する――国連の関与が条件であるが――政治的雰囲気は生まれなかったであろう）。こうしてみると、若干の制限内ではあれ、国内政治に関する国民の意思表示の手続に一定の形式を課するということは、それほど国内問題干渉の意味をもたなくなってきているとも思われる。もちろんかって共産圏諸国はその主義上、西欧民主々義的な投票や選挙の方法を認めなかったし、アジア、アフリカ途上国についてもその社会体制の特殊性から独自の民意確認の方法をとっていたことも見落とすことはできない。また、たとえば国家主権並存を基本性格とする国際法構造は、戦争防止、平和維持等の問題に関連する場合を除いて、今日でも基本的に変っていないとみることができるから、西欧的な民意確認の方法を国際的に確立した慣行とすることは必ずしもできないだろう。しかし、当該国の社会的条件を尊重した上で、その枠内であってもできるだけ自由な選挙や国民投票が行われることが原理的に国民意思の表示の手段として、もっともすぐれているとみることも、二〇世紀末のソ連圏の崩壊と冷戦の消滅という歴史的展開状況からみてまた否定できないだろう。それが国連のような国際組織の監視等を通じて公正になされるならば、より効果的であるし、従ってこれを承認のさいの基準として採用することは、今日では政権の実効性判断の手段としてかなりの効用をもつといえよう。また、国際的な民主政治確保、人権の尊重、民度の向上、更に諸国民の政治的意識のコンセンサスを促進するという政治的機能の点からも無視しえない意味をもつといえよう。

さて第二次大戦中、連合国は民主々義の確保を戦争目的として戦ったが、一九四三年七月、ロンドンで開かれた国際法会議（The International Law Conference）は、政府承認に関する法律問題についての決議を採択し、これを連合国に勧告した。そのなかで、デ・ファクトの承認とデ・ユーレの承認とを区別し、前者は、新政府が実効的権力を確保したときこれを与えることができるが、後者については更に条件を加重し、「文明諸国に通常期待される自由選挙や人民投票もしくは代議投票等の方法によって国民がこれを確認したとき、または国民の一般的黙従が確保されたとき」に与えらるべきであると言っている。特に、選挙や投票等をもちだしているところに意味があると思われる（W. R. Bisschop, London International Conference, A. J. I. L., Vol. 38, 1944, p. 293.）。しかしながら、この選挙や投票等の立憲的手段が、前にみたように、革命政府の一方的な操作によって公正に行われない場合には、その実質的意味を失うことにもなる。

従って、この欠陥を除去するためには、国際的な監督、監視という保障措置を設ける必要がでてくる。これは、究極的には国際社会の集合的承認（承認権の統合）の制度とも関連するのであるが、実定国際法は途上国の国内紛争時に国連の関与（たとえばＰＫＯの派遣による秩序維持）が構ぜられた場合を除き、未だこの制度を十分には確立していない。国連等の国際機構もまた、一国の選挙、国民投票等の国際的監視について、恒常的な機関も手続も定めていない。歴史的にみると、一九四五年四月、米・英・仏は、ギリシアの総選挙を監督するため、国際連合オブザーバーを派遣したことがある。しかしこれは、ギリシア政府の要請に基づいてなされたもので、公正選挙の違反の処理等を含めて、国連に実際上の権限が与えられたわけではなかった。いわんや国連自身の当然の権限として監督権が認められたわけではなかった。のみならず、ソ連は外国その他の機関が一国の選挙を監視することは、国内問題の干渉を構成するとして反対し、これに参加しなかった（The Times, 21 April, 1945.）。そうした経緯があるのである。こうして、実定国際法の問題として考察するとき、一国の選挙に対する国際的監視という制度の存在を原則的に認めることは、今日の段階では、国連安保理による「平和の脅威」を認定した特別状況が存在する場合を除き、なお困難だと言わざるをえない。ただ個々的に、それも相手方の同意に基づき、或いは国際の平和と安全の維持に関係する範囲内で、限定的に認められるにすぎない。

のみならず、従来の伝統的な国際法のルールとしても、選挙や国民投票或いは代議投票等の立憲的正統化の手続を、確立した承認条件として認めることは困難である。せいぜい承認のさいの政治的考量の中に入ってくるだけである。ただ二一世紀に入った今日、国連憲章でもはっきり述べているような人間の基本的権利の尊重や自由且つ良識に基づく連帯精神の培養、或いは諸国民の政治意識のコンセンサスを促進して「法の支配」が定礎する国際社会をつくり上げるべき方向から判断するならば、現在においても各国の社会状況を尊重した上で、その枠の中という制限付であっても、できるだけ自由な投票の方式を政権の実効性判断の基準として設定してゆくことが必要であろう（国連の介入をこの場合、内政不干渉原則の適用からはずすことは当然）。

（1）　S. Gemma, Les Gouvernements de Fait, op. cit., p. 340.

（2）　フェンウィックは、「革命は、合法的にデ・ユーレ政府を変更する手段が与えられていないとき、または現実に革命以外に現政府を変更する道がないほど政治的腐敗が徹底しているときに起きる」と言っている（C. G. Fenwick, The Progress of International Law during the Past Forty Years, Recueil des Cours., Tom. 79, 1951-II, p. 34.）。

（3）　ラウターパクトも次のように言っている。「専制独裁政府もそれが永続している限り実効的政府たる資格をもちうるし、また通常、実効的である。そのような政府が享受している国民の服従は、強制されたと言って、このような服従に基礎をおく政府が短命であり、従って永続性、安定性の見地からみて実効的でな い（imposed）ものであり受動的（passive）なものであり、且つ憤り多き（resentful）ものである。しかしだから いなどとは言えない。のみならず、絶対的権力を行使している政権こそ国民多数の黙認（acquiescence）に基礎をおいているという主張には、かなりの理由があるとみなければならない。もっともその憲法秩序、政治組織は国民の同意のための真の自由且つ拘束のない意思表示を認めてはいないのだけれど」と（H. Lauterpacht, Recognition., p. 137.）。これに対し、民主的ルールを認めない政府は短命であるから、積極的な国民の支持意思が存在するかどうかを確かめることは、政権の実効性を判断する場合に捨象できない手続であるとみている学説もある。たとえば、C. C. Hyde, International Law Chiefly as Interpreted and Applied by the U. S., Vol. 1, 1922, p. 67. がそうである。

（4）承認が干渉の手段として利用される危険を避けるために、革命政府が実際の支配権力を保持したら、それだけの事実からこれに承認を与えるべきだという素朴な客観的事実主義の立場からの承認義務論がある。そしてこれは主としてラテン・アメリカの学者から主張されているのが注目される（J. L. Kunz, Critical Remarks on Lauterpacht's "Recognition in International Law," A. J. I. L., Vol. 44, 1950, p. 718.）。これは大国対小国のパワー・ポリティクスを背景にしている点で、承認という法制度の政治的機能を物語るものとして興味がある（前述した一九一七年のコスタリカのティノコ政府承認問題に関するアメリカとコスタリカ間の争いはこれを実証するものである）。右のことは、米州諸国の代表で構成されていた第二次大戦中の汎米政治防衛委員会（the Committee of Political Defence）の一九四三年一二月のモンテヴィデオでの政府承認に関する決議にも表われている。即ち、この決議は大要次のように述べている。『政府権力の実効性の認定基準としては、国民の同意（assent）もしくは黙認（acquiescence）を政府が享有しているかどうかにある。しかしこの同意や黙認という国民の意思は、政府が国家の行政機関の実際の支配権を保持していること、通常の政府権限を行使していること、更に政府に対する顕在的な抵抗（open resistance）がないという客観的事実から認定される。そしてこのデ・ファクトの状態が、通常安定性（stability）と呼ばれるもので政府権力の実効的保持（effective possession of authority）と等しいものである』と（傍点・広瀬、C. G. Fenwick, The Recognition of New Government Instituted by Force, A. J. I. L., Vol. 38, 1944, p. 44.）。

同様に、米州諸国の学者で組織されている汎米法律委員会（inter-American Juridical Committee）が、一九四九年九月に採択した「事実上政府の承認に関する報告」は、その第二条で「承認は事実上の政府から利益を獲得する手段として利用されてはならない。また、承認国の特別な要求（special requirements）の受諾にかかわらしめてもならないし、交渉（negotiation）や妥協（compromise）の手段としてもならない」と規定して、条件付承認など承認権の濫用を防止する措置を構ずると共に、実効的権力の保持と、国際義務遵守の意思という二つの条件が満たされたならば、事実上の政府は承認をうける権利があると定めている（第一条）（A. V. Freeman, A. J. I. L., Vol. 44, 1950, p. 374.)。これらの提案は、主として中南米諸国の国際法学者が、先進大国から自国等におこった革命について、しばしば承認条件の中身やその認定のやり方を通じて、彼らの政策的手段として承認制度が濫用されてきた現実を認識した結果、それを回避する意図のもとに出されたものである。

（5）　専制独裁政府を、それが支配権力を行使しているという客観的事実だけから承認したとしても、それは右の事実からくる当然の法律効果、即ちその政府がその国の唯一の実際の政府であること、従ってその国を国際法上代表する資格のある唯一の政府であることを認めるというにすぎない。従って承認行為は本来、事実を素朴に反映する受動的効果をもつにすぎない。つまり国家・政府の承認行為は、専制独裁という主義や政治形態の妥当性の承認というような積極的効果まで当然には含まない。即ち、承認した革命国政府の主義や政策が不快であり同意できないのであれば、外交関係を樹立しないことも考えられるし、或いはまた外交関係を設定しても、その主義や政治形態からくる国際法上の義務違反がかりにでてくるならば、そのさい国際法で認められた制裁手段をとれば足りるのである。もっとも相手国の主義や政策が、たとえば侵略の禁止というような基本的な国際法義務（ユス・コーゲンス）に一般的に違反しているとみられる状況が存在するならば、それは単に政治的当不当の問題にとどまらないから、普通に、承認許与の条件を満たさないとすることができよう。

右のように、「立憲的正統性」の主張は、「国内問題不干渉」という実定国際法上の立場から吟味すると、法理的にも重要な疑点のあることがわかったが、同様に国内問題不干渉の見地から、承認制度それ自体を疑問とし、一国に革命政府が成立した場合には、承認とは関係なくこれと継続的に外交関係を維持すべきことが、一九二〇年代ないし三〇年代に主張されている。[1] この主張の典型は、一九三〇年のメキシコ外相エストラダ（Eatrada）の声明（エストラダ主義と呼ばれる）にみられるものであって、彼は、承認行為が、原理的に一国の政府の正統性、非正統性を判断する権利を外国に与える意味をもつところから、これは一国における政府の主権的地位の成立が、その国民の意思のみによらずして、外国の意思にかかわらしめられていることを意味し、従って国家の主権、独立権の本質に反する結果を法的に導きだすことを認めることになるとみる（承認権濫用の実例は、エストラダをしてますますこの見方を強く主張させる原因となったといわれる）。そしてこの欠陥を除去するために、彼は一国に革命政府が成立した場合、これに対する承認問題は不問に付して、これと継続的に外交関係を維持しうべきことを主張したのであった。(2)

これは一つには、国際交通の利益が、外交関係の一時的中断をも得策としないという実際上の考慮にも基づくものであるが、二つには、外交使節の派遣ないし接受は、当の相手となる国家に対してまたはそれによって行われるもので、政府に対してまたはそれによって行われるものではないという見方を根拠にするものであった。つまり、政府は変っても国家は変らない（国家同一性または継続性の原則）から、国家に派遣し接受された外交使節はその関係をそのまま維持し、活動を継続しうるとする見方であった。しかしながらこの主張は、政府の革命的変更と合法的変更とに区別を設けない議論であり、前者の場合に特に承認制度が実際に確立されているという国際慣行を無視するものであった。のみならず、内乱にさいしてその国との外交関係を継続的に維持するとしても、直接交渉の窓口となる政府（行政府）を選択するさいに、革命政府と合法政府のいずれをその国の唯一の政府（一つの国家には、外交権能を行使しうる政府は一つしかない）として認めるのか、つまりその選択のさいに、当然承認という行為が（論理的）前提条件として介入してくることになるはずである。これを無視して外交関係の相手方（直接の相手方交渉者）を選ぶことは不可能であることを忘れてはならない。つまり、外国は外交関係を維持している相手国政府を、その国の正統政府として意識すると否とに拘らず承認していることになる、という法理的関係はこれを否定することはできないのである。(3)この意味から、一九二〇～三〇年代に、理論としてまた若干の実例として存在したこの種の主張は、原理的にもともと無意味であったと言わざるをえないだろう。

（１）まず一九二四年のチリの革命にさいして（政府交替が憲法上の正規の手続で行われるという形式が一応保持されたこともあるが）、イギリス、ドイツ、スペイン等の諸国は、新軍事政権が外交関係をそのまま維持されたいと申入れたことに従って、新政権との外交関係の継続、並びにそれが承認とは別個であることを決定しこれを通告した。一九二五年のエクアドルの革命にさいしても、同様な態度がとられた。また、一九三〇年、ボリヴィア、ペルー、アルゼンチンの革命にさいして、英外相は承認問題にふれることを意識的に避け、右の三国の新政府が実効的権力を保持し、国際義務の履行を宣言していることを考慮して、「これらの国における政府の変更は、イギリス政府と彼らとの関係に何の影響も与えない」と通告している（House of Commons Debates（Great Britain）, Vol. CCXLIV, P. 458.）。

（２）エストラダの声明の日本外務省訳については、「国家及政府ノ承認」、前掲書、四八一～四八三頁、参照。

（３）P. C. Jessup, A Modern Law of Nations, 1952, pp. 60~63.

㈣　立憲的正統化の手続未了と事実上承認の制度

なお、革命政府が事後の立憲的正統化の要求を満たさず、従って国民の同意が確保されず、実効性の基礎が十分でないとみなされていたときでも（つまり、この期間、慣行上しばしばデ・ユーレの承認が与えられなかったが）、国際関係の緊密化と国際交通上の必要という実際的考慮から、右の政府が一応の権力行使をし、国内秩序を維持している場合には、これに対して実際に権力を行使している政府としての事実上の地位を認めるという、いわゆる「デ・ファクトの承認」が与えられることが少なくなかった。たとえばその典型的な例は、一九二四年に成立したアルバニアの革命政権承認問題が起こったときにみられる。イギリスは、アルバニア国民が未だ明示的な方法で、右の政権に対する支持を明らかにしていないという理由で、これに「デ・ユーレの承認」を与えなかったが、同時に、英政府は駐アルバニア公使に対して次のように、新政権に通告するよう訓令している。「……しかし、私（注・英公使）は、必要な通常事務に関して貴政府と交渉するよう（to transact with them such routine business as is necessary）命令されている」[1]（注並びに傍点・広瀬）と。これはつまり、デ・ユーレの承認は与えないが、右の政府が現実に支配権を行使し法秩序を維持していることはこれを認め、これと日常的な国家事務に関する限り、両国間の交渉を行わせようというものである。

交渉の対象となるのは「通常の事務」に限られ、政治的、外交的意味をもつ事務については、正式（公式）な交渉や取極めはできない。なぜなら、それはデ・ユーレの承認を構成することになるからである。通常事務の内容としては、たとえば、領事の管轄に属する事務即ち自国民の居住、貿易、商事、航海等に関する通常の保護行為とか、旅券の発給や或いは私人の民事、商事の行為の管理などの、すでに条約によって規定されている日常の行政的、技術的事項であり、国際法上からみれば、私人を対象とするいわば渉外的私法事務ともいうべきものである。[2] この点について、一九〇七年、米国務省の求めに応じて提出された The Office of the Solicitor のメモランダムは次のように勧告している。「領事職務の執行については、領事は政府のオフィシャル・リコグニションを含まない事項を処理することができる。たとえば、両国々民の正常な貿易の実行を可能ならしめるに必要な事項について、領事は関与できるのである」[3]と。ただ、この通常事務上の両国間の関係（これは領事によって執行されるのみでなく、引続いて駐在する外交使節によっても掌理されうる）が、非公式（unofficial）なものであると解せられている場合のあることは、注意の必要がある。たとえば、一八九一年、チリ革命政権を立憲的正統化の手続を経ていないことを理由に、デ・ユーレの承認を拒否したイギリスは、なお次のように説明を加えている。「サンチャゴ駐在英公使は、暫定的に（provisionally）、チリの新政府を承認した。そしてそれと非公式の（unofficial）関係に入った。このような問題に関するイギリスの慣行によれば、公式（official）な関係を樹立するための正式の（formal）そして完全な（full）承認は、大統領が憲法に従って選出され、就任したときに与えられるであろう(4)」（傍点・広瀬）と。

つまり、新政府に暫定的な承認を与え、これとデ・ファクトの関係に入った両国が維持する関係は、非公式だというのである。しかしこの非公式という意味は、法律上の効力を全くもたないということではなく、単にデ・ユーレ即ち公式の外交的承認という効果を生まないという意味で、非公式なのである（「非公式」という言葉でなく、「デ・ファクト」または「事実上」という用語を用いる場合にも、同様の意味に解せらるべきものである。これは少なくとも「承認」問題についてはそうである）。換言すれば、「通常事務」という限定的事項に関しての事務処理や、或いはそれらの問題について両国政府代表者たとえば革命後に引き続いて残留している大公使（ただし、交渉、合意については形式上外交使節としての資格で行うのではない）や領事等が交渉し合意することは、それが政治的・外交的意味をもつデ・ユーレの承認を構成しないけれども、彼らが事務処理を行い、或いは交渉し合意しそれを履行したことに関しては、少なくとも法的効果を生じ、従って、両当事国と関係私人を拘束する。少なくともそれだけの法律上の意味はもつといえるのである。全く法的効果や拘束力をもたない関係は、当事者間の事務処理や合意を規律する関係として意味がないし、とくに承認する（「事実上」ないし「暫定的」に承認する）という意味がなくなる。このようにして、非公式とか事実上（デ・ファクト）とかという言葉の意味は、全くそれが法的効果をもたない単なる政治的意味だけしかもたないと解されてはならない。そして右のように限定的事項についてではあるが、またそれが通例デ・ユーレ承認にいたるまでの経過的、暫定的な措置ではあるが、それによってとられた行為の効力は両国を拘束し、しかもそのように行為しうる地位を「事実上」承認の行為（形態として明示的になされると黙示的に推定されうるとを問わない）が設定するといえるのである。そして右のデ・ファクト承認の効果に付せられた事項的限定性や暫定的性質を補塡し、国家や政府がもつ国際法上の一般的な権限や完全な行為能力をもつ地位を完成するのが、デ・ユーレ承認（外交的承認、法律上承認）の行為であり、そこに公式（official）ないし正式（formal）承認の意味があるのである。(5)〔なお事実上承認の法理については、後篇・下で詳細に解明する〕

（1）　Foreign Office Memorandum（Great Britain）, Albania, 1924,（H. Lauterpacht, Recognition., p. 122.）。同様なケースとして、一九一一年の未承認ポルトガル政府の駐ロンドン代表とイギリスとの間に維持された関係について、英外務省は、右の代表の行為能力を制限しながら、なお一定の「事務を処理することができる」（would be able to transact business）ことを通告している（H. Lauterpacht, Recognition., p. 122.）。但し、両国間の完全な公的、政治的関係の樹立を前提とする外交使節の地位は彼に認められず、従って、彼に書簡が送られるさいには、単に「Sir」という敬称が付されただけで、公的称号（大使・公使等の名称）は冠せられなかった。また一方、在ポルトガルの英領事に対する訓令では次のように言っている。「貴下は、地方当局（local authorities）と事務を処理することができる。しかし、新政府の公式の承認を意味するようないかなる措置もとってはならない。在英ポルトガル領事もその職務を遂行することを非公式に認められている」と（H. Lauterpacht, ibid., p. 122, n. 4.）。

（2）　フェンウィックは、デ・ファクトの関係の内容として、自国民の保護、通商貿易或いはその他の経済上、社会上の問題に関する行政手続（administrative formalities）の執行をあげている。但し、条約関係に入ることはできないとする（C. G. Fenwick, The Progress of International Law during the Forty Years, Recueil des Cours., Tom. 79, 1951, p. 34.）。

（3） G. H. Hackworth, Digest., Vol. IV, 1942, P. 684.

（4） State Papers（Great Britain）, Vol. XCV, 1892, Chile, No.1.

（5） オーストリア・ハンガリーは、人民の同意という事後の正統化を満たしていないとの理由で、一八七〇年に成立したフランスの国民防衛政府（Gouvernement de défense nationale）に正式の承認を与えなかったが、しかしその期間においても、右の政府がフランスを実際に支配していることはこれを認め、これを暫定的に権力をもつ「事実上」政府として取扱い、次のように述べている。「フランスの事実上の政府に関しては、我々はそれが暫定的性質（nature provisoire）のものとして行為する限り、それを承認した。……我々は貴政府からの連絡（communications）を、貴政府がより完全なる支配者としての権限を保持している場合と同様に、誠意をもって処理することに決定しているし、またそうしている」と（Archives diplomatiques, 1871-72, Vol. II, No. 573, p. 703.）。イギリスもまた、右の政府をその名称が示すように防衛についてのみの権限を有する政府、即ち制限的権能をもつ不完全な政府としてこれを認めたのである（British and Foreign State Papers, Vol. LXI, P. 995.）。

第三章　承認法の発展

——国際社会の組織化並びに戦争の違法化と民族自決主義による国際社会再構成との関連——

前章で述べたように、一九世紀後半から第一次大戦直後までの期間、承認法に二つの顕著な傾向が展開された。即ち一つは、国際社会の緊密化と従って国際法秩序の明確化の傾向に伴ない、承認条件として、「国際義務遵守の意思と能力」ということが強く主張され、ほぼ国際慣行として成立するに至ったこと、二つには、人民主権主義（民主主義）の思想が、米、英を中心として一つの国際的風潮を作り出し、これを法的に理念化する傾向が顕著となると共に、それが承認法の分野に導入されて、「国民の同意」という立憲的正統性の原理が政府承認の新たな条件、ないしは『政府権力の実効性』という条件の完成を判断する認定基準として要求されたことがこれである（もっともすでにみたようにいずれの場合でも、各国の国家利益の考慮が慣行を形成する原動力として作用していたことは疑いないが）。ところで、これらの傾向のうち、第一の「国際義務遵守の意思」という条件は、第一次大戦後もひきつづいて顕著な国家実行として存続し、法規範として明確に確立されるに至ったが、第二の「国民の同意」という基準、わけても選挙等による明示的な立憲的正統性の基準は、既に述べたように大戦後、全体主義的政府が各国に成立する傾向が出るに及んで次第に力を失い、法慣行としても十分成熟するまでには至っていないと言ってよいだろう（もっとも右の期間においても、時としてそれが強く主張されたこともあり、また第二次大戦後は、右の主張が再び復調する形勢にあることも既にみた通りである)。

ところで第一次大戦後の承認法における特徴的傾向は、一つには、国際社会の組織化を背景とする「集合的承認」の制度（新国家または革命政府の国際機構への加入ないし代表権承認問題と関連する）と、二つには、戦争の違法化(これも個別国家の安全保障の方式が、私的救済から国際機構による集団的安全保障制度へと転換することによって実効性をもちうる規範体制であったから、前者と同様に国際社会の組織化、統一的公権力の確立を前提とした）に伴って、武力による領土併合または外国の武力干渉を手段として成立した新政府または新国家に対して承認を与えないという「不承認主義」が、顕著な国際規範として条約上及び慣習上で出現したことである。そして三つには、「民族自決」の原理を思想的基盤として、従来、大国の植民地としての地位しか与えられていなかった領域が、国家としての地位を認められ国際法の主体として数多く成立したことも、承認法の性格的発展を示す現象として見落とすことのできない出来事といえるだろう。たとえば一八世紀の市民的自由を基盤とする承認法の新たな展開と民族自決主義に基づく今日の後進諸国家の形成に関する法的理念との関連や、国際法遵守意思に関する国際法の内容的変化の問題、或いは本国の承認の下に合法的に成立した新国家に関する承認慣行の意義と権利義務の承継関係の問題等が新たに生じたのである。

こうしてともかく第一次大戦後の承認法の発展は、国際社会の組織化という観念を離れては論じられない。これは国際政治的にみると、従来の「勢力均衡《バランス・オブ・パワー》」方式に代って、「集団安全保障」の方式が導入されたことと大きな関係をもつことを見落としてはならないだろう。つまり、対抗する国家間の単なる力のバランスによって安全をはかるというのではなく、対立する国家をも含んだ関係諸国家全体の集団としての力によって平和の脅威、破壊を防止、抑圧しようという新たな体制を構築し始めたことである。

これはいずれも国際社会の構造的転換を意味するものであって、それだけに承認法の内容的変化と制度的発展を十分物語る時代状況が出現したのであった。しかし後に述べるように、第一の「集合的承認」の制度は、国際機構（国際連盟や国際連合）という特別法秩序のなかでは、機構の決定の全加盟国に対する拘束性という統一的公権力の作用を媒介として、従来の個別的承認制度にみられない本質的な変化をもたらしたとは言えるが、国際機構外の一般国際法秩序（なお強固な主権国家並存の秩序が保たれている社会）では、国際機構の決定の法的拘束力の薄弱さ（その点で武力行使に関する国際機構の判断や決定が一般国際秩序でももつ効果と異なる）によって、承認権の分立を前提とする伝統的主権国家並存の個別承認方式と基本的な差異が認められない状況が残った。また第二の「不承認主義」も、違法行為に対する実力による集団制裁が、法的にまた実際上も完備していないことによって、結局実効性の薄いいわば政治的な効果しかもたない法制度として具体化されたにすぎなかった。ただそうは言っても、右の二つの承認法上の新しい現象が、たとえ承認法の本質的な変革をもたらしたとは言えないまでも、承認法の発展を導き、内容を充実する効果を生みだしたことは否定できない事実であったと言えよう。いわんや第三の「民族自決」の原理にもとづく多数の民族国家の誕生が、国際社会を法的に再構成する重大な意味をもったことは争いえない事実であったのである。

第一節　戦争の違法化と承認法 ―― 不承認主義 ――

第一項　国際連盟の下でのスチムソン主義（不承認主義）の法的意味

まず、戦争ないし武力行使が原則的に禁止されたことに伴う承認法上の影響についてみてみよう。換言すれば、「不承認主義」のそれである。不承認主義とは、国際法とくに戦争禁止の法規に違反してもたらされた事実に法律上の効果を認めないとする主義であって、満州事変に関連して一九三二年一月七日に声明された米国務長官スチムソンの声明に典型的にみられる。それは次のように言っている。「米国は、米国並びに日本、中国が当事国である一九二八年八月二七日のパリ条約（注・不戦条約）の義務並びに国際連盟規約に違反する手段でもたらされるいかなる事態、条約、協定も承認する意思はない」（注・広瀬）と。これがいわゆるスチムソン主義と呼ばれるものである。不戦条約はその第一条で「締約国ハ国際紛争解決ノ為戦争ニ訴フルコトヲ非トシ且其ノ相互関係ニ於テ国家ノ政策ノ手段トシテノ戦争ヲ抛棄スルコトヲ其ノ各自ノ人民ノ名ニ於テ厳粛ニ宣言ス。」と規定し、第二条で「締約国ハ相互間ニ起ルコトアルベキ一切ノ紛争又ハ紛議ハ其ノ性質又ハ起因ノ如何ヲ問ハズ平和的手段ニ依ルノ外之ガ処理又ハ解決ヲ求メザルコトヲ約ス」と定めている。一方、連盟規約もその第一〇条で「連盟国ハ連盟各国ノ領土保全及現在ノ政治的独立ヲ尊重シ且外部ノ侵略ニ対シ之ヲ擁護スルコトヲ約ス」と規定し、第一一条で「戦争又ハ戦争ノ脅威ハ、連盟国ノ何レカニ影響アルト否トヲ問ハス、総テ連盟全体ノ利害関係事項タルコトヲ茲ニ声明ス。仍テ連盟ハ、国際ノ平和ヲ擁護スル為適当且有効ト認ムル措置ヲ執ルヘキモノトス。」と定めている。

従ってこれらの規定から明らかなように、戦争及び武力の行使は原則として禁止されたのである。だから領土を併合したり、新国家を分離独立させたり、新政府を成立させる手段として第三国が武力を行使したり戦争に訴えたりすることは不法となったわけである。しかも右の連盟規約や不戦条約が、世界のほぼ多数の国を当事国としていることを考慮すると、右の規定はほぼ一般国際法としての性質をもっていたとみることができるだろう。のみならずこの侵略違法性の観念は、国際社会の存立基盤を構成する構造原理として、そその後の（わけても第二次大戦後を含めての）諸国家の実践を通じて単なる一般国際法にとどまらず、それに違反する国家間の特別取極めを無効化する強行法規（Jus Cogens）としての性格を明確にもつに至ったとみてよいだろう。（同様な公序的性格をもつ法として人権保護に関するものがある。これらに関し、第二次大戦後の国際軍事裁判所の判決或いはジェノサイド条約等における「平和に対する罪」や「人道に対する罪」の観念の発展に注意）。

また第二次大戦後の国際連合憲章にも、ほぼ完全な戦争禁止の規定があり、それが実際に機能する限り法的にかなり整備された集団安全保障の制度と相俟って、国連に、（抜け道の多かった）連盟や不戦条約とは本質的に異なる国際組織としての性格を与えたと言える（この点については高野雄一、国際安全保障、昭和二八年、三六〜三七頁、参照）。即ち国連憲章第二条四項は、「すべての加盟国は、その国際関係において、武力による威嚇又は武力の行使を、いかなる国の領土保全又は政治的独立に対するものも、また、国際連合の目的と両立しない他のいかなる方法によるものも慎まなければならない」と規定し、第一条では右の規定に反して武力の脅威や戦争が発生した場合、国際の平和と安全を維持するために「有効な集団的措置」をとることを求め、実際の制裁措置については第七章以下で詳しく規定した。とくに安保理事会の決定の拘束性（二五条）と同理事会を中心とする武力の集中化とは、連盟や不戦条約機構とは本質的に異なる集団保障の制度を設定している。ただ五大国の拒否権による安保理事会の機能のまひは現実の問題として否定しえないが、これも「平和のための結集決議」に基づく総会権限の強化と、それを基礎とする総会の勧告に従う連合国の集団措置で法的にも実際にもかなり代位された実例もある。国連初期の一九五、六〇年代でいえば、まず一九五〇年の朝鮮戦争への国連（安保理と総会）の関与があるが、更に七、八〇年代に及び今日にまで至る中東地域の武力紛争がこの代表例と言えよう。たとえばアカバ湾封鎖問題を契機として一九六七年六月に起こったイスラエル、アラブ諸国間の戦争の結果、イスラエルは、シナイ半島はじめアラブ領土を広く軍事占領した。この問題処理のため開かれた国連の緊急総会では、米ソ間の政治的衝突のためイスラエル軍の撤退についての具体的な決議を成立せしめることはできなかったが、しかし、軍事力による領土併合は認めないという意識だけは加盟国のすべての一致した見解として討議の中で明らかにされた。ここには第二次大戦後の「不承認主義」の最初の展開がある。エルサレム併合反対決議が、賛成九九票、反対〇、棄権二〇で採択されたのもこうした国際社会の強い意識を物語る。ただ問題はそうした決定を実行する実力の不足にあった。この点は南ローデシアに対する経済制裁（多数住民の民族自決を否認し、政治的自由という人権を侵害している政治状況への制裁）の不徹底にもみられた。その原因は何かといえば、正義に裏打ちされた規範意識つまり「法の支配」確立のための意欲と、現実の各国のナショナル・インタレストに対する過重な配慮との格差という以外になかったであろう。安保理事会の拒否権による機能まひ（米ソ対立で国連の介入すら不可能であった六〇年代のベトナム戦争や八〇年代のアフガン戦争の経緯も同様）は、むしろ右の意識格差の結果にすぎない。そしてこの国連体制下の国際規範状況は、一九八〇年代末の冷戦構造の崩壊によって憲章原意への復帰が期待されたが、二一世紀の今日、なお続いているパレスチナ問題の未解決とアフガニスタン紛争やイラク戦争など累次の中東での武力紛争の発生は、国際社会の期待を大きく裏切っている。

　ところで右の国際連盟時代の戦争や武力行使の不法化を前提として、それならば、その不法な手段を通じて実現された状態に対してはどのような法的評価が与えられるべきかが問題となる。たとえば不戦条約の前文には「其ノ相互関係ニ於ケル一切ノ変更ハ、平和的手段ニ依リテノミ之ヲ求ムベク、又平和的ニシテ秩序アル手続ノ結果タルベキコト」、更に「今後戦争ニ訴ヘテ国家ノ利益ヲ増進セントスル署名国ハ本条約ノ供与スル利益ヲ拒否セラルベキモノナルコトヲ確信シ」（傍点・広瀬）という文言があるが、これをどのように解釈するか。また連盟規約第一一条が戦争または脅威に対して「国際平和ヲ擁護スル為適当且有効ト認ムル措置ヲ執ル」と規定しているが、その有効適当な措置のなかに戦争手段で実現された状態に対する「不承認」の措置も含まれるかが問題となるわけである。スチムソンの声明（スチムソン主義）はこれに一つの回答を与えるものであった。つまり戦争や武力行使の結果成立した事態や取極めは、それが不法な手続でなされたのだからその結果は当然、法的な効力をもたないとするものであった。つまり満州国についていえば、それが日本の中国に対する武力侵略という不法な手段の結果として成立したものであるから、国家の分離独立は認められず、従って国際法の主体としての法的地位は与えられないというのであった。これと同様な立場は連盟理事会並びに総会の決議にもみられる。即ち一九三二年二月一六日、日本及び中国を除く理事会は全会一致で、規約第一〇条について日本の注意を喚起し次のような決議を日本に通告した。「第一〇条を無視して実現されたいかなる連盟国の政治的独立の変更も、また領土保全への侵害も連盟国によって有効なものとして承認されてはならない」というものであった。[1] 連盟総会も三月一一日、同様な決議を採択している。即ち「連盟規約または不戦条約に反する手段によってもたらされるいかなる状態（Situation）も条約（Treaty）も協定（Agreement）も承認しないことが連盟国に課された義務である」[2]（傍点・広瀬）と。

ところで、右の連盟の決議は、すでに連盟規約第一〇条や不戦条約で当事国に課されている「戦争や武力行使の禁止や領土保全、政治的独立の尊重」という義務から当然にひきだされる（ipso jure）連盟国の義務を確認したにすぎないのか、或いはまた不戦条約や規約が加盟国に課す戦争禁止の義務は、それに違反して成立した結果に対しての不承認義務までも含むものではないとの見地から、右の連盟の決議は改めてその義務

――この場合には厳格には、右の決議自体の拘束力を前提とする義務であって、不戦条約や規約が直接課した義務ではない。むしろ不戦条約や規約一〇条は、右の不承認決議をなしうる権限を連盟に付与したとみるべきものである（もっともブライアリーは右の決議権の根拠を規約第一〇条ではなく第三条の総会の一般的権限に求める。J. L. Brierly, B. Y. I. L., 1935, p. 160.）――を加盟国に対して創設したものであるとの解釈をとるべきかについては議論が分れる。[3] しかしながら、右の連盟（理事会、総会）の決議の拘束力については、多くの国はこれを義務的（obligatory）と解釈しなかったし、[4] また一般に連盟においては、決議は勧告的性質ものとみられていたから不承認義務が右の連盟決議によって創設されたとみることは困難であり、結局、右の決議は、各連盟国に、規約第一〇条及び不戦条約（前文、一条）にもとづく不承認の権利（この権利は武力不行使義務－規約第一〇条－に違反した国に対する対応権利のそれである）を行使するよう勧告したものとみるのが、当時の規範意識としては妥当な見解といえるだろう。いいかえれば、平和的変更及び武力行使抑止の義務は、その当然のコロラリーとして違法な武力行使によって実現ないし変更された事実に対する法的不承認（無効）の効果を内在せしめているとみるべきで、連盟の決議は、各加盟国にそのように法論理的に認識する義務（決議もはっきり「義務」という言葉を用いてる）、いいかえれば武力行使違法化というユス・コーゲンスの成立を前提とした連盟加盟国の対世的（erga onmes）義務の存在を確認させると共に、各加盟国に不承認を明確に声明させる権利を勧告したものといえるだろう（従って勧告の非拘束性は、不承認の義務的性格とは関係がない）。

（1）League of Nations, Official Journal, 1932, p. 383.
（2）Ibid., Special Supple., No. 100, p. 8.

（３）　横田博士は、不戦条約は「戦争や非平和的手段を禁止するものであるから、結局において、兵力的手段によってもたらされた事態、条約、協定を承認しないということになる」として、違法な手段で実現された結果の無効性についても不戦条約の適用があるとした（横田喜三郎、「スチムソン主義の国際法化」、国際法外交雑誌、三三巻八号、一頁）。但し「連盟決議の拘束性」については、機構の制裁規定の不完全性からそれは厳格な意味での法律義務ではなくて準法律的義務を設けたにすぎないと述べる（前掲論文、一〇～一一頁）。ところで、戦争禁止に関する不戦条約や連盟規約に違反して戦争に訴えた国は、右の戦争禁止の規定から、第三国に対して中立法規の遵守を要求しえず、逆に第三国は違反国に対する関係では中立法規上の義務を負わないとする法的地位を導きだすことができる（第一説）かどうか、或いはまた右の規定は、戦争は禁止しているが、しかし一旦戦争が始まったならば、その状態に対してまで効力をもつものではなく、この場合には従来の戦争と全く同様の法的効果が生ずる（第二説）のか、更にはまた、不法な戦争が発生したならば、条約当事国のすべてが中立の立場を否定される義務を右の戦争禁止の規定から当然に負わされる（第三説）ものかどうか、この点、不戦条約や連盟規約の効力の及ぶ範囲について議論が分れる（この点については、石本泰雄、「国際組織と中立」、国際法外交雑誌、五五巻一号、参照）。右の見方を結果の不承認の問題に適用すれば、第一説については条約当事国は任意に不承認の態度をとりうる権利をもつことになる（従って連盟の決議は右の権利行為を勧告したもの）とみることができ、第二説では、結果はそのまま肯定する以外にないとの見方を導く（従って不承認に関する連盟の決議は無効）であろうし、更に第三説ではすべての当事国に不承認の義務がある（従って、連盟決議はすでに規約や不戦条約で存在している不承認義務を確認したにすぎない）ということになろう。拙論では、第一説は「中立」観念のもつユス・アド・ベルーム上の立場につては妥当な見方と思われるが、交戦法規に及ぼす影響についての吟味が乏しい。また第二説は戦争自由の一九世紀観念にやや災わされており、連盟規約上の戦争違法原則の法的拘束力の完全無視につながる見方となろう。但しユス・アド・ベルームとユス・イン・ベロ上の効果を区別する見方を導きうる点では、一理ある議論である。わけても連盟の総会や理事会が何らかの決議を採択できない場合にはそうである。第三説は「不法」を前提とした議論であるが、連盟決議の

「勧告」の効果に関する分析が不足している。特に「中立」制度のユス・イン・ベロ上の機能に対しての効果の吟味が問題である。

（4） たとえば、一九三二年三月、ベルリン駐在米公使は、右の連盟の決議が米国の政策に合致していることを喜ぶ旨の声明を連盟事務総長に通告すると共に、同時にこの問題については、右の決議には拘束されず、米国は独自の判断権をもつことを付言したのである。しかしこのことは、不承認主義の法的義務性が当時一般的に否定されていたことの現れとしての意味をもつものではなく、連盟規約に反する行為があったかどうかの認定権は原則として加盟国個々にあるという当時の見方を主張したにすぎないとみるべきであろう。いいかえれば、違法な武力行使があったと米国自身が認定すれば、自動的にその結果に対しては「不承認の法的義務」を負うことを否定していたわけではなかった。また米国については不戦条約に付された自衛権行使の正当性に関する独自の判断権の留保等に示されるように、米国独自の対外政策上の配慮がこの通告の背景にあったことも否定できない。なお、右の連盟の決議の効力については立作太郎、「満州国不承認に関する国際連盟機関の議決の効力」、国際法外交雑誌、三五巻四、六号、参照）。

このように、不承認主義それ事態は国際法上、各個別国家の義務として明確に成文化されていたわけではなかった。しかし満州国独立問題については、連盟の勧告は大多数の国によって履行され、従って米国の主唱によるいわゆるスチムソン主義という不承認政策が、ほとんどすべての連盟国によって採択され実行に移されたといえよう。この点で右の主義は単に連盟規約の解釈理論としての意味をもつだけでなく、国際法上の慣行としても成立したといってよい[1]。のみならず右の不承認主義は、一九三三年一〇月に締結されたいわゆるラテン・アメリカ不戦条約（The Anti-War Treaty of Non-Aggression and Conciliation）の前文及び第二条にも取入れられ、単なる政策としてではなく明確な成文法上の条約義務として設定され、かりに一地域のものであれ明示的に国際法化されるに至ったのである。即ち条約の前文に、条約の目的として「侵略戦争と、兵力的征服によって得られる領土的獲得とを不法とし、この条約の実定的規定によってそれらのことを不可能にし、その無効を確立する」ことが掲げられ、第二条には「締約国の間で領土問題を暴力によって解決してはならないこと、平和的手段で結ばれたのではない一切の領土的取極も、兵力によってもたらされた領土の占領や獲得の効力も承認しないことを宣言する」ことを規定した。(2) この条約の当事国は、アルゼンチン、ブラジル、メキシコ、パラグァイ、コロンビア、コスタリカ、米国等主としてアメリカ州の国家であったが、イタリアも後に参加して合計二〇ケ国に達し、当時の世界のほぼ半数の国家がこれに加入したことに注意しなければならない。これはまさしくこのプリンシプルが当時、一般国際法上の規範意識として明確に定着しつつあったことを示すものであるといえよう。

(1)　一又正雄、「不承認主義の現勢」、国際法外交雑誌、三七巻五号、六頁。四五ケ国の連盟国が右の連盟総会の決議に賛成し、これを実行した。

(2)　同様な規定は一九三三年一二月、モンテヴィデオで締結された「国の権利義務に関する条約」(The Convention on Rights and Duties of States) の第一一条にも取入れられ、これは一九三八年の第八回汎米会議でも確認され、不承認主義は、「個別的にも、集団的にも避けられない義務である」と宣言された (International Conferences of American States, First Supple., 1933-40, 1940, p. 255.)。これらの条約は、満州事変やチャコ事件等の特定の具体的事件にのみ適用されたスチムソン主義とは違って、将来において起こるべき一切の事件に対して適用あるものとされたことに重大な意義がある (横田喜三郎、「スチムソン主義の国際法化」、前掲論文、二二頁以下)。

第二項　スチムソン主義（不承認主義）の国家及び政府承認問題への適用

ところで連盟規約、及び不戦条約ないしはラテン・アメリカ不戦条約を基礎とする不承認主義は、実際に於ては満州事変後、チャコ事件、ドイツのヴェルサイユ条約破棄問題（オーストリアとチェコスロバキアの併合問題）、イタリアのエチオピア併合等に適用され、現実の慣行として規範化されるに至った。ただこれらの事件は主として武力によってもたらされた領土併合に対する不承認主義の適用であって国家または政府の承認の問題とは直接の関係はない。ただ、イタリアのエチオピア併合およびドイツのオーストリア、チェコスロバキア併合の承認が、イタリア及びドイツの右の領域に対する主権行使の承認を意味するとすれば、これは、併合によるエチオピア、オーストリア、チェコスロバキアの国家としての消滅を法律上確認すること、並びにイタリアないしドイツ政府を右の領域に対するデ・ユーレの政府として承認することを論理的に帰結することになる。従って武力による領土併合に対する不承認主義は、間接的にはそのようにして併合された領域に現実に権力を行使する政府を法律上（デ・ユーレ）の政府として承認しないという意味を内包するのである（なお、ドイツのオーストリア、チェコスロバキア併合ないしイタリアのエチオピア併合に関する不承認主義の適用については、後に下（後編）でデ・ファクト承認の法理を論ずるさいに詳述する。）

ところで「交戦団体」の承認に関して不承認主義が適用されたことがあると言われる。それはスペイン内乱（一九三六～三八年）にさいしてである。即ちスペイン内乱はスペイン政府軍と革命軍（フランコ軍）との抗争とみるのはやや表面的で、実際は前者を援助するソ連及び当時独伊と対立していた英・仏（不干渉協定を締結）と、一方後者を支援する独・伊の争いであって、従って英・仏・ソ連は、革命軍が独・伊の援助を受けていること（独伊の義勇軍派遣）を理由に、その交戦団体的性質を明示的に承認しなかった。つまり、独・伊が革命団体に対して義勇軍を派遣したことは、武力行使を禁止する連盟規約並びに不戦条約の違反であり、従ってこの援助をうけている革命軍に対する「交戦団体」承認は、それ自体連盟規約及び不戦条約の違反であるというものであった（一又正雄、「不承認主義の現勢」、前掲論文、六〇頁）。この理由は内乱が終結しフランコ政権が事実上の政府として確立した後も、それに対して「政府の承認」が与えられるべきでないことの根拠ともされたという（一又、同上、六七頁）。

　しかし、不戦条約や連盟規約の定める戦争禁止の原則や不承認主義は、国家間の行為を対象としてはいても、一国の内乱という国内問題についてのその国の内部の交戦当事者を対象としたものではないから、フランコ革命軍の交戦団体的性格、或いは政府としての性格を否定する理由として右の原則や主義を適用することは、沿革的にみて無理があるという有力な見解もあった。たとえばQ・ライト（Q. Wright）は、「厳格な意味でのスチムソン主義は、〝侵略によって生じた領土的変更はこれを承認しない〟という主義であるから、領土的変更を伴わない革命政権の承認問題には適用がない」と述べているのである（Q. Wright, The Chinese Recognition Problem, A. J. I. L., Vol. 49, 1955, p. 326.）。従ってこの見方からすれば、フランコ政権の交戦団体ないし政府としての地位を否定し、これに承認を与えまいとするのであれば、それはその交戦団体や政府としての実体的条件（通常の承認条件）を満たしていない（たとえば、交戦・人道法規を遵守していないとか、地方的または一般的な実効的政府権力を保持していないとか、自立性がないという）ことを理由とする以外になかったと思われる。しかしながら、内乱中、革命軍に援助を与えることは内政干渉を構成し、国際法上違法であることは既に確立された原則であり、連盟規約(一〇条)や不戦条約の政治的独立尊重義務や戦争の禁止条項をもち出すまでもなかったところである。

たしかに、スチムソン・ドクトリンに代表される当時の不承認主義の対象とする「事態」とは、直接には「領土保全」の原理に反する不法な武力行使に基づく併合ないし新国家の強制分離独立のそれであったと言ってよい(地域的協定である一九三三年の米州「国の権利義務条約」一一条もこれ)。領土保全原則に直接関係のない一国における革命的政府変更の行為には、不承認主義の直接の適用はないということになる。かりに、革命団体が外国の援助(武力的、経済的、その他を含めて)を受けた場合もそうである。このさいの国際責任関係は、革命軍を援助する外国と内乱国の既存の合法政府との間で生じ、革命団体自体に関係はない(但し「国際の平和と安全の維持」という別の見地から国際連盟や国際連合の制裁を受け、或いは国際組織全体に対する erga omnes の責任を問われることは、革命団体についてもありうる)。

しかし一国の革命が、もっぱら外国の武力行使(援助)によって発生し且つ完成された場合(革命の内部的担当者の意思と能力は附随的に存在するにすぎない場合)には問題がある。なぜなら、この場合には革命による新政府の樹立という行為が国民意思に基づくものではないからである。つまり、「主権」及び「政治的独立」の尊重という国際法規に正面から抵触するとみられるからである。いいかえれば、こうした結果即ち「事態」をもたらした直接の行為主体はだいたいにおいて外国(侵略国)であって、一国内の革命分子ではないからである。従ってこの外国の行為を中心に法的評価を行う必要がある。そうしてみると、少なくとも第二次大戦後、国連憲章第二条四項で一国の「政治的独立」に対する「武力行使」を禁じた体制下では、——その点で、規約一〇条で同じく「政治的独立」の尊重をうたった連盟時代と比較して、——より武力行使禁止の強い規範意識があると言えよう。こうした国連体制下の規範意識からみる限り、やはり外国の武力行使（干渉）に基づいて成立した革命政府は、その成立過程における外国の侵略行為という重大な違法性だけを根拠としても、承認に値いしない政府として取扱うべきことが必要とならざるをえないだろう（プロセスと結果の連動）。かりに後に、適当な時日の経過後に、改めて国民意思を背景とした政府として作り直された段階で、別に承認されることがあるとしても、それは別問題といえるだろう、今日のように侵略対象が古典的な「領土保全」のそれよりも「政治的独立」へのそれに移行している状況の下では（「間接」侵略概念の成立）、伝統的な不承認主義はこうした角度から改めて理解される必要があるのである（拙稿、「内戦と国際法」、国際法外交雑誌、六五巻三号、一九六六年、参照）。

しかしながら、第二次大戦前の伝統的理論では次のようにみていたと言ってよい、即ち「不承認」と言っても、それは当該政府の（政権樹立後の）自立性、独立性の欠如（外的自決権の欠如）を（承認不許与）の根拠とすれば十分であり（即ちプロセスよりも結果）、これは通常の承認問題と同じ枠内で論ずることができるという立場である。つまり、通常の承認条件欠如の場合と同様と考えることができ、とくに「不承認主義」の対象とする必要はないということである（違法対象はせいぜい武力援助を行った外国だけで、これはいわゆる「不承認主義」の対象ではない）。従って右の新政府が後に国民の同意を得れば、国民の意思に基づく革命の事後的承認が達成され、自国の政治は自国民の意思のみで決するという主観面での「政治的独立」の要請（内的自決の要件）も満たされたとみることになる。のみならず外国の援助も中止され、客観的な自立性が確保され、しかも実効的な政治権力が確立されたならば、承認条件は完全に充足されることになる。そこには、承認を拒否する理由は原則としてない。つまり承認を与えることができるのである。[1] このことは、原理的に、外国の武力干渉によって成立した「分離国家」についても同様に論ずることができることになろう（西パキスタンの抑圧からの脱却という内発的自決運動が原動力ではあったが、インドの軍事援助を得て成功した一九七一年のバングラデシュの分離独立も、第二次大戦後の事案であるがだいたいにおいてこの例であったといえよう）。

こうして連盟時代の法意識として、「不承認主義」の適用範疇を制限的に解する傾向が存在したことは事実である。たとえばラウターパクトは、満州国が列国から承認されなかったのは、日本の武力干渉という国家的独立の過程における不法性にあるのではなくて、同国が成立後もひきつづいて日本の支配のもとにあり、国家としての実際の独立（actual independence）——外的自決性——を欠いていたためであると述べている。[2]つまり、いかなる国民（人民）も本国から分離して新国家を形成する権利をもっており、その権利の発動が外国の示唆や援助によったものであろうと、或いはまた分離独立に関する国民（人民）意思が、分離完成後に確認肯定されたものであろうと、これは問題ではない。のみならず新国家は、独立のための闘争中は未だ国家としての国際法主体性をもっていないのであるから、武力行使の禁止という国際義務に違反して（たとえば、外国へ武力援助を要請したり、外国の武力介入を許容したりという行為に関して）責任を問われるべき地位に本来なかったということも一応は言えるという見方からである。[3]つまりこれは武力干渉という国家独立の過程ないし手続における違法責任はそれを行った外国だけが負うことを意味するだろう。しかし今日では、国連体制の下で内政不干渉義務は、内戦という国際法的認識の必要なスフェアーに登場した段階での反乱団体自身の外国援助要請上の違法責任としても理解され始めていることに注意する必要がろう（反徒団体コントラによる米国への軍事援助要請権を否定的に論じた、ニカラグア事件に関する一九八六年のＩＣＪ判決、ICJ Reports, 1986, Para. 246. 参照）。こうしてみると、連盟時代の「不承認主義」の直接の対象は、外国の違法な武力行使そのものとそれによる領土の併合行為及び分離独立の場合の干渉行為に限られるということになろう。従って右のような理論的立場からみれば、満州国不承認は、満州国家そのものの「独立性」及び「自立性」の欠如に根拠を求めるべきで、成立過程の国際法違反を理由とすることは妥当ではないことになる。しかし連盟時代の法観念の実体を十分に吟味すると、当時の「不承認主義」なるものが、そうした外国の侵略行為に関するものと新独立国の内部的性格に関するものとを分離して考えることをせず、一括して侵略を主要な原因として生じた結果（事態）に対する不承認という形で適用された側面もあることは、これを否定し難いところである。

　ところで第二次大戦後は非植民地化運動の高まりをうけて、国連体制に基づく「集団的不承認主義」が実効性をもつに至った。たとえば南ローデシアや南アフリカの白人政権（のアパルトヘイト政策）に対する国連（安保理、総会）決議に基づく実質的制裁の措置は、結果的に住民多数派の政権樹立に結実し、連盟時代における日本の満州国独立政策やイタリアのエチオピア併合に対する不承認主義の展開とは、等しく集団的不承認主義の適用でありながら極立った相違をみせた。南アのナミビア支配やトランスカイ等の国内的地域分離或いは北キプロス・トルコ共和国の独立やイスラエルの占領地域併合等に対する国連の「集合的不承認」の政策展開も、連盟時代とは異なり、不承認主義の継続的な法信念活動としての効果をみせている（南ローデシアや南ア関係の事態は既に解決済みであり、北キプロス問題も国連の仲介により南北両政治当局による最終的話し合いに入っている）。（J. Dugard, Recogntion and The United Nation, 1987, pp. 2~5.; 北キプロス共和国の不承認について、庄子陽子、「武力不行使原則を根拠とした不承認主義」、東北学院大・法学研究年誌、一二号、二〇〇四年、参照）。こうした今日における新たな「不承認主義」の展開を見落としてはなるまい。要するにここでの「不承認」の対象はプロセス（外国や国内政府の違法行為）についても結果（生じた「事態」）についても全体として総合的、一体的に把握され、国連が関与するエルガ・オムネスの責任体制の中で認識されている。「集団的不承認」プリンシプルの新たな性格を示していると言えよう。

（1）T. C. Chen, The International Law of Recognition, 1951, pp. 414~415.

（2）H. Lauterpacht, Recognition., pp. 47, 420.

（3）J. F. Williams, La Doctrine de La Reconnaissance en Droit International, Recueil, des Cours, Tom. 44, 1933, pp. 292~294 ; J. Charpentier, La Reconnaissance Internationale et L'Évolution du Droit des Gens, 1956, p. 167.

第三項　"ex injuria jus non oritur" 原則の意味

ところで不承認主義の法理的根拠たる「不法から権利は生じない」（ex injuria jus non oritur）という原則について考察を加える必要があろう。ここで「不法」とは不戦条約や連盟規約或いは国連憲章で定める戦争及び武力行使（または脅威）の禁止という規定に違反することであり、「権利」とは右の禁止された手段によって実現された事態たとえば領土の併合、強制的分離という一定の「結果」が、法的に許容され保護されることをいうのである。ところで、右の過程を経て成立した「結果」は、戦争が禁止されていなかった時代に於ては、武力行使を理由として違法とされ効力を否認されることはなかったのであるが、戦争が法的に禁止されるとともに、武力行使という手段の違法性を理由に法律上の効果を認められないこととなったのである。つまり合法なものとして承認されないこととなったのである。

この「不法から権利は生じない」という原則は、国内法上では、つとに確立された公理であるが、しかし国際法上の一般原則としてもすでにみたように、戦争の違法化現象を契機に少なくとも第一次大戦後から認められるようになってきた。イタリアのエチオピア（アビシニア）併合問題で開かれた一九三八年五月の国際連盟理事会の開会日に、イギリスのアトキン卿（Lord Atkin）は、右のイタリアのエチオピア征服の事実は国際法に違反してもたらされた事態であって、「いかなる者も彼自身の犯罪から生じた結果について何らの権利も取得することはない」との国内裁判判例の原則を適用しうるものであり、従って、その併合の事実を合法化しえないと述べた（H. Lauterpacht Recognition., p. 421.）。また The Factory at Chorzow 事件に関する一九二七年七月二六日の常設国際司法裁判所の判決は、次のように述べている。「紛争の一方の当事者が、自己の不法行為によって、他の当事者の義務の履行または裁判所への事件付託を阻害したときには、右の他の当事者が義務を履行しなかったこと、または救済手段をとらなかった事実を援用することができない。このことは、国内裁判所のみならず国際仲裁裁判における一般に承認された法原則である」と（Permanent Court of International Justice, Series A, No. 9, p. 31.）。つまり自己に責任のある不法行為の結果生じた事態からは何の権利も生まれないこと、それが国内法及び国際法上の原則であることを明らかにしたのである。とりわけ直接の手段（違法行為を実力をもって排除する組織）を欠いている国際法秩序では、右の原則即ち違法行為の無効を明示的に宣言する不承認主義には、その主義の宣明だけでもかなりに現実の実効性（法的効果）を認めざるをえないのである（国内法秩序では、違法行為があればそれを実力をもって排除する制度が完備しているから、違法行為の結果を認めないということを特に強調する必要はなく、それを当然に予定していると言える）。

そうとすると不法行為の結果を承認しないということは、制裁（sanction）を意味するのかどうかが問題となる。とりわけ戦争禁止の国際法に違反して実現された領土併合や、新国家の強制分離独立という事実に対して法的効力を与えないとする不承認主義は、制裁の意味をもつのかどうかが問題となる。しかし「不承認」ということの意味は、不法行為の直接の結果を法的に認めないということであって、行われたまたは行われつつある不法行為を実力によって排除し或いは違法行為者に一定の責任を課して、不法行為の目的の実現を阻止することではない。つまり刑罰ないし民事罰的意義をもつ制裁としての意味はこれをもたないということである。[1][2] より詳しく言えば、「不承認」とは一定の行為を不法と認定したこと、或いは合法の条件を欠いていると認定したことであり、従ってそれに基づいて制裁（違法行為者の処罰、原状回復、損害賠償等）を課すべき前提条件を設定する措置にすぎないといわねばならない（国連体制下でも、イスラエルによるシリア・ゴラン高原やヨルダン川西岸の占領に対して、安保理は当該領域のイスラエル編入措置等に対する不承認の決議を採択している。しかし米国の反対により具体的な制裁措置はとりえていない）。つまり「不承認」はそれ自体が制裁ではないが制裁の論理的前提として設けられる条件であるということになる。[3]（従って、右の「不承認」の結果、Selbsthilfe として各個別国家によって、外交関係の断絶、条約の停止や破棄等の対抗措置、復仇行為の実行、自国内財産の差押え等の「制裁措置」が可能となるといえよう）。

（1）　J. L. Kunz, Identity of States under International Law, A. J. I. L., Vol. 1955, p. 75. ; T. C. Chen, Recognition., op. cit., p. 441.

しかし、ノン・リコグニションをそれ自体、制裁措置と解する説もある。たとえば米国務長官キャスル（Castle）の満州問題に関する一九三二年五月六日の演説がそうである（C. Hill, Recent Policies of Non-

Recognition, Int. Conciliation, No. 243, 1933, p. 418.)。その他に不承認を制裁と解する者に、Middlebush, Non-Recognition as a Sanction of International Law, ASIL Proceedings.,Vol. 27, 1933, p.46.; Wallace, How the United States 'Led the League' in 1931, Amerrican Political Science Review, 1945, p.101. しかしウォーレスは、同時にノン・リコグニションの原理は国際法を実際に執行することが困難なため、その代用として登場したと言っている（Wallace, ibid., pp. 101~116.）。

（2）　ノン・リコグニションの声明が制裁の意味をもたず、単に違法行為の効果を認めないという言葉だけの宣言にすぎないとしても、それが全く無価値なものということはできず、不法を前にして何らの措置もとらないよりはましである。また沈黙が不法行為の黙認、従って不法行為に対する請求権の放棄を意味する場合があることを考えれば、このことに対して明確な意思表示をすることの意味は法的にも小さくない（また国内法的にいえば時効を中断する意味もある）。のみならず不承認の対象が、新分離国家や革命政権である場合には、今日のようにそれが一般の承認条件を事後的に満たしたとみられる場合でも、先行的違法性の故に承認が与えられないことがある（一九八三年の北キプロス・トルコ共和国の事実上の分離独立はその例）のは、国際法主体として通常うける法的利益を享受できないという意味からいえば、やはり「制裁」の意味をもつということもできよう。

（3）　ラウターパクトは、「ノン・リコグニションの主要な機能は、より正確には、国際法の挑戦された権威（challenged authority）を支持するための象徴的な手段（symbolic instrument）として解せらるべきである」と言っている（H. Lauterpacht, Recognition., p. 433.）。

また違法な行為の結果実現された事態でも、その事実に対する法的効力はこれを認め、単に違法行為についてだけ一定の救済措置（たとえば違反された条約の破棄による自国義務の免除や、実害に対する損害賠償等）を課す場合もある。従ってこの場合には違法行為自体に対する「不承認」ということは言えても、結果に対しては「不承認」原理の適用がないことになる。しかし右のことが言えるためには、違法行為によって違反された法（条約）が特別国際法であることを要し（けだし、双務的な特別協定の場合には被害者の同意ないし追認によって不法行為の結果に効力を認めることが一般に可能だからである）、不戦条約や連盟規約ないしは連合憲章のような一般国際法（わけてもそのうちの平和と安全の維持に関係のある強行規定）に対する違反があった場合には、直接の被害者たる被侵略国の同意によって行為自体の違法のみを問題にし、結果を合法化する措置を一方的にとることは困難と解さなければならないだろう[1]（つまり、このような行為は無効な行為であり直接の被害国だけによって追認の可能とされる行為とは言えないからである）。なぜなら、戦争禁止という一般国際法に違反して新国家を独立させたり、領土を併合したりすることは、違反国の侵略の直接の対象となった国家（実害をうけた国家）に対する不法行為を構成するだけでなく、右の一般国際法の主体であるすべての当事国、より広くいえば、国際社会という法秩序それ自身に対する侵害行為となるとみられるからである[2][3]。これが erga omnes の効果を生む Jus Cogens の意味であり、そうした規範状況が既に連盟時代に成立していたことを認識することが重要なのである。つまり一国対一国の関係だけで不法行為が問題とされる特別国際法（或いは任意法規的な一般国際法）違反の行為と異なる高権的法秩序状況が既に戦間期に於て、武力行使禁止規範を土台として形成されていたということなのである（従って、かりに直接の被害国たる被侵略国の事後の同意があっても、それは損害賠償請求権の放棄ぐらいの効力しかもたず、一般に侵略行為とそれによって完成された事態そのものを有効ならしめる効果はこれをもたない。後者が可能となるためには、関係当事国すべての、正確には国際社会全体の同意を要する。第二次大戦後に締結された条約法条約、五三条、参照）。

（1）　チェンは、不法行為によって違反された国際法（条約）が高権的な公法（peremptory law, or higher law）としての性質をもつものか、或いはまた契約法（contractual law）的性質をもつかによって、結果が当然無効とされるかどうかが分かれるとして、前者の法の中に海賊や奴隷禁止等の一般慣習法をあげている（T. C. Chen, Recognition., p. 425.）さらにイギリス不法行為法概念を援用し、手段たる不法行為と結果の関係が遠隔（remort）であるか直接（immediate）であるかによって、結果が合法にもなれば不法にもなると言っている（Chen, ibid., p. 425.）。

（2）　しかし戦争禁止の一般国際法に違反して侵略を行った国の不法行為は、単に実害をうけた右の被侵略国についてのみ生じ、他の当事国については発生しないという見解も戦間期にはあった。たとえば J. F. Williams, Some Thoughts on the Doctrine of Recognition in International Law Review, 1933-1934, pp. 789~790.

（3）　ライトは右の国際社会全体に対する違法行為の概念を認め、この場合、侵害された公の権利を国際社会全体が共同で保護する手段は実定国際法ではまだ成熟していないが、しかし違反された一般国際法を執行しようとする国際社会のメンバーの公の権利が不存在であるということもできないとして、その権利の当面の内容として「不承認主義」の権利があるとしている（Q. Wright, Legal Problems in the Far Eastern Conflict, 1941, p. 83.）。同旨(E. Root, The Outlook for International Law, ASIL Proceedings., Vol. 9, 1915, p.2. ; Peaslee, The Sanction of International Law, A. J. I. L., Vol. 10, 1916, p. 328.

第四項　不承認主義と事実上承認の法理

右に述べたところから推察されるように、「不承認主義」の目的は、それがなければ合法且つ有効な行為を不法ならしめることにあるのではなく、もともと不法で無効な行為をそのものとして否認し、黙認からくる有効化現象を防止することにある。しかしながら、不法な行為から生じた一定の結果が、直接の被害国ないしは国際社会の他の当事国によって強制的に除去されず、それがそのまま長期に亘って存続する場合には事実と法との乖離が生じ、或いは現実に執行されない法という非難が向けられることになる。法制度の社会的目的が国民生活の安定性を維持することにある限り、現実に行なわれている規範（武力による併合や国家分離そして新権力者によって新たに定立された国内法）の効力は無視しえない。なるほどその規範は、それによって破壊された前の法秩序（武力行使禁止の国際法並びに旧国内法）からみれば、権利として保護されまたは法として認められる価値をもたない単純なる事実である。しかしその事実が現実に固定し従って前法の拘束力が実際上排除された状態では、右の事実から慣行が生まれその慣行を法規範化する力が内在していることを認めないわけにはいかない。(1) これがいわゆる「事実から権利が生まれる」(ex factis jus oritur) の原則である。事実の規範化といってもよい。

もとよりこの事実の規範化を「革命」（国内法の事実上の変革）の法理でとらえることもできるし、また「時効」の制度で把握することもできよう。或いはまたその事実に前法体系を意識的に照合させる操作として、直接の被害国（のみならず全当事国）の事後の同意、即ち追認の行為（これは前法上の権利の放棄を意味する）を介在せしめ、これによって、違法行為の違法性を治癒することもできる。(2) しかしともかく法は事実を無視することはできない。このことは国際社会全体の利益のために必要である。一定の事実の存在をそれが違法な行為の結果として産出されたことを理由として長期にわたって法律上の効果を全く与えないのは、国家の国際的法生活と国民の法生活の安定を害し、国際交通の利益を害するものである。しかしながら同時にまた不法行為の結果を、それが現実に存在するという理由だけでそれに直ちに完全な法律上の効果を認めることも、法の権威のために許されないことである、それでは法が存在しないこと即ちアナーキーと同じになるからである（たとえば、武力行使の結果成立した状態から一定の規範力が生ずるとしても、それが範域的に限定されている限り、その効力は武力行使禁止という一般国際法そのものを消滅させるほどの機能はもたない。その点で、右の状態は国内法の革命、変革でありえても国際法の変革、革命ではない）。従って右の二つの考慮の妥協的産物ないし合理的調整の結果として、戦争禁止という国際法上の規定に違反して実現された領土の併合、及び国家の独立或いは新政府の成立に対しては、国際法上で正式の法的地位は与えられないとしても（つまりデ・ユーレの承認は与えられないが）、公法的意味での国家とか主権者の地位の承認とは関係のない国民の日常生活上の法律行為の効力は、かりにそれが右の違法行為の存在を前提として成立している場合でも、これを国際法上で容認するという方式があみだされることになったのである。これが即ち「デ・ファクト（事実上）の承認」である。

このことは実際の慣行でも、一九三〇年代に実行された「不承認主義」にもとづく法と現実とのギャップを埋める手段として広く利用されたのである。たとえば満州問題で一九三二年に不承認主義の適用を決定した連盟も、現実の満州国の独立共同体としての存在を無視することはできず、一九三三年、この問題に関する勧告委員会（Advisory Committee）はデ・ファクト承認の方式をとるべきことを勧告し、ほぼ次のように述べたのである。即ち、国際条約への満州国の加入や或いは満州国通貨の公式相場を承認するというようなことはこれを認めることはできないが、しかし、満州にある領事の交替（認可状の申請、発給）や、右の領事の満州在住者に対する外国旅行証の発行、或いは連盟国の郵政当局と満州国の郵政省との間の技術的協定の締結等についてはこれを禁止しない、と。(3) また一九三〇年代におけるイタリアのエチオピア征服・併合、ドイツのオーストリー、チェコスロバキアの併合事件でも、国際社会は満州国の分離独立問題と同様の政策をとった。「不承認主義」の適用である。即ち武力の違法な行使によって成立したこれらの事実（結果）に対してデ・ユーレの承認を与えない、というプリンシプルである。しかしながら市民交流上の生活便益への考慮から、デ・ファクトの承認を与えることは一時的に容認されていたことを見落としてはならない（同旨、臼杵英一、研究ノート・「領事関係と国際法上の不承認」国際法外交雑誌、九八巻三号、一九九九年、所収、参照）。たとえばイギリスは一九三六年一二月の時点からイタリアのアビシニア（エチオピア）統治を「デ・ファクト」に承認していたので、アビシニア本土に設立準拠地があり、アビシニア法を準拠法とするエチオピア銀行の解散と清算人の任命に関するイタリア王の命令の有効性は、一九三七年の Bank of Ethiopia v. National Bank of Egypt and Liguori 事件に関する英裁判所の判決で認められていたのである（Annual Digest., 1938-40, Case No. 37, pp. 96~97.）（拙稿、「光華寮訴訟と国際法」明学・法学研究、四六号、一九九〇年、三七頁、参照）。また第二次大戦後においてもたとえば、米国ニューヨーク最高裁の Upright v. Mercury Business Machines 事件に関する一九六一年の判決では、当時米国は東独をデ・ユーレには承認していなかったが、原告たる東独会社（東独機関）の訴訟当事者能力を認め、且つ訴訟物である手形譲渡行為の準拠法として東独法の適用を認めたのである。これはまさに米国による東独国家のデ・ファクト承認（司法府による承認）であると言ってよいだろう（拙稿、「光華寮訴訟と『事実上承認』の法理」、判例時報、一三二九号、一九九〇年、七頁、参照）。

　このようにして不承認主義の適用によるデ・ユーレ承認の拒否という事態も、デ・ファクト承認の方式を採用することによって実践的に緩和され、しかも不承認主義の本来目的とする違法行為の効力否認という体制（たとえば満州国を国際法上のデ・ユーレ国家としては認めないという法体制）はそのまま維持したのである。[4]

(1) Q・ライトは、「もし国際社会が、不法行為の結果もたらされた事実を強制的に除去して現法を擁護することができないならば、ないしはそうすることを欲しないならば、法と権利を変更し、事実に即応して法秩序を再構成しなければならない」と述べる（Q. Wright, The Chinese Recognition Problem, A. J. I. L., Vol. 49, 1955, p. 326.）。

(2) 従って、時効や革命或いは被害者の事後の同意によって認められた権利は、創設的なものであり伝来的取得の性質はもたない。とくに国際社会のすべての国が違法行為の結果を承認しこれに法的効力を認めるという権利創設行為は、一般国際法上での立法的性質をもつと考えられる（Virginia Beach Memorandum on the Problem of Recognition, in Q. Wright's 'Legal Problems in the Far Eastern Conflict', Institute of Pacific Relations, 1942, p. 193.）。しかしその立法は、具体的事件についての個別的な権利設定行為にすぎず、武力行使の禁止ないし武力を手段とする領土侵害行為の不承認という現行法規（ユス・コーゲンス）を一般的に廃棄し、「侵略」という行為を常に適法とし承認するという一九世紀以前の法体制にもどる意味に解せられてはならない。その意味では、"ex injuria ius oritur"（「不法から権利が生ずる」）の場合がありえても、事項と範囲が限定的で、条約法条約五三条の規定する強行規範の変更効力をもつ国際社会全体の合意としての意図も性格ももたない。

(3) League of Nations, Official Journal, Special Suppl. No. 113, p. 11. ; ibid., 1934, p. 430.

(4) 浜本正太郎論文（「国際法における無効の機能 —— 責任との比較において ——」国際法外交雑誌、一〇二巻四号、二〇〇四年、七九〜八〇、九八頁）は、「尚早の承認」や「不承認主義」の問題を取り上げ、国際法義務の違反と国家責任との関係（無関係）を論じている。晦渋の文章のためか趣旨が不明確で生産性に乏しい議論に陥っている観を否めない。右の問題を取りあげたいのであれば、次のように論ずべきであろう。「尚早の承認」も「不承認主義の不遵守」も、いずれも行為主体（承認国）の違法行為（被害者は既存国家ないしその合法政府であり、加害の性格はそうした国家、政府の正当な主権的利益の侵害つまり主権への「干渉」行為）であるが、前者即ち「尚早の承認」が一般法上の違法行為の範囲にとどまるに反し、後者、即ち「不承認主義」の違反は原則としてユス・コーゲンス（たとえば侵略禁止原則や民族自決権を含む基本的人権尊重原則）の違反としての性格をもつ。また、「尚早の承認」は、客観的承認条件（主として政治権力の実効性）を充足していない新政権や新国家を第三国が恣意的に承認する行為によって発生するものであるが、「恣意性」が適法な「裁量」の範囲を超えて違法の性格を帯びる内容をもっているかどうかは、国際的な客観基準によらざるをえないが、承認権の国家的分立性と承認関係（効果）の個別性から、かりに違法な恣意的承認であっても当事国間での承認の有効性は否定できない。但しそうして成立した当該二国間の法律関係の第三者（国）対抗性は、右の第三国によって否認の対象となりうる（但し否認は義務的ではない）。そこにも承認（尚早の承認）効果の個別性がある。それを右第三国にとっての「無効」効果と呼ぶかどうかは言葉の問題にすぎない。またこの場合、新分離国家が形成されたケースで言えば、母国政府は「尚早の承認」を行った承認国に対して「承認の取り消し」という「責任解除」手段の履行を求めることができるが、その要求に応じない承認国に対しては、「制裁」として言いかえれば「国家責任」追及の方法として、既存の外交や経済諸関係の縮少や断絶等の「対抗措置」（復仇行為）をとることを可能とされよう。

さて「不承認主義」は前述のように、その保護法益は原則としてユス・コーゲンスという国際社会全体の利益である。その点で、一般国際法の違反であっても、個別関係での効果をもつ「尚早の承認」とは異なる。従って個別ケースについての「不承認」義務の違反の認定は、国際連盟や国際連合の機関（総会や（安保）理事会）に委ねられるのが原則である。即ち連盟や連合の担当機関によって不承認決議の対象となった新国家や新政府を、右決議に違反して（デ・ユーレに）承認した国の承認行為は、ユス・コーゲンス違反の行為として原則的に「無効」とされよう。但し連盟や連合「総会」の決議は、法的拘束力をもたず政治的影響力をもつにとどまるから、各加盟国に義務的否認の効力まではもたず、不承認決議に反してあえて承認を行った国の相手方被承認国との法的関係は国際社会での絶対的無効性までの批判をうけることはなく、単に第三国による自国との関係での有効性の否定を法的に可能とされうる（許容的否認）にとどまろう（たとえば、満州国の不承認に関する一九三二年の連盟総会の勧告決議や南ア・トランスカイ（バンツースタン）の独立に対する一九七六年の国連総会による不承認決議の効果）。但し、国連安保理事会決議は第六章上のものでも法的拘束力をもつことがあるから、不承認決議の対象となった国家（政府）に対する第三国の承認行為は文字通り「無効」とみなさざるをえない（義務的否認）。従って当該関係国間の外交関係のみならず通商、取引関係についても第三者（国）対抗性は与えられないことになる。たとえば、南アの旧委任統治権に基づくナミビア残留を違法とした一九七〇年の安保理決議によって、原産地ナミビアと南アの商取引は第三国で無効とされた。南ローデシアでの白人政権による一方的独立に対する一九六五年の安保理決議やトルコの軍事干渉によって成立した北キプロス・トルコ共和国に対する一九八三年の安保理決議の効果もそのように考えなければならない。但し注意しなければならないのは、右のユス・コーゲンス違反の不承認決議の事例のいずれについても、当該不承認対象国の国家権力執行行為のその国の国内法上の有効性は国際的に（第三国法廷でも）否認されることはない。これが「事実上（デ・ファクト）承認」の法理である。市民生活の安定性という法益を重視するからである。

第二節　承認法における集権化の動向

第一項　国際社会の組織化と集合的承認への方向

第一次大戦後、国際社会の構造的発展にはかなりの内容がみられた。しかし構造（ストラクチャー）の転換というよりは変化を伴う史的展開とみるのが実質的で妥当かもしれない（連盟体制がわずか二〇年で崩壊したことがこれを物語ろう）。平和と安全に関する国際連盟の統一的公権力の行使（発足後の実践過程で間もなく後退をみるに至ったが）はその典型的なものである。

日本の満州占領（満州国独立）やイタリアのエチオピア併合或いはドイツのオーストリア併合（Anschluss）等の措置に対して列国が「不承認主義」を掲げたのは、連盟規約で規定された武力の違法な行使に対する一種の統一的制裁行為であった。つまり承認法の展開過程にもそうした国際社会の組織化傾向――統一的公権力の確立――の一つの適用が現われたということができよう。承認制度の集権化、集合的承認方式の制度化が即ちこれである。第二次大戦後の国際連合の設立によってこのことはいっそう充実の傾向をもち始めたといえる。そこで国際連盟や国際連合という国際機構法の建前と承認法の関係を詳しく検討する必要がでてくる。わけても右の国際機構への加入容認あるいは代表権承認の問題と、それが一般国際法上の個別国家間の法的関係を規律する従来のいわゆる承認の問題とどう関連するかをみる必要があるのである。伝統的な承認制度では、承認は一般国際法上の行為でありながら、その行為の効果は当事国間だけの個別的関係に限定され、他の第三国は単にこれを法的事実として認めるにすぎず（従って第三国にとっては、右の二国間の法律関係に関する限り、自国にとっては未だ未承認である国が既に法的に国家であることは否定しえない。だからその意味での右の二国間の承認行為の法的効果は第三者対抗性をもつことになる）、自国と未承認国との間の直接の法律関係では、少なくとも創設的効果説の立場からみれば、承認を与えていない限り未承認の国は国家ではないということになってしまう（このことは政府の承認の場合にもそのままあてはまる）。つまり承認条件等については原則的な統一規範が存在するにも拘らず、国家が存在するかどうかという基本的関係については、複数の多角的で且つ相互に独立的な法律関係が成立することになるわけである。このことはまさしく国際法秩序の具体的執行に関する統一的組織的な中央公権力が欠如していることのコロラリーと言ってよいものである[1]。のみならず、このような国際社会の分権的構造の下では、承認法を適用し新国家または新政府の成立の事実を認定する機関は各個別国家であるから[2]、自己の国家的利益や政治的便宜のために承認権をフルに活用する（場合によって濫用する）可能性（危険）が多分にあり、そのことは歴史的にも実証済である。

果してそうであれば、承認制度の集権化（集合的承認の制度）は、国際法構造を単一化ならしめるためにもまた承認権の濫用を防止して国際法の公正な運用を確保するためにも必要なことと言わなければならない。承認法の歴史は、右のことが諸国民に次第に理解され、漸進的ではあるが慣行上次第に実現に向いつつあることを示している。連盟や連合等の国際機構への新国家の加入容認或いは新政府の代表権承認に関する右の機構の決定がそれに反対投票した加盟国まで拘束し、少なくともその組織法上で強行的性質の権利義務（或いは基本的法原則）の適用執行に関する限り、右の新国家または政府を法的に国家ないし政府として取扱わねばならぬ義務を課しているのは、まさしく右の承認制度の集権化の一つの表れということができる。もっとも後にみるように、連盟規約や連合憲章の下での国家の権利義務は、そのすべてが一般国際法上でのいわゆる外交的（デ・ユーレ）承認の許与を条件として初めて認めうる性質のものとは必ずしも言えず、また逆に一般国際法上の外交的（デ・ユーレ）承認の欠如を理由として右機構内の一定の（訓示的性質の）法関係を拒否しうる余地も残されてはいる。

もとより集合的承認の制度については、それを手続方式の面からみると第一次大戦前においてもまた国際機構を離れた分権的な一般国際法秩序のもとにおいても現象的に認められていたといえる。たとえば新国家や新政府の承認にさいして、各国が現地にある外交代表の統一的意見（主として承認条件を満たしたかどうかの事実判断に関する意見）、具体的には現地外交団（Corps Diplomatique）の勧告に基づいて承認拒否の条件を決定したことがあり(3)、或いは条約による共同の承認(4)、ないしは承認行為自体は個別的であっても相互に連絡をとり協議した後の並行的承認等(5)の手段がとられたことがあり、現にこの方式は多くの活用をみている。もっともこの方式が国際機構内の統一的承認方式と異なる点は、それがあくまで個別国家の主権意思の一致を前提とした共同行動、つまり個別的な承認権を留保しながら一定段階で共同行動をとるにすぎないに対し、後者は加盟国の意思の如何に拘らず、機構の決定が強制力（効果）をもつ点にある。しかし前者の方式も基本的には未だ主権国家並存という分権性社会にとどまっている現行国際法秩序においては、承認法の統一的適用、特に承認条件認定の統一化という点で多くの便宜がありその価値を否定できないと思われる。(6)(7)

（1） J. F. Williams, Aspects of Modern International Law, 1989, 109~110.

（2） R. W. Erich, La Naissance et la Reconnaissance des États, Recueil des Cours., 1926-III, p. 472.

（3） 一九〇八年一二月、ハイチの革命にさいして、現地外交団は新政府の支配権力の実効性を判断した結果、一致の意見をもって「状態はなお革命政権を承認するに十分でない」と決定し、これを自国政府に報告した（U. S, Foreign Relations, 1908, p. 444.）。また、一九二四年一一月の中国革命にさいしては、外交団は一致して蒋介石新政権が事実上の権力を行使している政府であるとの意見に達し、外交団団長に右の新政権を事実上の政府として（法律上正式の政府としてではなかったが）承認する意図の下に新政権外相と接触することを認めこれを本国政府に通告した（G. H. Hackworth, A Digest of International Law Cases, Vol. 1, p. 316.）。一九四三年一二月にはボリヴィアの革命政権に関し「西半球政治的防衛のための諮問委員会」（The Advisory Committee for the Political Deferse of the Western Hemisphere）は、枢軸国と宣戦し或いはこれと外交関係を断絶している西半球の諸国に対して「戦争中は事前の協議なしに暴力によって成立した政府を承認してはならない」と勧告した（TheTimes, 29th Dec. 1943.）。

（4） 条約による共同承認の例としては、一八三〇年ヨーロッパ列強のロンドン条約によるギリシャの承認、一八三一年の同じくロンドン条約によるベルギーの承認（詳細については F. W. Gibbs, Recognition : A Chapter from the History of the North American and South American States. 1863, pp. 38~41.）。一八七八年のベルリン条約によるバルカン諸国の承認、一八八五年の同じくベルリン条約によるコンゴー国家の承認（詳細については Martens, N. R. T. Ser. 2, Tom. 10, p. 353 ; E. Nys, Le Droit International, 1912, Tom. 1, pp. 99~105.）、また一九一九年の対墺平和条約によるチェコスロヴァキア並びにユーゴスラヴィアの共同承認等がある。共同宣言ないし通告による国家承認の例としては、一九一三年のロンドン会議によるアルバニアの承認並びに一九二一年の大使会議によるアルバニア新国家の承認（League of Nayions, Official Journal, 1921, p. 1195.）、第一次大戦後、新しく誕生した東欧諸国に対する連合国の集合的承認がある。後者については、たとえばパリにあった英、仏、伊、日、ベルギーから成る連合国会議（Inter-Allied Conference）の議長から、エストニア代表団団長に送られた一九二一年一月二六日の通告は次のように言っている。「連合国最高会議は貴政府によって提示された要求を考慮した結果、本日の会議でエストニアを法律上の国家（État de jure）として承認することに決定した」と（Heumann, Aspects Juridique de L'Indépendance Estonienne, 1938.）。同日、ラトヴィアに対しても同文の通告がなされた。またリトアニアに対しては一九二二年一二月二〇日、日、英、仏、伊、の四国大使連署の上、在パリ「リツアニア」国代表をデ・ユーレに承認する旨の書簡が公布された（「国家及政府ノ承認」、国際法先例彙集、前掲書、四〇一頁）。また政府承認の例としては、一九一一年九月の英、独、伊、オーストリア、スペインの共同宣言によるポルトガル新政府の承認（Martens, N. R. T. Ser. 3, Tom. 8, p. 348.）、一九〇八年一月の在タンジール外交団団長の通告によるアルヘシラス条約当事国のモロッコ・サルタン、ムライ・ハヒド（Moulai Hafid）に対する共同承認（Martens, ibid., Ser. 3, Tom. 2, p. 15.）等がある。

（5）　たとえば、古くはラテン・アメリカ諸国の独立承認に関して、イギリスはヴェロナ会議で共同行動を提案し、また米国も一八一八年、イギリスに対して右の問題につき共同行動を勧説している（但し必ずしも成功しなかったが）（W. R. Manning, Diplomatic Correspondence of U. S. concerning the Independence of the Latin-American Nations, Vol. 1, Part. 1~11, 1925, p.195.）。二〇世紀に入ってからは、一九一二、一三年の日本の提唱に基づく中国袁世凱政府承認に関する共同行動の交渉（「国家及政府ノ承認」、前掲書、二一一～二三六頁）、一九三六年のパラグアイ政府承認に関する共同行動の提案（G. H. Hackworth, Digest., Vol. 1. p. 272.）、同年のボリヴィア政府承認に関する共同行動の提議（G. H. Hackworth, ibid., p. 272.）等があり、これらの場合、承認通告自体は個別的になされたが情報の交換連絡等が相互になされ、承認自体も時日的にほぼ相前後して行われた。また一九一五年のメキシコ、カランザ政府に対する米、ブラジル、アルゼンチン、ボリヴィア等諸国の事実上の承認は事前の協議に基づいて行われたし、一九四五年の在ワルソー・ポーランド政府に対する米、英、ソ三国の承認はクリミア及びポツダム会議の結果として行われた。

(6) なお承認権自体は各個別国家にあるが、大多数の国が承認した以上、新国家または新政府成立の客観性は既に争いえないものであり、この場合になおも右の新国家ないし新政府成立の事実を否認することは正当な根拠をもたないとする議論がある(R. W. Erich, La Naissance et la Reconnaissance des États, Recueil des Cours., 1926-III. p.473.)、この見方は承認法の適用を一義化し、とりわけ事実認定を統一する機能を果たすものとして無視しえない議論である。問題は大多数の国という場合のマジョリティの基準を質的・量的にどこにおくかにあるが、しかし右の見方は承認条件を単純な客観的事実主義(政府権力の実効性)にのみ限定した考えが国際社会一般に受けいれられた場合に初めて肯定しうるものであろう。つまり、「尚早の承認」の違法性が国際法上確立されている以上、逆に言って既存政府に対する違法を構成しない範囲での革命政権成立という事実状態の認定は、国際規範意識の上で統一的に確立されているとみるべきだからである。これは大多数の国がそう判断できる状態(一九二三年のティノコ仲裁にみられるように、客観的な司法判断が可能なデ・ファクト承認の状況)という以外にないだろう。もっとも、大多数の国の判断が特定の政治的意図によって歪曲され、権力の実効性の基準即ち有効に闘争を続ける反対政権が存在しないという事実の認定に客観性を欠くと考えられる場合には、形式的に大多数であるという理由だけで右のようにみることは困難な場合もないとはいえない。従って、大多数の意味はその認定結果に対してどのような政治的立場の国からも有力な反対がないという実質意味を含んで理解される必要があろう。

このようにみてくると、そうした革命政府の事実的存在を法的に全く承認しないということは、拙稿(「国家及び政府承認の法構造」、国際法外交雑誌、五七巻四号、七八〜八〇頁)でもみたように、国内問題不干渉の原則に対する不作為による違反を構成するとみられるであろう。従って大多数の国による承認があった場合は、他の少数の未承認国もこれを承認する（法に従って「国家」、「政府」として取扱う義務即ち対抗力の承認義務）があるという見方は、少なくとも事実上承認（de facto recognition）の段階においては正しいというべきであろう。ただ外交的・法律的承認（de jure recognition）については、承認条件が必ずしも客観的事実主義のみによって支配されるわけではなく、国際義務の遵守その他承認国の主観的意思や政治的便宜によって広く支配される裁量の余地を残している点で、右の見方をそのまま適用しえない理由がある。また慣行上もそうと言ってよいであろう。なお大多数の国が承認した場合、それに反対な国は、抗議ないし反対の意思表示を明示する必要があり、それをしない場合は自国もまた右の新国家ないし新政府の成立を黙認したとの推定をうけるとする見解もある（たとえば田岡良一、国際法学大綱上巻、一一三〜一一五頁、A. Cavaglieri, Corso di Diritto Internazionale, 1924, p. 88.）但しこれらの反対説としてJ. L. Kunz, Die Anerkennung der Staaten., S. 91., K. Strupp, Règles Générales du Droit de la Paix, Recueil des Cours., Tom. 47 1934-1, p. 444。

しかしこの場合、新国家や新政府の「事実上の成立」に対して第三国はインディファレンスの立場をとりうることもあり、この場合、沈黙は黙認と同じではない。ただ新国家や新政府から個別的に公式の承認請求をうけている場合は無関心の立場をとりうる状態にはなく、逆にこの場合には沈黙は一応否認とみるのが実定法上の慣行である。承認権の個別性がなお基本的に維持されている現行国際法の下では、やはり承認国の具体的な行動から承認意思の有無を判断する以外になく、少なくともデ・ユーレ承認に関する限り、国家意思よりも客観的国際状況に優越的立場を認める方向には行っていないとみるほかないと思われる。

（7）　アフガニスタンのタリバン政権を武力で崩壊させた二〇〇一年のアフガン戦争後の新政府（カルザイ政府）と、イラク・フセイン政権を同じく武力で打倒した二〇〇三年のイラク戦争後の新政府については、いずれも米国が実質的な力を行使して実現したにしても、形式的、手続的には国連（安保理）の決議を基礎に置いて、国連の推進によって形成された「集合的承認」の新たな形態を示したと言えよう（但し具体的な法関係は、各国家の個別的承認行為に委ねられた）。またアラブ国家としては珍らしく女性を含めた国民一般の選挙によって実現された欧米流の民主的政権としての形態をもち、「国民の同意」を背景とした「立憲的正統性」のプリンシプルを国連という機構組織の意識を法的基盤に置いた点で注目されよう。

右のようにややプリミティブな形態ではあったが、かなり古くから承認に関する各主権国家の集団行動がみられ、それがともかくも国際的法律関係の適用上の齟齬を救い、具体的な法関係を統一する実際的な機能を果していたことは争いえない事実であった。しかしこれは各主権国家の自由意思でその都度合意された共同行動であることは否定しえず、この点で国際機構への加入ないしそこでの代表権承認に関する機構の決定が反対投票した加盟国をも拘束し、少なくとも機構の一定の法律関係では、新たに加入（加盟）ないし代表権を認められた国または政府はすべての加盟国によって国家ないし政府としての法的取扱いをうけるという現象と根本的に異なる点があるのである。これが即ち承認制度の集権化の本来の意味である。つまり、承認の集権化とは承認条件（ここでは加入条件または代表権承認の条件）を満たしているかどうかの認定と、それを基礎とした加入容認または代表権承認に関する機構の決定が全加盟国を拘束するということである。たとえば、代表的な国際機構である国際連盟と国際連合は、それぞれ加入についての条件と共に加入容認についての手続きを定めている。先ず連盟は規約第一条二項で総会の三分の二の多数決で右についての決定がなされることを定め、連合は憲章第四条二項で安保理事会の勧告と総会の決定の二つを加入手続の必要条件として定めている。且つ連合での安保理事会の勧告は五つの常任理事国の同意投票を含む九理事国の賛成によって成立し（二七条三項）[1]更に総会の決定は三分の二の多数で成立する（一八条二項）こととなっている。

つまりこれらの場合に拒否権問題を別とすれば原則として多数決制がとられているということ、換言すれば右の手続条件を満たすならば連盟や連合の構成国の一つが反対投票してもその決定は有効に成立し、しかもそれは反対国をも拘束するということである。これは右の手続によって加入を認められた国家に対しては、それに反対して（即ち国家としての成立条件即ち承認条件を具備していないという理由で反対投票した）国も、連盟や連合の一定の法秩序関係では、それに国家としての地位と能力（国際法主体性）を認め、それと一定の法律関係に入るべき義務を定めたものということができる。(2) こうして連盟規約第一条二項は「…加入ニ付、同意ヲ得ルニ於テハ総テ聯盟国トナルヲ得。」（傍点・広瀬）と規定し、連合憲章第四条一項は「加盟国の地位は、平和愛好国に開放されている」（傍点・広瀬）と定め、また加盟国の主権平等（憲章二条一項）、独立権の尊重（規約一〇条、憲章二条四項）を規定し、明らかに機構内ではすべての加盟国に機構法上の国家としての地位を与えることを予定しているのである。加盟国に革命があった場合の政府代表権承認に関しては規約にも憲章にも別段の定めがないが、連盟に於ては信任状委員会を通じて総会で決定され(3)、連合に於ては各機関ごとに信任状委員会の報告に基づいて単純多数決で決定され、それがそれぞれ連盟自体または連合の各機関ごとの構成国を拘束するとされている(4)。

（1）　これは連合への新国家の加入問題が手続事項ではなく実質事項であることを示す。この点については連合発足時に争いがあったが慣行上そのように解決されている（一九五〇年三月三日の国際司法裁判所の勧告的意見でも間接的に肯定されている。但しM. Alvarez 裁判官は少数意見で消極論を述べている）。なお憲章四条二項の安保理事会の勧告とは、加入容認という積極的勧告のみを意味し、加入否認という消極的決定は含まれないとされている（右の国際司法裁判所勧告的意見）。

（2）　拘束力の及ぶ範囲程度については争いがあるが、機構法上で一定の拘束力のあることだけは学説上争いがない。連盟については、P. M. Brown, The Legal Effects of Recognition, A. J. I. L., Vol. 44, 1950, p. 625. ; 連合については、一九五〇年の米国際法学会で承認問題が討議されたときのエンゲル（Engel）博士の次の発言がこれを説明している。「実定法の問題として、国際連合加盟国は、メンバーシップからくるいっさいの権利義務を他の加盟国との関係でもつ。この場合、或る加盟国に対して自国が一般国際法上で国家として承認していなくても、また新国家の加入にさいして反対投票した場合でもそうである。しかしながら新加入国が連合内で一定の権利義務をもっているのは、ちょうど承認前の国家的団体（entity）といえども一般国際法上一定の権利義務をもっているのと同じであり、その権義が加入によって拡張されただけである」と（Proceedings of the American Society of International Law, Vol. 44, 1950, p. 194.）。ここでエンゲルは国連での義務的法律関係が一般国際法上でのいわゆる「事実上の承認」の段階でのそれと性質を同じくし、ただ内容が若干拡張されているというふうにみている点があることに注目したい。換言すれば加入や代表権承認の効果は一般法上のデ・ユーレ承認の効果とは必ずしも同じとみていないことである。

（3）　連盟においては、加盟国に革命があったときは、事務局は、その国の事実上政権に直接、電信により或いは正式文書によって、従来の常駐代表をそのままひきつづいて代表として認めるかどうかのドキュメントを提出するよう要請した。この要請に対して、連盟の実例ではドキュメントの送達を怠った事実上政権はない。しかしこのことは事務局が自己の判断で、連盟にある代表の資格について本国新政権に回答を求め、その確認書を有効なものとしたものであるから、これは事務局が自ら政府承認の要件の認定をし、少なくとも連盟規約の下で右の新政権を法律上の政府として認めたことになる。しかしこの判断は信任状委員会や総会を法的に拘束するものではなかったが、実際そのまま委員会や総会を通ったといわれる（M. W. Graham, Some Thought on the Recognition of New Governments and regimes, A. J. I. L., Vol. 44, 1950, p. 358.）。

（4）　連合加盟国に政府の革命的変更があった場合、新政権が連合でその国を代表する資格をもっているかどうかを決定するのは、一般にその政権の代表が提出する信任状の審査という過程を通じてなされる。しかしこれは連合が全体として行うのではなく、現行規則では連合の各機関がそれぞれ別個に行う建前となっている。そのためにたとえば総会や理事会には信任状承認のための手続規則が別々に定められている。従って各機関によって結果がまちまちになる恐れがある。これはもともと、信任状の審査が信任状（Credential）自体の有効性を調べる意味しかもたせられず、それを発行する政府自体の合法性いいかえれば一国の政府が連合で国家の代表権（Representation）を認めらるべき地位をもっているかどうかの審査まで予定していなかったことに原因がある（そしてこの問題は中国の代表権問題でクローズアップされた）。のみならず総会や安保理事会の手続規則では提出された信任状が認可されるまでの暫定期間、その代表が臨時に当該機関で席を占めることが認められていたから、二つの政権が同時に一国を代表する権限を主張して代表を送り信任状を提出したときには、かりに暫定的ではあっても二つの政府代表が一国を代表して共に席を占めるということが法的に起こりうることになる。これは非常な不合理であるとケルゼンは言う（H. Kelsen, Recent Trends in the Law of the U. N., 1951, pp. 944~946.）。こうした問題は連合に代表権承認そのものに関する規定がなく、信任状審査規則を準用することから起こるものであるから、これをまず立法的に解決し、且つ連合の一つの機関たとえば総会に代表権承認の決定権を与えることが連合内での統一を保つために必要と思われる。こうした趣旨で一九五〇年一二月一四日に総会で採択された「国連による加盟国の代表権承認に関する決議」（決議396(V)）は、総会で行われた代表権承認の決議は他の機関でも尊重されるよう勧告した。そして実践上で、それがだいたい受けいれられている。しかしこれも厳密な意味で法的拘束力をもつわけでないから最終的に問題を解決しているとは言い難い。

ところで国際連合では、代表権承認問題（加入問題ではない）はそれが手続事項であり従って安保理事会においては拒否権の適用がないとされている。[1]これは一九五〇年一月安保理事会第四六一回会議で、中国（国府）代表の信任状を承認しないようにとのソ連代表の動議が審議されたときの米、仏、キューバ、エクアドルの主張になるものである。これに対してソ連は右の問題は形式的な信任状（Credential）の問題ではなく、右の信任状を発行する政府がそのような権限をもっている合法政府としての資格を有しているかどうか、換言すれば連合でその国を法的に代表しうる政府としての地位をもっているかどうかという代表権（Represeta-tion）の審査の問題であり、従って重要な政治的要素を含むものであるから手続事項ではないと主張した（国府代表もこの議論には同意している）。

右については（即ち信任状と代表権の性質上の区別については）理論上はソ連の主張に理由を見出しうるが、拒否権についてはその適用がないのが立法論上妥当と思われる。なぜならば代表権承認問題についても安保理事会の常任理事国の拒否権の適用があるとすれば、常任理事国の一つに革命が生じ新政府が樹立された場合、旧合法政府の代表が常に拒否権を行使したならば新政府の代表権は永久に承認されえない不合理が生ずるからである（こうした代表権問題の議論として、J. E. S. Fawcett, China and the Security Council, International Law Quarterly, 111, 1950, p. 585. ; H. Kelsen, Recent Trends in the Law of the U. N., 1951, pp. 946~948. 参照）。しかし現行の実践のように承認行為を国家的利害の極めて強く作用する政策手段として解する傾向が一般である（連合への新国家の加入容認については安保理事会の決定に拒否権の適用があることが承認されている）社会状況を考慮すると、安保理事会での代表権承認の取扱いについても拒否権の適用のある非手続事項と解しうる余地がないとはいえない（そうしてみると、代表権承認を単純な手続事項として国際的に理解させるためには、その前提として代表権のよって立つ基礎即ち本国政府の合法的成立の根拠 —— 承認条件 —— をできる限り事実主義に近づけ、また憲章義務尊重の意思、能力という要件の判断にも加盟国の恣意的裁量の入りえない客観的基準を、慣行上設定してゆく努力がまず何よりも必要であろう）。

こうして代表権問題の処理には多くの問題点が残されているが、しかし、一応現在では一般の代表権承認の方式としては原則としてそれが手続事項であることが慣行上認められている。ただ、かつて中国代表権については、中国が国連の原加盟国であり且つ安保理事会の常任理事国であるという理由から別の取扱いがなされたことに注意する必要がある。即ち一九六一年の第一六総会で、中国代表権を変更する問題を憲章第一八条に規定する重要問題として指定し、三分の二の多数によってのみ総会における中国代表権を変更しうることが決議された。ところでこの総会での決議の意図が安保理事会での中国代表権問題の取扱いにどう反映するかが問題であった。従前通り手続事項として処理される可能性もあったが、改めて実質事項（非手続事項）としての取扱いを一部の理事国から要求されたならば問題は複雑となる（前述の一九五〇年一月の安保理事会で、代表権問題を手続事項として確認した決議も変更可能とみる見方が強かったからである）。この場合はまず手続事項かそうでないかの先決問題の決定が必要となり、このさいに拒否権の行使が認められる（先決問題に関する拒否権行使については憲章制定時の了解がある。従ってこの了解が遵守される限り拒否権の適用があることになる）。従ってこの場合、中華民国政府またはこれに同情的な常任理事国によって拒否権が行使されるならば中国代表権問題は実質事項とされよう。次ぎに代表権の実際の決定にさいして再び拒否権の行使が認められることになろう（いわゆる二重拒否権）。もっとも国連安保理事会での先決問題の処理の仕方には、これを必ずしも実質事項とはしなかった事例があるから、この点からみると本件の場合にも、常に中華民国政府（台湾）に二重拒否権が認められるとみることはできない。その例として、一つは一九五〇年九月三〇日の台湾問題討議のさい中国代表招請決議の採択を手続事項とするかどうかが争われたとき、国民政府は拒否権の存在を主張したが、採決の結果は、賛成九、棄権一、反対一（中国・国府）で、議長（イギリス）は、理事会全体の利害から判断して手続事項とみるべきだとした。また二つ目の例は、一九五九年九月七日の安保理事会で、ラオス問題の調査のため委員会を設置する提案が米英仏から出されたさい、調査委員会の設置が手続事項か非手続事項かで争われたが、このとき、ソ連はこれを非手続事項として反対したが、議長のイタリア代表は、ソ連の反対を拒否権とみなさず手続事項であるとして決定した（もっともこの例では、ソ連が明確に拒否権の行使を宣言していたならば或いは逆に二重拒否権が認められる結果となっていたかもしれない）。

　このようにみてくると、総会始め他のすべての機関での代表権を失っても、中国・国民政府は安保理事会で中国代表としての地位を占めうる法的可能性がでてくる。従ってこうした不合理をなくすためには総会決議優先の徹底、安保理事会でこの問題が手続問題であることの確認（二重拒否権の不適用を含めて）をはかる必要があろう。もっとも右のことは理論的にギリギリのところでそうであると言えるだけであって、最終的には客観的な国際世論を背景とする政治観が解決するであろうことも確かであろう。[2][3] なお代表権の容認決議のさい、常任理事国でも「紛争当事国」である限り、憲章第二七条三項但し書により投票権をもたないという見方がある。しかし二七条三項但し書でいう「紛争」とは第六章のそれ即ち、国家間の国際紛争を原則として指すから、革命即ち国内紛争の場合に適用があるかどうかの問題があり（二条七項）、わけてもいずれがその国の合法政府であるかどうかという認定問題そのものは、本来第六章でいう紛争の平和的解決の対象としての性質をもたないというべきである。従って第六章の紛争当事国として投票権をもたないことがあるとしても、それは内戦に関連して承認問題とは別種の国際紛争が生じたとき、その問題に限定した場合であろう。加入容認についてもそういえる。即ち国連加盟を希望する新国家との間に具体的問題につき紛争があるときは、その問題解決については紛争当事国は投票権をもたないとしても、新国家の加入を認めるべきかどうか、新国家の国家的地位を認めるべきかどうかについては、それに異論がある従ってそこに政治的紛議があるというだけで、紛争当事国として投票を抑制すべきであるというふうには言えないと思われる。

ところで後述注（3）でみるところの「普遍性」の原理は、代表権承認の場合にも考慮しておかなければならない問題である。つまり一国の国民の政治意思はそれを事実あるがままに歪曲せず連合で代表させるということである。たとえば中国代表権につき総会で三分の二の多数がなければ現状の変更ができないという方式（重要事項指定方式）をとった場合、極端な場合は三分の一プラス一カ国の比較少数の支持だけで国民政府は中国全体の代表的地位をいつまでも占めうるということになる（なった）。つまり加盟国の大多数が中国全体の意思を代表していないとみる政府によって、連合での代表権（拒否権も）が法的に行使されうるという不合理を導くことである。この点で新国家の加入について三分の二の多数を要求していることは、新国家がそれだけの票数を得られず加入できない状態でも既存国家（母国）については、少なくとも自国の支配する領域が別にあるのであるからメンバーシップを継続的に維持することにそれほどの問題はない（但し主権行使の範域を連合によって事実上制限されることはあるだろう）。この場合には三分の二の要求がむしろ新国家の実定基礎を判断する上で安定的意味さえもつという利点が働くともいえよう。しかし政府代表権についてはその国民の意思が正当に代表されるか代表されないかのオール・オア・ナッシングの結果となる。部分的に代表されるか否かのそれではない（国民政府が台湾という別国家の代表としての立場を主張するのであれば、後者になるから問題はそれほどない）。こうした文脈からみると結論的にいうならば、一国の代表権問題については、結局、単純多数決で決定すべきものであり、もしどうしても三分の二の安定的判断が必要だというのであれば、既存の政府に対する支持が加盟国全体の二分の一以下に下り、且つ新政府も三分の二の多数をとれない状況の場合には、既存政府の代表権も一時停止して、改めて総会全体の判断を待つべきものであろう。

ところで中国代表権の問題は、中国が国際連合の原加盟国であり、国際政治上で大きな影響力をもつ国であるだけに議論が沸騰した。わけても一九四九年に大陸全土を制圧して「中華人民共和国」の建国を宣言した北京政権が、一九五〇年の朝鮮戦争で北朝鮮に加担して参戦し、東西（米ソ）冷戦時代におけるソ連圏の有力勢力となったため、米国は、国民政府からいわゆる「中共」政権への中国代表権の転換を強硬に拒んだ。こうして当時、国連総会で多数派を形成していた米国は、一九六〇年まで中国代表権交代問題の棚上げ決議を通して北京政権の国連登場を拒否したのである。しかし総会で北京政権承認国が次第に増加するに伴い、六一年から七〇年までは憲章第一八条二項を援用して中国代表権交代決議の成立を総会の三分の二の賛成を必要とする「重要事項」に指定する決議の採択を成功させ、北京政府の総会議席の獲得を阻止した。しかし七一年七月には米国の対中国政策の大転換を意味する米大統領の中華人民共和国訪問というニクソン声明の発表があり、それを反映し同年の国連総会で重要事項指定決議案が否決され、中国代表権を国民政府から中華人民共和国政府に切り換える決議案が大差で成立した。台湾の国民政府は右決議案の採決に先立ち、国際連合からの脱退を宣言し、「中華民国」の立場を維持しながら台湾領域を実効支配する政権として今日に至っている。しかし一九九六年の台湾住民の直接選挙で選ばれた李登輝総統の登場以来、本土からの分離傾向（台湾共和国としての独立指向）を強めながらも本土政府（中華人民共和国政府）の強い反対（軍事的介入の示唆）もあり、本土との合体か分離独立かにつき住民世論は必ずしも一致していない。むしろ事実上の分離を実現している現状の継続が多数意思のようにみえる。

（1）United Nationa, Security Council Documents, S/PV 460, p. 6.

（2）こうした問題につき、入江啓四郎、「中国代表権問題」、国際問題、四九号、一九六四年、三八～四五頁。

田畑茂二郎、「中国代表権と台湾の地位」、自由、昭和三九年四月号、六〇頁、参照。

（3）　国際連合への加入問題に関連して連合の「普遍性」（Universality）の問題がある。その一つとして加入容認のファクターとして憲章義務の遵守や平和愛好国といった条件を特別に入れることは必要でないという批判がある。政府権力の実効性（国家的独立の事実）という客観的事実主義の適用で十分であり、そうしてこそ連合法の組織法としての一般性・普遍性が確保されるとみる立場である。かりに侵略的性格をいくらかでももつとみられる国家でも加入意思がある以上加入を認め、憲章義務の枠の中に入れた上で責任をもたせ、その上で違反があればこれに集団的な制裁を加える。その方が野放しの状態よりも連合の本来意図する「平和と安全の維持」に役立つ。また、連合規範のア・プリオリな拘束性への脱皮（加盟国の原初的な合意規範より一歩前進）をはかり、統一的集権的な法組織への成長をめざすためにも、諸国家の無条件且つ強制的加入が望ましい。その方向へ一歩進むためにも、「平和愛好国」とか「憲章義務の遵守能力・意思」というような主観的作用の濃厚に働く加入条件をことさら入れることをやめ、或いはかりにそれを入れたとしてもその恣意的運用の除去をできるだけはかることが必要である。こうした見方である。加入容認行為をパワー・ポリティクスの手段として利用するやり方は、たしかに憲章制定時の法的了解の外にあったといってよいだろう。

この意味で一九四八年五月二八日の国際司法裁判所の勧告的意見が、加入の条件は憲章四条一項に規定される条件がすべてであり、他に条件を加えない、交換条件或いは一括加入などは加入条件としては主張しえない、加盟国の一つ一つについて審査しそれで十分であると述べたのは注目すべきであった。もっとも、一九五五年に一六ケ国の加入が認められたときには、実際には一括加入と異ならない政治的取引が行われた。しかし少なくとも、一国ごとの加入決議案が提出され、それぞれについて表決がとられた。一九九一年の第四六回国連総会では、韓国、北朝鮮、ミクロネシア連邦、マーシャル諸島共和国、エストニア、ラトビア、リトアニアの計七ケ国の国連加盟を無投票の全会一致で正式に承認した。総会ではまず、南北朝鮮の加盟を一括して承認した。この場合、将来の南北一議席による国連加盟を追求することが南北の政府代表から表明されていたため、それを支援する姿勢を総会が示す方法として異例の一括加入方式が採用された。しかし他の五ケ国については一国ずつ承認した。そして加盟順序はアルファベット順で、北朝鮮（DPRK）が一六〇番目、韓国（ROK）が一六一番目となった。

もとより、憲章義務を一般的且つ原則的に否認する国の加入をも認めることは、現状では国際連合そのものの破壊を意味する可能性がある。しかしながら、問題は現行の加入条件わけても「平和愛好国」という主観的要素の強い条件の認定を、既存加盟国の政策的考慮から偏向的に考えることは、問題があるといわねばならないだろう。特に拒否権をもつ常任理事国（加入問題につき拒否権を肯定する考え方にも問題があることは、一九五〇年三月三日の国際司法裁判所の勧告的意見における M. Alvarez 判事の少数意見の中にも示されている）が、自国の政治的立場だけで判断しないことが必要となろう。国際政治機構、平和機構のあり方は利害関係の相対立する国を共に含んで、紛争を共通の原則の下に解決することに根本の意義があること（普遍性の原則）に留意する必要がある。こうした意味で、憲章第四条の条件を"broad and impartial sense"で解釈すべきことがUniversality に資するとみるグロスの見方は、参考になる意見といわねばなるまい（L. Gross, Progress towards Universality of Membership in the U. N., A. J. I. L., Vol. 50, No. 4, 1956, p. 802.）。

第二項　国際連盟及び国際連合への加入承認並びに代表権承認と一般国際法上の国家及び政府承認との関係

こうして次に問題となるのは、右の国際機構への加入を認められた国もしくはそこで国家を代表する権限を認められた政府が、一般国際法秩序においてもすべての加盟国によって法律上の国家ないし政府としての地位を認められるかどうかということである。換言すれば連盟や連合への加入またはそこでの代表権の承認が、これに関する連盟や連合の決議の拘束力を通じて、一般法上の承認までの効果をもちうるかどうかということである。これについては積極、消極の二つの見解に分れる。そして積極的に解しうれば集合的承認の制度はかなり進んだものとなる。

一　積極説（肯定論）の検討

まず積極説についてであるが、その論拠はほぼ次のような点に求められる（ここでは加入容認と国家承認との関係を原則としてとりあげるが、代表権承認と政府承認の問題も基本的に同様に理解される）。第一に、最も有力な理由として連盟や連合への加入を認めておきながら、右の国家を個別的関係では国家として承認しないというならば、それは規約一〇条或いは憲章二条四項に定める国家の領土保全と政治的独立の尊重という加盟国の義務が無意味になること。つまり、こうした義務は国家を相手方としてのみ課せられうるものであり、また別に加盟国すべての間で紛争解決について適当な機関に付託する義務をも有している。これらの義務は相手国を国家として承認したことを論理的に前提して始めて理解しうるというのである[1]、従ってそれにも拘らず一般国際法の領域では依然として未承認の状態が維持されるというのであれば、極端な場合は相手国の国際法主体性（国家的地位）の否定、つまり侵略しても違法とならないという結果を認めることにもなるだろう（伝統的な創設的効果説の立場を前提とした議論）。そこに規約や国連憲章上の義務との矛盾がでてくることになりはしないか。従ってこうした結論を導くような機構上の権利義務と一般国際法上のそれとを別個に把握する二元論的な見方は正しくないというのである[2]。またこうした見方と軌を一にするものとして、国際連合が加盟国間の関係を規律する基準として国際法の尊重と、加盟国間の紛争を国際法によって解決することを規定している（前文、一条一項）ことから、加入の結果すべての加盟国は一般国際法の主体即ち国家として承認されたと同じ地位に立つとみる見方もある(3)。

ところでこれらの見方は若干の問題を含んでいる。第一に、国家の領土保全、政治的独立の尊重、加盟国に対する不侵略の義務等は国家の基本的な義務(相手国にとっては権利)であることは確かであるが、──連盟規約一〇条は「連盟各国ノ領土保全…ヲ尊重シ」と規定し、国連憲章二条四項は「いかなる国の領土保全…」と規定している(傍点・広瀬)──こうした権利義務を相互に課せられるのは、必ずしも一般国際法上での法律上・外交上の承認(de jure recognition)を前提として初めて可能となるとは言えない。相手方の国家成立の事実が認定される場合、第三国はそれに対して国際法上の限定的主体としての法的取扱いをなすべき義務は一般国際法上でも要求されており、これは外交的・法律的承認と切離して考えられるべき性質のものである。「事実上の承認」(de facto recognition)の法理(詳細は後篇(下)、第三、六、七章、参照)がこれを明らかにしている。

こうしてみると、連合や連盟への加入容認という機構の決定は、右の意味での国家的成立の事実を右の機構が加盟国すべてに代って認定したものということができる(適用と有効性の範囲が機構の秩序内という形式的限定性があっても)。その点でたとえば、連盟時代に、ルージエ(A. Rougier)のように加入を直ちにデ・ユーレ承認とみない学者でも、加入容認の決定は「その国の組織的安定性や独立的存在」の能力という政治的状態の決定を意味すると述べている学者もいるのである(4)。そしてこの決定は、加盟国が機構にとどまる限り拘束力をもつ。いいかえれば、国家の事実的成立という事態からくる第三国の一定の国際法上の義務即ち独立尊重、領土保全、不侵略の義務は、加盟国の機構法上の義務であるのみならず、その事項に関する限り一般(慣習)国際法上の義務ともなる(4a)。わかり易くいえば「国際の平和と安全」に関する限り、機構では許されないが機構外では許されるという理解は事柄の性質上意味をなさないということである。そうでなければ平和機構としての連盟や連合の存在意義がなくなるからである。こうしてこの問題に関する限り、連盟や連合の内と外とに分けて論ずる意味はないということである。また連盟や連合の領域内での国際法の適用といっても、その国際法自体に一定の国際法の適用は、当然には（ipso jure）法律上（デ・ユーレ）の承認と結びつかないという内容が含まれている以上、問題は別である。従ってたとえば、領土保全とか政治的独立の尊重とか或いは戦争や侵略をしてはならないというふうな、いわば国家の基本的不作為義務（外交的承認を留保しながら、不侵略ないし不干渉の協定を結んだ先例もある）のほかに、積極的な作為義務即ち一定の紛争を平和的解決手続に付託するとか、平和的手段によって解決するという義務（規約一二条や憲章二条三項、三三条）も、それ自体一般国際法上での承認の効果とは当然に結びつかない。一般国際法上でも未承認国との紛争の解決は、不侵略の義務を背景に通常平和的手段（たとえば・アドホックな仲介や調停等）で解決されるべき性質のものであり現実にもそうである。仲介や調停等が行われたからといって、或いはまた戦闘を終了させる休戦協定という法的な合意があっても、それが直ちに外交的・法律的な承認と結びつくわけではない。こうしてみると、連盟法や連合法の権利義務のうち、国家的性格の濃厚なものについてさえ、そうした権利義務を受諾してなお一般法上の承認とおなじ効果をもたらさないと考えられる理由は、結局、連盟や連合が平和と安全の維持という、重要ではあるがしかし特殊な目的をもつ特別国際機構（平和維持と国連については更に人権保障の機構）であり、対外的国家生活のすべての行動を法的に規律する（細目の下位規範は別に定立するとしても）法団体としての性格を与えられていない現状にあるというべきであろう。——このことは国連が「平和と安全」の保障のみでなく「人権」尊重を原則規範としてもつ国際機構であるとしても、人権の問題は前者のように国家対国家の適用関係の秩序構築をめざすものではないだけに（この点は国際人権規約機構も同様）、一般国際法秩序との同化を簡単には肯定できない。ジェノサイドのような重大な人権侵害に対しても、国連が介入し強制力を行使しうるのは、右の侵害状況が「国際の平和と安全」に脅威を与える場合に限られる。いわんやこうした人権機構への未承認国家の加入をもって他の加盟国への国家承認の強制という効果を自動的に発生させるものではない。——

第二の肯定論の根拠としては、連合は国家だけに加入を認めており（国連憲章四条一項）、従って加入容認はその国を国家として承認したことを当然に意味するとみる見方がある。(5)この見方にも問題がある。まず連盟の場合には、国家のほかに「領地又ハ植民地ニシテ完全ナ自治ヲ有スルモノ」（規約一条二項）の加入を認めたから連盟に関する限り、この議論はそのままの形では通用しない。(6)のみならず次の点からもこの議論は妥当でない。即ち連合憲章で加盟国の範囲を国家に限り、自治領や植民地を規定から除いたのは、第二次大戦後の国際状勢の下では主権国家以外の被保護国、半主権国ないし植民地等の半主体概念が原則として制度的な否定をうけ（憲章一一、一二章、参照）、連盟のように国家以外の自治植民地も加盟国となりうることは連合の場合には予想しなかったためである。従って右の規定の削除を「国家として承認された国家」だけを連合の加盟国とみなす根拠に結びつけることは妥当でなく問題は別である。また規約が自治植民地の連盟加入を認めながら、それらを一括して「総て連盟国トナルコトヲ得」（一条二項、傍点・広瀬）と規定しているのは、規約の意味する国家が連盟の法秩序での国家を指し、それが必ずしも一般国際法上の国家の概念と一致することを予定していなかったことを証明するといえよう。このことは連合憲章上も基本的に同じとみることができるはずである。

このようにみると、連盟や連合への新国家の加入はそれによって右の国を連盟や連合の法組織の中で（法適用の過程で）「国家」とみるべきことを意味しても（従ってその過程で憲章二条一項ないし二項でいうような「加盟国の主権平等の原則」或いは「加盟国の地位から生ずる権利、利益の保障」義務の適用があるが）、他の一般国際法秩序の下においても当然そうであることを意味するものではないと言える。現に、国際連合の成立時には白ロシアとウクライナは連合の加盟国としての地位を認められたが、一般国際法上はソビエト連邦の構成国とみなされ、それ自ら独立国として承認されてはいなかった（二〇世紀末のソ連の崩壊後、一九九一年になって両国のソ連からの分離独立がなされた）。またエンゲルは、シリア、レバノン、フィリピンの諸国も国際連合に加入した当時は、伝統的国際法の意味での国家とは言えなかったと述べている。(7)

第三に、国際的な事業団体ないし平和団体としての性格をもつ連盟（ないし連合）に加入したすべての加盟国は原則として外交関係を結び互いに密接な法関係を維持すべきであるから、あらゆる加盟国と個別関係でも承認関係に入らないわけにはいかないという見方がある。(8) しかしこの見解は、政治的見地からは積極的に支持されるべき議論であるが法的には必ずしも正確でない。特にこの見方を提示したSchücking-Wehbergのように、承認の法的効果を単に宣言的で且つ外交関係の樹立を意味する程度にしか考えない場合には、連盟や連合の機構外の一切の問題につき通常の外交関係を維持すべきものとみることは、加入にさいして反対投票した加盟国に通常期待しえないことであり、過去の慣行もそれを実証していると言える。またこの見方は承認と外交関係の維持を混同しているという意味で、積極説を支持する立場からも批判がでよう。のみならず、連盟や連合の具体的な法関係を実証的に検討した結果からみても右の見方は支持しえない。即ち、すでに明らかにしたように、連盟や連合の権利義務を適用し執行するためには、たとえば領土保全、政治的独立の尊重等のいわゆる「侵略してはいけない」という不作為義務つまり抽象的基本的な保障原則を遵守するために、必ず個別的な相互援助の法律関係や外交関係を設定しなければならない必要はないからである[9]（但し、機構の決定により侵略者に対する制裁行動に参加し、そのため結果的に未承認国の独立保全の擁護機能を果すことはあるがこれはまた別のことである）。紛争の平和的解決の義務についても、そのためにアド・ホックな交渉は義務づけられるが、必ずしも一般的・恒常的な外交関係の樹立（事前または事後のいずれについても）、或いは（常設）国際司法裁判所の義務的管轄関係を未承認国との間で当然に受諾しなければならない義務もない[10]。また他の事項に関する多数国間条約での当事国間関係についてもそうである。いずれについても一般法上の未承認を理由として具体的関係に入ることを回避できる。現今の国際的規範の下ではそれだけの選択のラチチュードを規約も憲章も許容しているのである。つまりここでは、外交関係の樹立と「承認」とは本来区別すべきだから、加入容認によって外交関係の樹立はしなくてもよいが、承認の効果それ自体は避けられないというのではなく、一定の国交関係の樹立を未承認のゆえに拒否しうる法的余地を連盟や連合の法体制は許容しているということである。

第四に次のような見方がある。連盟や連合の加入容認決定にさいして、加入条件を満たしたとして賛成投票した国は当然その国の国家的地位ないし国際法的能力を承認した（黙示的容認）ことになる。但し反対投票した国は伝統的国際法の立場からみると、承認の意思推定をうけないから黙示的承認の論理をおしつけられることはない。しかし連盟や連合の下では総会による右の加入容認の決定（加入条件を充足したことの認定とその結果としての国際法主体性の認容）は拘束力をもつから、これは連盟や連合が新国家の国家性や国際法的能力を集合的ないし統一的に承認した（collective or concerted rocognition）ことを意味する（ここでの論者のブリッグスは、韓国やネパール、ヨルダン等に対する国連総会での国家性確認の決議を援用し、かりに加入が認められなくても、それによって連合の集合的承認があったとみる）。これは黙示的承認という伝統的な承認形態とは異なるが、新たに間接的承認（indirect recognition）の方式が導入されたとみるべきものであり、そしてこの見方は少なくとも加入に反対した国に対して適用があることを意味する。[11] このような見方である。しかしながらここでの問題点は、既述したように連盟や連合による加入条件の認定（政権の実効性確立という事実条件の認定を含め）が、連盟ないし連合法以外の分野まで一般的に拘束力をもつかどうかの疑問が残ることである。たしかに或る国の加入に関して同意投票をした加盟国は、その国が加入条件を満たしたことは認めたわけであり、従って右の国が少なくとも政府権力の実効性という一般国際法上の事実主義的承認条件はこれを満たしたことは肯定したことになる。つまりすでにみたように「事実上承認」の効果は一般国際法上でも及ぼされうることを黙示的に（自己の意思で積極的に）認めたとみられよう。しかし憲章義務の内容や平和愛好国の概念は、一般国際法上の個別的関係での国際義務の内容（たとえば通商条約関係の基本義務）やその他の主観的承認条件とは必ずしも一致するわけではないから、加入容認と一般国際法上の承認とは承認条件の面でも同一視することはできない。[12] 従って理論的にみれば、加入に賛成投票した国でもデ・ユーレの承認の効果を論理必然的に及ぼされることにはならない。ただその場合に何らかの形でデ・ユーレ承認の効果を否定する意思を明らかにしない場合には、その後の新加入国との法関係、外交接触を通じてデ・ユーレ承認を推定される場合の有力な前提資料を提供することにはなろう。

　第五に、加盟国は或る国を国家として承認する一般国際法上の主権的権利を連盟や連合に譲渡したものであるから、右の機構の加入容認決定に従って、その決定が自己の意思に反する場合といえども個別関係においても承認の効果を受諾すべき義務があるという見方がある。[13] しかしこの見方も結局既にみたところから明らかなように、それだけでは連盟や連合の機構的決定の意味即ち機構における加盟国の法的地位、加盟国相互間の法関係に関する実体的検討を十分経ていない形式論としての弱点があるといわざるをえない。こうして機構を通じてか国家間協議を通じてかは問わず、集合的承認の形態に一定の意義を認める場合でも、二国間関係ではバイの承認体制の維持を肯定する論者が一般的であると言ってよいだろう。[14]

（1）D. Anzilotti, Corso di Diritto Internazionale, 3rd ed, 1928, p. 172. ; P. Fauchille, Traité de Droit International Public, Tom. 1, Part 1, 1922, pp. 334~335. ; G. Scelle, L'Admission des Nouveaux Membres de la S. D. N., R. G. D. I. P., Tom. 28, 1921, pp. 127~129. ; K. Strupp, Eléments de Droit International Public, Tom. 1, 1930, pp. 83~84. ; J. Charpentier, La Reconnaissance International et l'Évolution du Droit des Gens, 1956, pp. 330~331.

一九三五年三月二日、ルクセンブルグ商事裁判所はソ連の連盟加入は右政府をルクセンブルグが間接的に承認したことを意味すると判示したが、その理由にこのことをあげている（U. S. S. R. v. Luxemburg and Saar Company, Annual Digest., 1935–37 ; Case No. 33.）。しかしコロンビアが一九二〇年七月に連盟に加入を認められたとき、同国は規約第一〇条の受諾は当然にパナマの独立の承認を意味しないと留保声明を行っている（U. S. Foreign Relations, 1920 (I), p. 825.）。

（2）田畑茂二郎、「国際連合への加入と国家承認」、法学論叢、六八巻五・六号、昭和三六年、四九頁。

（3）田岡良一、国際連合憲章の研究、昭和二四年、二四頁。

（4）A. Rougier, Première Assemblée de la Société des Nations, R. G. D. I. P., Tom. 28, 1921, p. 224.

（4 a）J. Dugard, Recognition and the Unitel Nations, 1987, p. 80.

（5）H. Kelsen, Recent Trends in the Law of the U. N., 1951, Ch. II. §. 10.

（6）Engel, ASIL Proceedings, Vol. 44, 1950, p. 194.

（7）Engel, ibid., p. 194.

（８）　W. Schücking und H. Wehberg, Die Satzung des Völkerbundes, 1924, S. 268；同旨 A. Verdross, Anerkennung von Staaten, Strupp's Wörterbuch, B. 1., SS. 51~52.；M. W. Graham, The League of Nations and the Recognition of States, 1933, pp. 40~41.

（９）　J. Charpentier, La Reconnaissance., op. cit., p. 331.

（10）　憲章九三条により、連合加盟国は当然に、また非加盟国でも連合が許可した場合には国際司法裁判所規程の参加国となることが定められている。しかしこのことは、具体的な裁判上の当事国関係を他の加盟国との間に一般的に設定したことを意味しない。換言すれば、加盟国は自国が承認していない他の加盟国に対しては、未承認を理由として具体的な裁判上の当事国関係を拒否することは可能である。ただかりにこの国が未承認の障害を除去すれば、憲章九三条により自動的に（ipso facto）相手国と当事国関係を設定されうる（選択条項の受諾等を前提とするが）地位にあることを憲章が要求しているにすぎない。ipso facto と、ipso jure とは異なる。

（11）　H. W. Briggs, Community Interest in the Emergence of New States；The Problem of Recognition, ASIL Proceedings., Vol. 44, 1950, 172~180.

（12）　H. Lauterpacht, Recognition in Intertional Law, 1948, p. 402.

（13）　H. Kelsen, The Law of the U. N., 1950, p. 79.；L. L. Jaffe, Judicial Aspects of Foreign Relations, 1933, p. 119.；A. McNair, Oppenheim's International Law, 4th ed., 1928, Vol. 1,§. 72, n, 3.；H. W. Briggs, Community Interest., op. cit., p. 179. こうした権限譲渡論に対しては連合での各国の実際の動きが否定しているように思われる。たとえばイスラエルの承認に関連してアメリカの国連代表は、承認行為は国家の主権的権利の発動であってこの権利を連合に譲り渡したとはとうてい言えないと述べ（Security Council Official Records, 3rd year, No. 68, p. 16.）、またインドネシアの国連加盟問題が生じたさい、オランダ代表もそうした主張をしている（ibid., 2nd year, No. 76, p. 1981.）。

（14）　M. J. Peterson, Recognition of Governments；Legal Doctrine and State Practice, 1815-1995, 1997, p. 183.

二　消極説（否定論）の検討

以上の積極説のそれぞれの見方に対しては、すでにみたように若干の問題点のあることを指摘しておいたが、次に消極説（否定論）についていくつかの主張を検討してみたい。まず連盟や連合への加入容認の効果（決定の拘束力）を機構内外に分けて論じ、機構内については一般法上の承認（国家性の容認）の効果も認めるが、機構外については別問題とみる。たとえば、エアリッヒ（R. Erich）は「連盟での加入容認決議は、その内部で効果を生ずるが、連盟の活動範囲の外には及ばない」と言って、その理由を連盟が未だ普遍的社会でないことにおき、「共同行為たる加入と、個別的行為たる国家承認とは同一性がない」と論ずる。[1] そして機構外の効果については、加入容認について賛成投票をした国は、新加入国の国家的地位の実体（資格）をだいたい容認したとみられるから国家承認を許与したとみてよいという。即ちエアリッヒは、加入と承認とを性質上別の行為とみながらも、加入の効果につき「大部分が承認と同様であり」、「重要な義務の負担を含み法律関係が生ずる」として、加入に賛成した国はそうした国家のみが享受できる法的資格を未承認国に与える意思を推定できる（黙示的承認）としている。[2] またジュール・クーック（J. Coucke）も加入と承認がそれぞれ異なった能力を前提にした見方であることを理論的には肯定し、従ってこの場合には加入と承認を全く別と解しうる余地があるとみる一方、領土保全、政治的独立の保障等の義務からみて、加入の効果をほぼ承認のそれと同視しうるとして、加入賛成国についてはそれを承認の許与とみなすのが妥当であると述べている。一方、加入に反対した国については、新加入国が十分な法的資格をもたないことを理由として加入を認めるべきではないとしたのだから、承認の効果は生じないとみるわけである。[3] 小谷博士は、機構内においても、加入に同意しない国は、法律上の完全な承認の効果は生ぜず、単に機構法上の制限的で不完全な承認関係しか成立しないとみる一方、加入に同意した国は機構の内外を問わず完全な国家承認をしたものとされる。そしてその理由を、規約や憲章での加入条件は一般法上の国家としての完全承認の条件を含んでいるから、その条件の充足を認定した上で規約や憲章という条約の締結――条約の締結は一般に国際法上で承認の効果を生ずるとされる――を行ったことに置いている。[4]

次ぎに加入容認がそれに賛成投票した国であると否とを問わず一般法上の承認を当然には推定されえないとみる見方がある（機構の内外を分ける必要もない）。その理由として連盟や連合における法関係は一般的なものでなく部分的なものであり、また機構の目的の範囲内という制限的なものであることをあげる。たとえばラウターパクトは、連盟への加入は当然加盟国間に「ある程度の交渉」（certain measure of intercourse）が生ずることは確かであるが、「このような交渉は、必ずしも直接的或いは一般的たることを要しない」、即ち承認の結果たるを要しないと述べている。[5] またチェンも同様の見方をした後、加入即承認になるならば連盟や連合から国家が脱退した場合でも、その国の加入に反対していた国は承認の効果を継続しなければならないのか、或いはまた承認の撤回が可能なのかといった問題を提起し、宣言的効果説の立場から、デ・ユーレ承認とは関係なく、未承認国家の法的存在の肯定即ち法的取扱いの義務の存続を主張している。[6] また、連盟や連合への加入要件が必ずしも一般国際法上の国家の承認条件と一致しないことを理由として、加入即ち承認の見方を否定する主張もある。[7]

以上の消極説に対する批判としては、積極説の検討のさいみた点がそのままあてはまると思われるからここで再論することは省略するが、わけても機構の内外に分けて加入と承認の関係を論ずる見方は、機構内にとどまる間はデ・ユーレ承認を義務づけられるという見方にもとれ、[8] この場合は既にみたような機構の法秩序に対する具体的な内容の検討を実証的に必要としよう。また機構の内外に分ける見方を、機構のメンバーとしての権利義務の他にそれが覆い尽くせない一般法上の権利義務も存在する意味に理解する場合には、両者が矛盾抵触の関係にない別個の対象をもつこと、並びに機構上の権義関係の設定は必ずしもデ・ユーレの承認を前提しなくても可能であること（この場合には「事実上承認」の法理の導入が必要）が解明されなくてはならないであろう。従ってこうした立場からみると、加入に同意投票したかどうかによって法的関係を区別する見方は、事実上の国家的成立に関する承認の問題を別にすれば、政治的意義はともかくとして法理的にはそれほど意味がないと思われる。

（1） R. Erich, La Naissance et la Reconnaissance des États, op. cit., pp. 496~497. ; 同旨、Q. Wright, Some Thoughts about Recognition, A. J. I. L., Vol. 44, 1950, p. 558. ; G. Schwarzenberger, International Law, 1945, Vol. 1, p. 53. ; C. C. Hyde, International Law, 1945, Vol. 1, pp. 149ff.

（2） R. Erich, op. cit., p. 497.

（3） J. Coucke, Admission dans la Société des Nations et Reconnaissance de jure, Revue de Droit International et de Législation Comparée, 1921, Nos., 3~4, pp. 327~329.

（4） 小谷鶴次、「国際機関と承認 ― 中共の承認と総会の強化」、国際法外交雑誌、五〇巻四号、七一～七九頁、同、「連盟加入と国家承認」、佐藤教授退職記念・法及政治の諸問題、三一九～三三五頁。

（5） H. Lauterpacht, Recognition, pp. 401~403.

（6） T. C. Chen, The International Law of Recognition, 1951, pp. 212~216.

（7） H. Lauterpacht, op. cit., p. 402.

これを実証する次の例がある。一九四六年八月二六日の国連安保理事会の決議で、米国はアルバニア人民共和国の国連加入に同意したが、なお同国の新政府に承認を与えることはこれを拒否した。その理由として、米国は右アルバニア政府が憲章上の義務を履行する意思と能力のあることはこれを認めるが、しかし同政府が米国とアルバニアとの既存条約を遵守することはこれを拒否したことをあげている（J. L. Bragança Azevedo, Aspects Généraux de La Reconnaissance des Gouvernements, 1953, p. 77.）。

（8）　田畑博士もこうした見方をとる。たとえば未承認の意思を明らかにしている国（加入にさいしての反対投票国及び棄権国）については、新加入国の脱退、除名後の一般法上の承認の効果を否定するが、しかし加盟国としての地位を保つ間においては加入国承認の効果を肯定される（田畑茂二郎、「国際連合への加入と国家承認」、前掲論文、五〇～五一頁）。

ところで消極説の立場はだいたいにおいて連盟や連合の慣行、実践上でも支持されているといえる。たとえば一九三四年にソ連が連盟に加入を認められた後も、アルゼンチン、スイス、ベルギーの諸国はソ連に対して承認を与えることを拒否したことがあり、(1)当時、これらの国が規約上承認拒否の権利が否定されていないことを主張したとき、他の連盟国は何らの異議も申立てなかった（もっともこの場合、承認を外交関係の樹立と結びつけて考える傾向が若干あったため、右三国の主張の趣旨は、承認を許与しない結果、外交関係も維持しないというのか、或いは承認の効果は認めるが外交関係だけを別と考えるのか、必ずしも明らかでない点があった。しかし前者と考える方が正確であろう）。

またリトアニアが一九二一年連盟に加入を認められた後、イギリスはベルギーの質問に回答して、「英政府はヴィルナ（Vilna）領有から生じた事態が明らかになるまでリトアニアに法律上の（de jure）の承認を与える意思はない(2)」と述べて、リトアニアの連盟加入は当然にイギリスの同国承認の効果をもつものでないことを明らかにした。同じ意味で日本はフィンランドの連盟加入と日本の同国に対する法律上の承認とを区別したことがある。(3) コロンビアが一九二〇年に連盟に加入したさい、加盟国として規約第一〇条を受諾することは、パナマの独立の承認を意味しないと宣言したこともある。(4) 更にまた、連盟発足当時アルバニアをはじめ多くの新国家の連盟加入問題が起こったとき、総会はそれらの国の加入はすべての連盟国がこれを承認していることを条件とするかどうかを論じたが、この論議からクークは「連盟総会が或る国の加入をその国に対する各連盟国の法律上の(de jure)承認の有無にかかわらしめようとしなかったという結論を導き出すことができる」と述べている。(5) もっともこの議論は事前の承認は加入の条件とはならないというだけで、加入後に承認の効果を及ぼされうるかという問題とは一応区別さるべきであろう。ところで当時、この問題を審議した総会や委員会での議論からは、国家権力の安定性や自立性に疑問があるという理由で多くの国から承認を拒否されている国に対して加入を認めることは不合理であるという一致した意見が観取される(6) 一方、その他の政治的理由で承認を与えられていない場合は加入を認めても差支えないという見方があり、その後この見解が次第に有力になり慣行上でも定着したとみることができよう。たとえば加入要件についてみると、規約第一条二項で規定している法的条件が満たされている国についても連盟は加入を拒否できる政治的自由をもつと主張する見方がある(7) 一方、連盟総会のこの問題についての司法的機能を強調して、要件が満たされたと認定しながら加入を拒否する自由はないとみる見方があって相争ったことがある。(8) 第一回総会の当時には前者が支持されたが、第二回総会以降は次第に後者に近い見方を採用する方向に行ったと言われる。従って一般国際法上の個別関係では何らかの政治的理由によって承認を拒否されていても、連盟への加入は規約第一条二項の法的要件の認定だけで許容される慣行が成立したわけである。こうして事前の承認は加入の必要条件ではないという結論がだされると共に、そうした加入許容に対する穏やかな考え方(法定要件のみにて判断し、他の特別な政治的要件を付加して拒否することはしない。従って事前の承認は加入要件と関係がないという考え方であり、「普遍性」の原則の一適用ともみられる。）を広く受入れさせるためにも、加入を認められた国を未だ承認していない国にまで加入即承認の効果を及ぼすべきでないという見方が、当初(9)若干の反対があったにも拘らず次第に受け入れられていったとみること(10)ができよう。言い換えるならば、事前の承認を加入の要件とするかどうかの見方と、加入は自動的承認の効果をもつかどうかの議論とは背景的に一致する（法律学派と政治学派の対立とみる見方もある）と共に、両者の妥協でもあると言ってよいだろう。

（１） H. Aufricht, Principles and Practices of Recognition by International Organization, A. J. I. L., 1949, pp. 680~681.; A. N. Makarov, Sowjet-Union und Völkerbund, Zeitschrift für ausländisches öffentliches Recht und Völkerrecht, B. 5, 1935, SS. 58~59.

（２） H. Lauterpacht, Recognition., p. 402.

（３） 「国家及政府ノ承認」、国際法先例彙集、前掲、三二四～三二五頁。

（４） H. Lauterpacht, Recognition., p. 402.「不承認主義」の効果がどこまで及ぶかの問題を提起したが、一九三五年、イタリアがエチオピアを事実上征服しその主権を確保したとき、亡命エオピア皇帝の代表はなお一時的に連盟で代表権を認められていた（J. Charpentier, op. cit., p. 326.)。

（５） J. Coucke, op. cit., p. 321.; M. W. Graham, The League of Nations and the Recognition of States, 1933, pp. 23~ 34., 37.

（６） M. W. Graham, ibid., p. 68, n. 73, p. 72, n. 87.

（７） G. Scelle, L'Admission des Nouveaux Membres de Société des Nations par l'Assemblée de Geneve, R. G. D. I. P., Tom. 28, 1921, p. 124.

（8） A. Rougier, op. cit., R. G. D. I. P., Tom. 28, p. 224.

（9） 連盟第一回総会の第五委員会でこの問題が審議されたさい、セシル卿(Lord R. Cecil)やナンセン(Nansen)は、連盟外において国家の主権行動の自由を主張したのに対し、カルネベーク（V. Karnebeek）、ポリティス（N. Politis）等は加入即承認の見解を明らかにして譲らず、結局、結論を出せなかった（M. W. Graham, op. cit., pp. 23~25.）。

（10） ウォルドックも「国際連盟による加入容認は、加盟国による承認を必ずしも意味しないというプリンシプルが連盟において確立された。そしてこの原理は、今や customary international law となったと言って差し支えない」と述べている。またこのことは国際連合でも同様であるとしている（H. Waldock, General Course on Public International Law, Recueil des Cours., 1962-II, Tom. 106, pp. 152~153., 同旨、J. Coucke, op. cit., pp. 320~329.; R. Erich, La Naissance., op. cit., pp. 494~498.; A. Rougier, op. cit., pp. 222~224.; L. M. Fried-lander, The Admission of States to the L. O. N., B. Y. I. L. Vol. 9, 1928, pp. 84~100.）。もっとも反対の見方として M. W. Graham, op. cit., pp. 33~34, 39, 70~71. 参照。グラハムによれば、連盟成立後、彼の右の著作（一九三三年）の前まで少なくとも一二年の間は、加入即自動的承認の効果を及ぼすという見方が連盟国によって一般に受け入れられていたとして、チェコやユーゴ或いはセルブ・クロアチア諸国のバルチック三国に対する承認の態度などをあげる。しかしグラハムのこうした見方は、Q・ライトもそれを引用して述べているように、加入の法的効果を即承認とみることに導かれるべきではなく、不承認の国も「長期に亘ってその態度を続けることは困難になる」という実践的見地からみた連盟の機構機能的影響として理解すべきものであろう。つまりライトの言葉をかりれば「連合（連盟）による加入容認は個々の国家の行う承認とは異なる客観的影響力をもつ」から「事態の性質によっては（by the nature of situation）"general recognition"を構成する」（Q. Wright, Some Thoughts about Recognition, A. J. I. L. Vol. 44, 1950, p. 552.）ということであろう。しかもライトは、加入容認の効果は厳密な法的見方からすれば「連合（連盟）に関し（in respect to the U. N.）且つ若干の程度で各加盟国について（and in some degree in respect to its members）加入国の国家的地位を設定するにすぎない」とみて（ibid., p. 558.）、加入即承認の見方を法的には否定している。

右のことは、だいたい国際連合の実行においても受け継がれていると言ってよい。たとえば一九四五年の革命ニカラグア政府は、米州機構諸国から個別的にはなお承認を与えられていなかったにも拘らず、連合の機関や専門機関で議席（代表権）を認められたことがあり、従って右の米州諸国はこれに強い反対の態度をとり一般国際法上の政府承認は明示的にこれを否定したことがある。(1) またエジプト（アラブ連合）、ヨルダン、サウジアラビア等のアラブ諸国は、イスラエルに対して国家承認を与えることを拒否したが（エジプトは一九七七年、サダト大統領が承認し、ヨルダンもその後承認した）、両関係国との国際連合の加盟国としての地位はこれを認め、また国連の調停による休戦協定も締結している（この協定締結から、一般にはデ・ユーレの承認を推定するのは困難である。休戦協定によって形成された法関係は基本的に停戦のそれであって、相手国の独立主権的地位の恒常的且つ確定的承認の意味を含んでいないからである。これはアラブ側がイスラエルの独立分離をアラブの領土権侵害の行為とみなしているためである。その限りではイスラエルに国際法遵守の意思のないこと、いいかえれば承認条件を欠くことをアラブ側に主張させる一応の理由とされうるわけである。(2) なお朝鮮戦争を終了させた一九五三年の国連軍総司令官と北朝鮮及び中国の司令官との「休戦協定」も同様の性格をもち、この協定の締結によって国連加盟国が北朝鮮を国家として承認した意味はない。あくまで軍事面に効果は限られた。）。

また、アウフリヒト（H. Aufricht）は次のように述べている。憲章制定のためのサンフランシスコ会議のさい、ノルウェー代表が連合に新国家や新政府を集合的に承認する権限を与えることを提案したがこれは否定されており、従って連合への新国家の加入容認や連合での新政府の代表権に対する承認は、当然に一般国際法上でも右の国家または政府を法律上で承認したことを加盟国に義務づけるものでないことが了解されている。(3) また一九五〇年三月に発表された「国際連合における代表権問題の法的観点」(Legal Aspects of Problems of Representation in the U. N.) と題する連合事務局のメモランダムは次のように言っている。「連合加盟国は統一的慣行によって次のことを明らかにした。①加盟国は自国が承認していない、または外交関係を維持していない外国政府の代表に対しても、これを接受 (accept) するために賛成投票することができる。②但しこの投票は承認または外交関係開始のための意思表示を意味するものではない(4)」と。こうした見方は一九五〇年一二月に総会で採択された「国際連合による加盟国の代表権容認に関する決議」(Resolution on the Recognition by the United Nations of the Representation of a Member State) にも取り入れられている。即ちこの決議では、複数の相争う政府が連合の機関でその代表権を主張するときには、これに対する審査と承認との機関として総会または中間委員会が適当であることを決議すると共に、しかしこの総会の代表権承認に関してとる態度は、それ自体、「当該国と連合の各加盟国の直接の関係に何らの影響を及ぼすものではない」ことを明らかにしているのである。(5)

もっともこうして連合の実践(多数によって承認された態度)に対しては若干の国から反対のあったことも事実である。たとえば南ア連邦代表ジョルダン (Jordan) は、右の代表権問題が連合総会の特別政治委員会で討議されたさい、「連合で新たに別の政府に代表権を認めた場合、その決議が実際問題として、加盟国と前政府との関係に何らの影響も及ぼさないかどうかは疑問である」と述べ、更に総会で新政府に有利な決定がなされたならば、それによって前政府は否認されることになり、新しい政府はデ・ユーレの承認を要求できるだろうと言っている。(6) こうした代表権容認と政府承認を結びつける議論は、ユーゴやアルゼンチンなどからも出されたが、極めて少数であり（特別政治委員会での表決結果は、賛成三五対反対五、棄権一三）、且つその見方には、連合での代表権容認とそれから来る一定の法関係の成立という事実は、実際問題として政府の外交的承認を要求する方向に行かざるをえないという政治的予測論、或いは外交技術上の便宜論が背景にあるように思われる（たとえば、ユーゴ代表は、承認の権限が国家の主権的権利であり、連合での代表権承認決議とは別ものであることを認めた上で、しかし国際社会の利益という観点から、連合の決定に個別的な承認政策を協調させるようにすべきだと述べ、またアルゼンチン代表も同様な立場から連合の決議が加盟国の個々の政策に反映される傾向が出るだろうというふうに言って、加入即承認という見方を法的義務のそれとはみず、単に実際上の政治的効果の観点から把握しているようにみえる(7)）。

またこうした加入即承認という見方は、その後の政治外交の実際からみても必ずしも正確とは言えない。たとえば、かつて長期に亘って中国代表権の問題をめぐる争いがあったにも拘らず、連合内の諸機関ではいずれも国民政府が議席を認められ、国民政府が中国の正統政府としての地位を容認されてきた（台湾代表という地位ではない）事実がある。一方この間、中華人民共和国政府（北京政権）を一般国際法上の個別的関係では中国の唯一の合法政府として承認してきた国も少なくない。国連内と個別国家関係は同一ではないのが実際である。またモンゴルが国連加盟国であるにも拘らず、米国や若干の国に外交的承認を拒否されつづけてきた経緯もある(8)。もっともこうした国際的実行を法的にどう評価するかについては異論がないわけではない。たとえば田畑博士は、右の中国の代表権問題と承認の関係の実例を新国家の国連への加入即承認とみる見方への反論としたり連合の内外に分けてこの問題を把握する二元的立場の例としてもち出すことに反対し、この実行は、新政府の代表権が認められない限り、連合内では従来通り旧政府の代表権が認められる

（消極的容認）という一時的経過現象にすぎないと主張される。(9) 連合の内外における二元論の内容については前述したように法理的に疑問の点があることは確かであるが、しかし博士の主張のように、連合の代表権容認の決議が連合内での権利義務関係の存在を通じて一般国際法上の関係でも「政府承認」の強制的法効果をもたらすとみる（「平和と安全」という特別分野における一般国際法秩序での効果にとどまらず）のであれば、連合からドロップ・アウトされず連合内で現に代表権を容認され法的に中国政府としての地位を保障され権限を行使している間のその効果は、やはり連合という限定的法秩序とは別の範域をも支配する一般国際法上でも加盟国のすべてによって中国の正統・合法政府として取扱れるべき地位が保証されなければならないと言うことになるだろう（中国大陸に事実上支配力が及んでいないということから、そこでの国府の権限の主張が否認され、従って加盟国がその地域の事実上政権即ち中華人民共和国政府と一定限度の関係に入りうることは否定されないとしても）。これは当時においてもその後の歴史的経過をみても事実に反する議論となろう(10)(11)（要するに、田畑博士の議論の問題点は「デ・ファクト承認」の法理に対する認識の不足にあると言えよう）。

（1） J. Charpentier, La Reconnaissance., op. cit, p. 325.

（2） イスラエル承認問題については、P. M. Brown, The Recognition of Israel, A. J. I. L. Vol. 42, 1948, N. Feinberg, The Recognition of The Jewish People in International Law, Jewish Yearbook of International Law, 1948, 参照。

（3） H. Aufricht, Principles and Practices., op. cit, p. 691.; 同旨 W. Wengler, Public International Law ; Paradoxes of Legal Order, Recueil des Cours., Tom. 158, 1947-V, pp. 43~44.

（4） Security Council Documents S / 1466, March 9th, 1950, p. 5.; U. N. Security Council Official Records, 5th year, Suppl. for 1 January through 31 May 1950, pp. 18~23.; 同旨 H. W. Briggs, Chiness Represetation in the U. N., International Organization, Vol. 6, 1952, p. 196.

（5） General Assmbly Resolution 396(V), H. W. Briggs, Chinese Representation., op. cit., p. 205. この決議に関する総会特別政治委員会の議論については U. N. Official Records of the General Assembly, 5th Session, Ad Hoc Political Committee, 1950, 決議につき p. 389., Yuen-Li Liang, Notes on Legal Questions concerning the U. N., A. J. I. L., 1951, pp. 693~700., 皆川洸、「国際連合加盟国代表権問題の処理」、国際法外交雑誌、五二巻五号、一六～一七頁。

（6） U. N. Official Records of the General Assembly, 5th Session, Ad Hoc Political Committee, 1950, pp.131~132.

（7） Ibid., p. 144.

（8） L. M. Summers, The International Law of Peace, 1972, p. 46.

（9） 田畑茂二郎、「国際連合への加入と国家承認」、前掲論文、五四～五五頁。

（10） 以上のことは地域的な国際政治機構でもそうである。たとえば米州機構(Organization of American States)で、その加盟国の一つに政府の革命的変更が生じたときには、新政府は他の加盟国がこれを承認すると否とに拘らず機構の会議に参加し投票することを認められている。つまり、機構の決定によって機構の会議に参加し投票することを認められたからといって、右の新政府を他のすべての加盟国が個別的関係でも承認を与えた意味に解せられることはなく、また新政府も承認されるべき権利が当然に与えられたものとすることができないとされている。一九四八年の米州機構憲章九条は「国家の政治的存在は、他国の承認に依存しない」ことを明らかにすると共に「承認以前でも、その完全性と独立を守る権利はこれをもつ」と規定して、承認と関係なく米州機構に加入を認められ、領土や政治的独立を保障されうることを明らかにしている。なお新政府が機構で代表権を認められる条件としては、それが国内で実効的な政府権力を保持していれば十分とされる。つまりそれと相争う政府のいないことがこれを示すものとされ、まだ合法政府と革命政権とが本国で戦闘を続けている場合には、合法政府に有利な推定が与えられるとしている（A. Thomas and A. J. Thomas, Non Intervention.,

1956, p. 260.)。ところで右の意味での実効的な政治権力を保持する政府が国際機構で代表権を認められる第一の要件であることは国際連合でも同様であり（J. Charpentier, op. cit., p. 325.）、中国の代表権の問題（中華人民共和国政権の他に中国代表権を主張する別の国民党政府があった）が起こる前の四年間に行われた多くの連合の会議に関する限り、革命政府の代表の信任状が争われたことはほとんどなく、信任状委員会の報告が各機関でそのまま異議なく採択されている（Security Council Documents S / 1466, March 9th, 1950, p. 5.）。ところが中国の国際連合での代表権問題では、中華人民共和国政権の実効性だけでなく、むしろ憲章義務遵守や平和愛好の意図に関する疑念が障害として主張された（P. B. Potter, Membership and Representation in the U. N., A. J. I. L., Vol. 49, 1955, p. 235.; Q. Wright, The Chinese Recognition Problem, A. J. I. L. ibid., pp. 320~336.; H. W. Briggs, Chiness Representation in the U. N., International Orgazation, Vol. 6, 1952, pp. 192~209.）。

(11)　ジェサップも、新国家の連合への加入ないし新政府の連合での代表権容認が、当然に個別的関係でもすべての加盟国による国家または政府の承認を意味するものでないことを肯定しているが、一方、立法論の問題として、連合の総会が一般協定または宣言によって国家・政府の承認の条件とその認定手続きを定め、それ以外に加盟国をして任意に承認を与えしめないような規則を制定すべきことを提案したことがある（P. C. Jessup, A Modern Law of Nations, 1952, pp. 44~51.）。

このようにみてくると、連盟や連合における加入や代表権容認は、それが直ちに一般国際法上の国家承認、政府承認もたらす効果はこれをもたないといえる。しかし、少なくとも右の国際機構の法秩序の適用、執行に関する限り、自己の意思や認定の如何に拘らず、右の国家や政府を連盟法や連合法上の国家または政府として認め、且つこれと一定限度の法律関係、権利義務関係に入ることになるのは否定しえない。のみならず、（連盟や）連合内での接触、交渉を円滑ならしめ、（規約や）憲章の目的とする国際友好の実をあげるためには、個別関係でも国家対国家、政府対政府の積極的具体的な法関係（法律上の承認及び外交関係）を設定することが望まれる。これは厳密に言って規約や憲章上の義務ではないし自動的な法的効果でもないが、しかし政治的、道義的にそうあることが望ましい。なぜならそれによって国際機構の発展と集権的な国際組織の形成並びに法の支配を国際社会にもたらすバネになると考えられるからである。「普遍性」(universality)の原則がそれによって生かされるだろう。

ところで、連盟や連合に加入を認められ或いはそこで代表権を承認される国家または政府は、少なくとも実効的な政府権力を保持していることはこれを客観的に認定されているとみてよいだろう(前述のように、連盟当時の議論でも、国家や政府が安定性や自立性を欠いていると多くの国から主張されている場合は、加入容認が不当であるとされている)[1]。そしてこの要件は一般国際法上での国家及び政府承認の最低必要限度の条件である。もとより政府権力の実効性の意味を単純な客観的事実だけでなく、「国民の同意」という主観的要素(民主主義的正統主義の系譜を背景にもつ)を含む場合も少なくない、従ってこの場合には一般国際法上の承認条件と加入条件とが必ずしも右の要件の実質内容においてまですべて一致するといえない場合もあろう。しかしこの場合でも、最近の一般国際法慣行では、通常、客観的に権力を行使し国民を組織的に統治している事実(被治者の同意を確認するための選挙等の方法による正統化の手続をふまなくても)に対しては、その実体に即して一定の地位(一定限度での国家または政府としての権利義務)を法的に認めている(事実上承認の法理)。こうした一般国際法上の国家的実践を背景にして考えると、連盟や連合で加入や代表権を容認された国家や政府に対しては、他のすべての加盟国はそれに対して一般国際法上でも「事実上承認」の法的効果だけは認めるべき法的立場に置かれることになる(法的対抗力の認定)だろう。即ち、連盟や連合で新たな加入国や代表権者に対して一定の国家的地位、政府的地位を法的に保障する(領土保全、政治的独立の尊重義務)——これは右の国や政府のその支配領域における実効的権力の肯定的認定と連なる――限り、その効果はその限度で一般国際法上での右の国または政府に対する個別的関係をも規律する（個別国家の承認権能に対する連盟、連合への加入効果の優越性の肯定）。つまりすべての加盟国について、右の国または政府を事実上で国家、政府として承認したと同一の地位に立たしめる。この点は、加入に反対した国についても同様である（国連による「事実」認定のオポーザビリテ）。少なくとも、連盟や連合を脱退してその法効果を免れる措置をとらない限りそうである（この点でたとえばグラハムは、加入容認をデ・ユーレ承認と identic とみない場合でも、「承認と tantamount ないし equivalent なものであり、或いはまた類似（analogous）の効果を生じまたは事実上で同義（virtually synonymous）である」とみる見方が圧倒的であると述べている[2]）。

もとより右の法的立場は「事実上承認」の効果の一つであって全部ではない。従って右の新加入国や新政府に対して、他の加盟国は、それが国内的実行権力を行使している事実を法的に否認しない限度で評価（法的取扱い）を考えれば十分であり、従ってたとえば右の国の法律の効力を他の加盟国の国内裁判所でも渉外事件等に関連して合法的国内法令として承認し適用することが必要となるであろう（もっとも外国法の適用はデ・ユーレ承認の効果とみる旧説的立場もないではないから、この見方からすれば、デ・ユーレ承認の許与があるまで右のことは認められないことになる）。しかしそれ以上、同様に「事実上承認」の効果の範囲に入るべき具体的法律関係、たとえば技術的・行政的な条約関係の当事国となるというような積極的関係はそれが連合（連盟）の拘束的決議を基礎とするものでない限り、強制されるわけではなく任意となろう（そうした関係に入ることはむしろ勧奨されるであろうが、そのようにしてもそれはデ・ユーレ承認を当然に意味するわけではない）。従って、この意味では、連盟や連合への加入或いは代表権の容認の決定は、「事実上承認」の法効果に関する限り、加盟国の承認権（認定権）を代行（加盟国からみれば委譲）したものということができよう（機構内にとどまり加盟国としての地位を保つ限り）。

こうしてみると、政府権力の実効性という客観的事実の判断については連盟や連合の認定権が統一的集中的に行使されることになり、個別国家にそれが委ねられる場合に比して濫用の危険度が極めて少なくなる。従ってこの多数の客観的な認定に服さずこれに反対する国はだいたいに公平でないということができよう。――加盟国多数の投票態度が政治的恣意的な状態に陥ることなく、国家・政府の存在という客観的事実の公平な認定を行なおうという傾向をもつ限りそうである。但し加入条件には他に平和愛好国とか憲章義務の遵守という主観的条件もあるから、その点を考慮すると条件充足の判定に政治的要素がかなり入らざるをえないのが現実である。――のみならず、連合の法組織や活動範囲が加盟国の個別的行動の全範囲について機能的に拡大され（上位規範としての拘束力をもち）、従来一般国際法の対象となっていたすべての事項について管轄権をもつようになれば（たとえば、外交関係条約や海洋法条約のように単にその制定について連合がスポンサーになるというだけでなく、そうした条約関係が憲章の具体的執行即ち下位規範としての性格をもち、また留保や不加入を認めない拘束力をもつ段階にまでなれば）、連合への加入はそうした法関係を強制的に設定するわけであるから、一般国際法上の国家の承認権も不可侵の主観的権利という性格を失い、連合の加入ないし代表権容認の決定に完全に代位されることになるであろう。(3) もとよりこのことは未だ実定的に確立されていないないし今後の立法論として考慮さるべきものとしてとどまっているにすぎない。(4) しかし国際社会の近代化、「法の支配」の確立の方向からみて、是非とも考慮さるべき問題であると思われる。

なお右に詳細にみてきた連盟、連合などの一般国際機構への加入ないしそこでの代表権承認問題と同類の

「集合的承認」の問題がある。たとえば国連がスポンサーになり、一国の新政府の擁立に実質的にかかわった場合、右の新政府に対する国際社会の「集合的承認」が成立し、それは個別国家間関係をも法的に拘束するか、の問題である。たとえば一九九四年、国連安保理の介入によってハイチのアリスティド大統領が復権したケース（拙著、日本の安全保障と新世界秩序、一九九七年、信山社、八三〜八六頁）や、イラク戦争（二〇〇三年）後の二〇〇四年六月にイラクに新政権を誕生させた安保理決議一五四六（米英を主体とする占領統治を終了させてイラクに主権を委譲し暫定政府を成立させた。同決議一項は国連憲章第七章を援用しながら、イラク暫定政府（a Sovereign Interim Government of Iraq）の成立を承認（endorses）した。）によって、同政府は国際社会全体に対して法的対抗力のあるデ・ユーレ政府としての地位を得ることになったかどうかの問題である。日本政府は、右安保理決議をふまえて、新イラク政府に「政府承認」の意思を伝えた（書簡の送達）。しかし、治安が不安定のため正式の大使派遣を諦め従来の臨時大使にとどめた。ただこの（日本の）「承認」の措置自体が「承認」制度の個別性がなお維持されていることを物語るものであり、安保理決議はそれ自体法的拘束力をもちながらも、個別国家の政府承認関係に政治的影響力をもつにとどまることを示したと言ってよいだろう。つまり右のイラク「暫定」政府は選挙を経ていないという意味で政権の実効性と正統性に疑問を残し、安保理決議によって駐留を国際的に容認された多国籍軍の存在なしには政治権力の維持が困難な状況もあり、従って自立性の不十分性がなお存在したとみられる余地があったのである（シリアなど若干の国の承認不許与があった）。

（1） League of Nations, Records of the 1st Assembly, Plenary Meeting, pp. 622~624.; A. Rougier, La premiére

Assemblée de la Société des Nations, R. G. D. I. P., 1921, pp. 235~236.

（2） M. W. Graham, op. cit., p. 39.

（3） グラハムも、連盟についてであるが「国際連盟団体（Völkerbundsgemeinschaft）と国際法団体（Völkerrechtsgemeinschaft）との差が次第に縮まってきている関係から、ジュネーヴでの共同承認行為は、個別的な法律上または事実上の承認に優越した法的意味をもち、それに代替する形式に固まってゆく傾向があるようにみえる」と述べたことがある（M. W. Graham, op. cit., p. 41.）。

（4） 一九四三年七月、ロンドンで開かれた国際法会議（International Law Conference）で「承認」の問題が討議されたさい、報告者のローラン（H. Rolin）は、デ・ファクトの承認とデ・ユーレの承認とを分け、前者は個別国家によって与えられるが、後者は国際機構の中心機関（その例として理事会や国際的な裁判所をあげている）によって与えられ、しかもその決定は個別国家を拘束するという集合的承認の制度化を提唱している。即ちデ・ファクト承認の段階では一定限度で個別国家間の法関係の成立を認めるが、デ・ユーレ承認はあげて国際機構の権限であり個別国家には認められるべきではないという趣旨である（J. W. Bishop, London International Law Conference, 1943, A. J. I. L., Vol. 38, 1944, p. 293.）。

第三節　民族自決主義による国際社会の法的再構成

ところで、国家承認や連盟、連合への加入の問題と関連して国際社会の法的組織化を検討するさい、いま一つ見逃すことのできないことは、人民主権主義、民族自決原則による多くの旧植民地（或いは従属地域）の独立、新国家の形成に関する問題である。この傾向は第一次大戦においてもみられたが、第二次大戦においては一層の規模をもって、国際社会の法的再構成に影響を与えつつある（与えた）といってよい。いいかえれば政治、経済、文化のあらゆる分野で、こうした新興国家の平等な立場での仲間入りによって国際社会の構造的変革が進んでいるといってよい。もとよりこうした国際政治状況が一般的となった背景には、たとえば連盟規約第二二、二三条或いは国連憲章の前文や第一条、二条にも掲げられているように、人民の平等、同権、人権の尊重という自然法思想(理念)からの要求があったことは疑いない。連盟規約第二二条一項には非自治地域の人民の福祉及び発達が「文明ノ神聖ナル使命」であることが明記され、カー(E. H. Carr)も「国家を構成する意欲をもつ相当の大きさの集団は、国家を構成することを許さるべきである」と述べて、国家形成権は民族の「自然権であり民族がそのまま国家の自然的基礎である」と言い切り(1)、第二次大戦後の植民地の独立のための精神的基盤を明らかにしたのである。

こうした思想的背景をうけて、連合憲章はその前文で、「基本的人権と人間の尊厳及び価値と男女及び大小各国の同権とに関する信念をあらためて確認」すると共に、第一条二項で「人民の同権及び自決の尊重」を明文化し、且つ具体的には第一一章及び一二章で非自治地域並びに信託統治地域に関する規定をおき、そこで施政に責任をもつ国が関係住民の福祉と利益を至上のものとして尊重し、政治的、経済的、社会的進歩に貢献すると共に、自治独立のための住民の願望に考慮を払うべきことを明示したのである。また第二次大戦中における英米の大西洋憲章(The Atlantic Charter)でもはっきりと、すべての人民が「彼らがその下に生活する政治形態を選ぶ権利をもつものであり、主権的権利と自治はこれを奪われた人民に返還すべきこと」を宣明している。これは即ち従来の植民地主義の清算であり、かって基本的に先進植民地国家の利益に奉仕した国際法構造——植民地は国際法適用のさいの単なる客体的存在にすぎず、本国に対する内政不干渉の原則は即ち植民地住民の搾取を本国に法的に可能とすることを意味した——を根本から変革するものであったことは疑いない(2)。

もとよりこうした民族自決主義は、被支配者の解放という点で既に西欧近代国家において有力な政治思想となったいた民主主義的人民主権思想と軌を一にするが、しかしそれは同一民族内の階級闘争の手段を提供した先進国家におけるその発現形態と異なり、被抑圧人民一般が他の支配民族に対する関係で、自己の同権的地位や人権の主張を行っている点で、一八、一九世紀のブルジョア民主主義（たとえば一八世紀末のフランス大革命時の人民主権主義）の系譜とは異なるといえよう。その点でまた彼らの「民族主義」が先進国家間にかってみられた全体主義（ファシズムに典型的にみられたように、搾取や強権的支配からの解放ではなく、逆に他民族を抑圧する膨張的、排外ナショナリズム）と異なる所以もあると言えるのである。

ところで民族自決主義によるこうした国際社会の再構成には、原理的には確かに右のような道義的要請や近代的政治思想からの主張が原動力にあったことは疑いない。しかしながらここで見逃せない点は、そうした原理的要請が、実は被支配人民の実力の向上と彼らの統治本国（宗主国）に対する発言権の増大という実際政治における社会的圧力と結びついていたということ、並びに民族自決原則に対する配慮が先進国家の国際権力政治闘争における自国の国家的利益の確保と伸張に強い影響力をもつ状況が発生していたという側面も見落とすわけにはいかない。たとえば、後者についてみると、第一次大戦後、ユーゴやチェコスロバキアその他多くの東欧、バルカン諸国の独立が承認されたが、これはドイツ、オーストリアに対する英、仏、米等の連合国の安全保障上の見地からのパワー・ポリティクスの結果であったことは何人も否定しえない。従ってこうした権力政治上のタクチックスが民族自決主義という道義的要請と結びついて利用されると、この原則が本来の姿で適用されず、たとえばドイツ、オーストリアの弱体化に役立つ場合はそのまま採用されながら、勝利した連合国の政治的優勢を確保するという基本的利益のためにはしばしば無視されたのである。たとえば同じドイツ民族から成るドイツ、オーストリア両国の合併（Anschluss）は禁止されたし（ヴェルサイユ条約四二条、サンジェルマン条約八八条）、南チロルのドイツ人居住地方をイタリーへ編入し、またオーストリア、ハンガリー内のマジャール民族居住地方の大部分をユーゴ、チェコ及びルーマニアに分割して与えたことはその著しい例である。[3] そうした民族自決原則の政治的歪曲が、後のドイツファシズム興隆の原因ともなったのである。

こうしたことは第二次大戦後においても基本的に同様であった。即ちアフリカにおいて新たに誕生した多くの民族国家間の領域国境線は、旧植民地時代の植民国家（宗主国）間の既存の国境線がそのまま継承され（Utipossidetis 原則の維持）、独立後における宗主国の実質的支配の継続に貢献したし、中東地域においてもたとえばイラク国からクウェートを分離して新国家を形成し、西欧石油資本の利益に奉仕したのである（後年一九八九年のイラクのクウェート侵攻の一原因となった）。最も注目すべきは、国連総会決議によるパレスチナ分割（一九四七年）とそれによるイスラエル国家の誕生である。第二次大戦時におけるナチズムのユダヤ人虐殺への西欧諸国の贖罪意識が背景にあり、パレスチナ原住民と周辺アラブ諸国の同意は全く考慮されることはなかった。それがその後数十年に及ぶ中東地域の不安定の根因となり、二一世紀に入った今日でもテロ（構造的国際テロ）活動の温床を作り、武力紛争の絶えない混迷状況から脱却できない状態を作っていると言ってよいだろう。

そしてまた第二次大戦後、民族自決主義は米ソの冷戦における国際戦略手段としても積極的に活用され、その限りにおいて植民地の独立が促進されるという結果は得られたが、米ソ両陣営の意識からみれば、新独立国をそれぞれ自己の勢力拡大のための手段として利用した面が少なくないのである。[4] また旧植民国家であった英、仏、ベルギー、オランダ等にしても、民族自決の原理的・道義的大勢を阻止することが不可能な状況である以上、むしろ積極的にこれを活用することによって彼らの独立後の支持と協力 —— 経済的、政治的、文化的な共同体意識の形成 —— を得ることが、自己の国際関係における既存の政治的地位の陥没を防止する機能を果すものと考えられた面も小さくない(5)（沖縄地域が一時、第二次大戦後日本から分離されたのも、冷戦からくる戦略的配慮が民族自決主義を押さえた一例といえよう）。

ところでここで注意しなければならないことがある。即ち、こうして独立したアジア、アフリカ、中東を中心とする多くの新興国が、それぞれ先進国の植民地支配からの独立という点では同じ社会的基礎をもち、そこに一九世紀的な国際権力政治（における客体的立場）—— 植民地支配をめぐる先進国家間の闘争 —— からの離脱という、いわば植民地解消（非植民地化）に基づく右の先進国間の数世期に亘った闘争を終止させるという平和維持の側面での貢献はあったということはできよう。つまり彼らが国際関係において主体的地位即ち平等な国際政治上の発言権を確保したという事実により、先進国間のパワー・ポリティクス（わけても自由、共産両体制間の政治的軍事的対立＝冷戦）の緩和剤として積極的、能動的機能をも果したということである。たとえば米ソ冷戦における「中立非同盟」の立場並びに右の冷戦緩和による「国際社会の多元化」現象という新たな状勢の下で、中ソ対立や米中対立或いは米仏の利益齟齬等に対する中立的立場ないし中間的政策の採用傾向が、それなりに彼ら自身の国家的利益の慎重な計算に基づくものであるにしても、第二次大戦後の平和維持に多くの貢献をしてきた側面を過少評価することはできない。

しかしながら、ここで更に付言しておかなければならない問題がある。それはこれらの旧植民地の独立、国家的形成が、旧植民地支配における便宜的な行政単位に基づき（且つ旧支配母国の相違から）細分的、機械的に行われたことである。つまり、大局的な方向での幅広い同一民族による共同体意識の醸成（部族対立の解消）が十分に行われなかったことである（一国内部の部族的、宗教的政治社会意識についても同様）。また旧母国（宗主国）の側からみても、政治的、経済的、文化的紐帯をできるだけ維持し続けるために、大局的な「国民国家」の形成は避けたい政策的欲望をもっていたことも否定しえないだろう（形を変えた植民地主義の継続＝新植民地主義という批判もそこからでてくる）。従ってそこから新興諸国家間に不必要な権力的対立（部族的対立を含めて）が生じ、それが国際平和に対する脅威をすら営む現実が生じたのである（二〇世紀から二一世紀にかけて、なお頻発するアフリカ諸国の部族間武力紛争をみよ）。

ところで、「人民の同権」意識は常に必ず「民族独立」と理論的に結びつくわけではない（なお一九六〇年の国連総会決議「植民地独立付与宣言」は植民地住民に独立追求権を認めたが、「独立」は住民自決の一政治的選択肢にすぎなかった）。たとえば米国における黒人の地位の向上は、米国内の黒人国家の形成によって肩代りさるべき性質のものではないし、同様な意味で南アの隔離された黒人自治地域の形成（たとえばトランスカイ等バンツースタンの形成）即ち変種のアパルトヘイト政策も自決原理に沿うものではなかった。狭い地域への多数住民の押し込めは、自治、独立の実質的基盤が存在しないからである（西立野園子、「国家成立要件の再検討」、法と秩序、八〇号、一九八四年、一九頁）。言いかえれば民族自決主義、人民同権主義の基本問題は、民族単位の独立国家（自治領域）の完成自体に究極的な目的があるのではなく（いいかえれば単に国際社会において形式的な国家権力の形成を旧植民地住民に認めることにあるのではなく）、どの民族をも個人として一定の社会で自由、平等な人権の享有を保障するということになくてはならない。この点で憲章が前文で、「基本的人権と人間の尊厳及び価値と男女及び大小各国の同権とに関する信念を改めて確認し」と宣明していることは象徴的意味をもつといえよう。つまりこうした背景で読むならば、憲章第一条二項で「人民（Peoples）の同権及び自決の原則の尊重」うたっているのは、ケルゼンのように、単にかくして独立した国家、国民(nation)相互間の平等という意味[6]だけではなく、個人を対象とした人間それ自体の同権と、彼らの集合体である民族団体の自由な政治意思の表明（必要ならば独立国家の形成も許与するが、しかし人権保障と幸福・生存の追求のために独立以外の他のよりよい方式として、既存国家内における政治意思形成並びに政権への自由、平等な参画という方式の選択）が認められるべきであるということであろう。[7]こうして国連総会は、南アのアパルトヘイト政策を「人道に対する罪」と決議し（一九六六年）、以後、安保理事会を含めて圧力を強化した。その結果、一九九三年、白人政権は全人種平等を定めた憲法を採択し、漸く長期に及んだアパルトヘイト政策が廃止されてマンデラ黒人政権が誕生した。国際人権規約共通一条の人民自決権、とくにそのうちの対内自決権の実行とみられよう。

いいかえれば民族国家の独立承認という現在の政治手段は、旧植民地住民を植民地支配による搾取から解放し、個人としての人権や幸福を尊重し財産を保護するために現在の国際法秩序（主権国家並存を建前とする）の中で原理的に必要な方式だという意味で価値をもつべき性質のものにすぎないのである。現代国家の機能的意義と同時に限界もそこにみられると言えよう。従って旧植民地領域の独立、主権国家の形成ということが、かりに現在の国際政治関係で不可欠な住民保護の形態であるとしても、その独立形態（政治体制）や、成立国家の内容と規模は、別に改めて、何が住民の利益を最大限に保障するものかの角度から再検討されるべき必要があるということである（国際人権B規約二七条は一国家内での「少数民族の保護」を規定する）。つまり、今日の国際社会の国家システムの変革、即ち民族自決原則による大量の国家群の既存国際法団体への加入は、そうした意味での将来におけるよりよい個人の民主的な人権保障のための社会組織構造が再成立する方向(統一的公権力をもつ国連の強化と並行したより機能的な社会単位の形成、国家の再編成)をめざした、その過程でのワン・ステップでなければならないだろう（アフリカ地域における「アフリカ連合」（Ａｕ）の強化と発展が真剣に検討さるべきだろう）。

さて新しい独立国家の形成と承認の制度との関係につき、もう少しみておこう。右にみたような新興国家の独立的地位の獲得は、「国家及び政府の承認」に関する彼らの国際法の見方にも影響を及ぼしているということである。一般に母国との闘争を経て新しい分離国家を形成しようとする革命政権は、早期の列国の承認をえようとして国家的独立の達成（政府権力の実効性）という客観的（外見的）事実のみを唯一の承認条件として主張するのが通例である(このことは米国の独立その他でも歴史的に実証されている)。たとえばインドネシアは第二次大戦後、独立闘争を経てオランダとLinggadjati Agreementを結び、一応ジャワ、スマトラ、マズラの三島の支配権を認められたことがある。この協定第一条に右三島に対するインドネシアの事実上の権力行使を認める旨の規定がおかれたことに関連してその解釈に争いが生じた。オランダがそれをせいぜいオランダ領域内での自治権の容認にすぎないと主張したのに対し、インドネシアは政府権力の事実上の行使という客観的事実に重点をおき、インドネシアの独立分離国家としての承認(少くとも事実上の国家承認)を意味することを主張したことがある（J. J. G. Syatauw, Some Newly Established Asian States and the Development of International Law, 1961, Chapt. 2.)。ところが一九六三年、マラヤ連邦がイギリスとの間に締結した「マレーシアに関する協定」により合法的にシンガポール、サバ、サラワクの諸州を自国連邦構成州に編入し「マレーシア」を結成したとき、インドネシア（とフィリピン）は、サバ、サラワク住民の意思を問題にし且つその領域に対する請求権を主張して、右の併合に対する承認を拒否した。しかしこの併合は、既に国際法主体として成立し列国の承認をうけているマラヤ連邦の領域が拡大しそれに伴なって国名を変更しただけで、独立国どうしの合併による別個の新しい国際法主体の成立とは言えなかった。従って承認行為は国際法上で必要でなかった。その意味ではインドネシアの主張は必ずしも妥当ではないが、しかし、承認行為を必要とする新しい国家の成立（それが合法的手続によって成立した場合でも）に対する彼らの承認政策上の国家的態度を知る素材とはなった。即ちこれは新興アジア・アフリカ（Ａ・Ａ）国家も、一旦独立を達成すると国際権力政治上の自己の国家的利益を擁護するためには、承認権という国家の主権的権利を最大限に行使することを意味している。従って承認条件も単純な「客観的事実主義」のそれではなく（マレーシアの成立は協定で適法手続によってなされ、実際の権力行使も円滑に進んでいたが）、住民の意思を問題にし（インドネシアは国連の調査結果に異議をとなえた）或いは領土的請求権をもちだして承認を拒否したのである。

因みに、本国の同意による新国家の分離独立、或いは協定等の適法手続に基づく国家分裂、合併（新しい国際法主体の成立）に対しても通常「承認」が行われる。この承認の効果について革命等の非合法手段による新国家の形成の場合と区別して、それを単に確認的・宣言的性質のものとみる見方がある。たとえば、オブライエン（W. Obrien）とゲーベル（U. Goebel）は、第二次大戦後のＡ・Ａ諸国家の独立に対する米国の承認政策が伝統的国際法の承認基準を基礎としてみる限り、「尚早の承認」ともみらるべきほどいとも簡単に、全く時間的余裕をおくことなく承認を許与したことをその例証とする。その意味では承認の主観的基準（認定権の存在）などは問題とされなくなったのではないかと述べている。従って、こうした合法的独立の諸国家に対する承認の効果は単に宣言的性質のものとなったとも言う（W. Obrien & U. Goebel, U. S. Recognition Policy toward the New Nations, in "The New Nations in International Law and Diplomacy", ed. by W. Obrien, 1965, pp. 207~214.)。しかしながら右にみたところからも理解されるように、この見解には実定慣行上の議論としてもまた理論的にみても問題がある。たとえばアンシュルス禁止の国際約定に違反して二つの独立国家が相互の合意(適法手続)によって合併した場合、右の新国家に対する関係第三国の承認行為は単に確認的、宣言的なものにすぎないのであろうかという疑問が生ずるからである(ヴェルサイユ条約で禁止されたドイツ、オーストリアの合併がこの例)。むしろ、第三国は、右の新国家の成立は両国の合意という形式手続の上では適法であっても、新国家(その事実上の存在は否定しえないから「事実上の承認」については実際上、確認的性格の認定権の行使となる傾向が強いが)に国際義務遵守の意思がないとして、デ・ユーレの承認を与えないことが可能であるし必要であろう(いいかえれば既存条約義務の違反に対するreprisalとしての一種の不承認主義)。つまり、第三国は適法手続で新たに成立した国に対しても承認条件を満たしているかどうかの判断権を留保しているというべきであり、従ってその判断権を行使した後の承認によって新国家との間に国家的関係が創設されるものとみるべきであろう。その点では革命闘争後の新国家に対する承認行為と性質上の差異はない。ただ適法手続による新国家の成立(分離独立)の場合には、本国との間の武力抗争という事態がないから、権力の実効的成立(国家的成立)という事実の判断を必要としないのが一般であるだけである。特に対本国との関係での独立性という点ではそうであろう。ただ国家の内部的自立性についてはそう言えない場合もある。またそれによって実質的意味での(対外)独立性についても問題を提起する場合もある。たとえば第一次大戦後、ラトヴィア、エストニア、リトアニアの三国が独立し、旧本国のソ連も一九二〇年にはそれらの新国家に対してデ・ユーレの承認を与えたが、若干の国は、リトアニアについてはその自立性・独立性を問題にして、法律上（デ・ユーレ）の承認をしばらく与えなかったことがある。

ところで、合法的合併・分離の場合には、通常新しい国際法主体の成立として、国家に対する承認行為が行われるが、この場合国際連合では、二つの国が共に加盟国である場合には新国家に対して特別に憲章第四条に基づく加盟のための形式手続をふむことを実際上要求していない。たとえば一九五八年にエジプトとシリアが合邦し、アラブ連合共和国を形成したとき、総会は単に両国の代表を統一するとのアラブ連合の通告をそのまま自動的に承認したし、六一年、再びシリアが独立したさいにも、総会はシリアの原加盟国としての地位を復権することを承認するという簡便な方法をとった。この点は、形式論を貫くならば、第四条に基づく新国家加盟という手続を必要とすべきであろう。しかし、両当事国とも既存加盟国であること、再分離の場合にも長期に亘る合併統治後のそれではなく、且つ旧国家と実体的に同一であること（R. young も、シリアは合併・分離の前後において、客観的にみて同一領域、同一国民であったし、また旧憲法の復活をはじめ国民自身の主観的な感情でも旧国家との Identity を示していると述べている（R. Young, "The State of Syria ; Old or New?", A. J. I. L., Vol. 56, 1962, pp. 483~486.）。当事国並びに他の関係国に新しい国際法主体としての新国家の地位に異論がないこと等、実質的見地から、旧加盟国としての地位を部分的または全体的に継承しているとみて、特別に新規加盟の方式を必要としなかったものとみることができよう。しかし右の便宜方式をいっさいの場合に機械的に適用することは問題であり、ケースごとに実質的判断を必要とするものと思われる。

ところで民族（人民）自決原則と国家形成に伴う承認制度との関係について述べておきたいことがある。次のような議論があるからである。即ち国連憲章上の非植民地化の法理による「国家形成」の事象を過大評価して、本来別次元の現象であるため法的評価の条件が全く異なる国家承認の制度を視野からはずし、無媒介に自決原則だけで国家の成立を説明しようとする立場がこれである（王志安、「国家形成と国際法の機能――国家承認の新たな位置づけをさぐって――」、国際法外交雑誌、一〇二巻三号、二〇〇三年、四一～四三頁）。誤説としか言いようがない。何故なら、第一に植民地の解放は国連憲章上のすべての加盟国のエルガ・オムネスの義務であり（憲章一条二項、七三条、七六条）、この義務の重大違反に対しては「平和の脅威」の認定を根拠とした国連の制裁が可能とされ必要とされているのである。南ローデシアや南アに対する国連（安保理、総会）の対処の仕方はその実証である。これは機構的制裁であり、個別国家による集団的自衛権の発動ではないことにまず注意する必要があろう（拙著、国家責任論の再構成、一九七八年、有信堂、一三五、一四六頁）。つまり民族（人民）自決権は歴史的沿革上で集団的人権であっても（国際人権A・B両規約共通一条）、国家権能そのものではないことである。第二に、民族（人民）自決権の行使によって新独立国家が形成される場合でも、そのプロセスにおける行動主体（アクター）の認定、たとえば国家形成過程における政権分裂を含む内戦状況の評価、つまり統治状況や範囲の認定等主権国家としての条件が充足されたかどうかの確認と評価は国際社会にとって必須の作業である。そこに「承認」という伝統的な法理、制度の介在を無視できない理由があるのである（バングラデシュの独立や南ア・トランスカイの成立に対する国際社会の態度をみよ）。こうしてここでも創設的効果説の役割を安易に捨てるわけにはいかない理論的背景があるのである。

右にみたように、「自決権」観念は、承認ルールとは国際法上で直接の関係はない。かって一七・八世紀のヨーロッパでネーション・ステートが誕生した（近代主権国家形成の）時代でも、当初、君主中心の絶対主義国家の成立をめざし、その意味での中世封建体制（神聖ローマ帝国）支配からの解放原理として「民族自決」の精神が作用したことがあった、しかしその場合でも「民族自決」原則それ自体が、かくして成立した民族国家の承認条件を代替し肩代わりするものと考えられていたわけではない。（君主）主権（sovereignty）をもった国家形成を承認する基準は、あくまで政権（君主権力）の安定性という自立能力の有無としての客観的条件にあった。つまり自決の思想（一六・七世紀においては、カソリックかプロテスタントかの君主自身の信仰を中心とした領域住民の集団性）は、「国家」存在の正当化のための精神的ないし政治的要因即ちエトスではあっても、それ自体で他国（他君主）から承認をうけうる条件や基準とはされていなかった（この点で本書、第一章及び第二章、参照）。このことは今日でも同様である。ただ現今の国際法では人権尊重規範（義務）が定着し、その規範的意識状況の存否が新形成国家の承認の基準として定着するようになったから、たとえば領域内の少数民族権利の棄損状況（たとえば国際人権B規約二七条を侵害する政策状況）があれば、かりに植民地独立付与宣言（一九六〇年）に沿う新国家の誕生があっても、新民族国家への承認の不許与（不承認）が可能とされる状況があると思われる。つまりそれはいわゆる「自決権」そのもの、言いかえれば植民地解放（非植民地化）上の人民の権利（外的自決権）の行使が完成したという客観的権力状況の存在（政権の自立性の存在）だけは、これを認定しうるかもしれないが、しかしそれは運動の起点となった民族自決権そのものの承認条件への同化を意味するものではない。また域内少数民族の集団的人権の尊重をはじめ政権統治の民主性確保という内的自決権にまで自決権の範囲を拡大すれば（それは通常、従来の「非植民地化」の理念原則では考慮の対象とはなっていない）、そうした（対内）自決権の行使の結果としての「民主的正統性」の完成という事実を改めて政権の安定性を判断する基準として考慮しなければならず、その場合には「承認条件」を満たしたといえない場合もあり、従って民族自決権観念が承認制度に代替したという理解は実証性をもつ議論とはならないのである。

こうして既にみたように、国連憲章上の自決権の観念は元来、対象住民の非植民地化追求の権利（集団的人権）を意味したにすぎず、その権利の行使態様は新国家の形成の他、自治領域的地位の獲得（たとえば米国内のプエルトリコ）等選択肢は単一ではないのである（一九六〇年の国連総会決議・植民地独立付与宣言も非植民地化の一形態として独立主権国家の形成を選択しうることを示しただけで、要は政治的地位の自由な決定権の保障にあった）。即ち民族自決権イコール国家形成権ではないのである。そしてかくして形成された新国家が各国によって承認をうけるためには、別に国家承認の条件を充足する必要があり、その判断権は各個別国家に存するのである。国連による統一的集合的承認のレジームはたしかにある。しかしその場合も政治的影響力をもつ合議形式ではありえても、二国間（バイ）関係に関しては現在までのところは法的拘束力をもつ制度とはなっていない。非植民地化の一例であるバングラデシュの「国家承認」はパキスタンからの分離独立闘争の過程で明確な個別性を示し、パレスチナ解放機構（ＰＬＯ）への一定の政治的地位（たとえば国連でのオブザーバーの地位）の保障はあっても、バイの関係では各国とも多くは一定範囲での政権的取扱いにとどまっている。

（1）　E. H. Carr, Conditions of Peace, 1944, p. 38.

（2）　トムソンも、第一次大戦は Dynastic Imperialism を殺したが、第二次大戦は Colonial Imperialism に致命傷を与えたと述べている（D. Thomson, World History, 1914-1950, p. 177.）

（3）　岡義武、国際政治史、昭和三〇年、二二〇～二二一頁。

（4）　民族自決主義に基づく第二次大戦後の旧被支配民族の独立のうち、自由世界と共産圏の冷戦による戦略的影響をもっとも受けた形態が、同一民族による分裂国家のそれである。朝鮮、ヴェトナムにその典型がみられ、旧被支配民族ではないが敗戦国としてドイツのそれがある。こうした人為的な分割国家を現代の「変型国家」としてとらえる見方として、辻清明他、「現代の国家」、一九六四年、九九～一五四頁、参照。

（5）　こうした国際政治における権力と道義の関係につき、E・H・カー、「危機の二〇年」、井上茂訳、一九五二年。二一五～二一九頁。

（6）　H. Kelsen, The Law of the U. N., 1950, pp. 50~53.

（7）　なお連盟規約（たとえば、二二条の委任統治規定）や連合憲章（たとえば、一一章の非自治地域宣言や一二章の国際信託統治制度の規定及び一条二項の人民の同権と自決の原則）で認める民族自決主義が、植民地住民の国家形成権という実定法上の権利を保障したものか或いは民族独立のための一つの政治的プログラムを認めたにすぎないかという角度からの議論として、山手治之、「植民地体制の崩壊と国際法」、立命館法学三四号、一九六〇年、一七五～一九五頁。

《著者紹介》

広瀬善男

ひろせ よしお

明治学院大学名誉教授

1927年　千葉市に生まれる。

1958年　東京大学大学院博士課程、公法コース修了。

法学博士（東京大学）

主　著

現代国家主権と国際社会の統合原理（佑学社，1970年）

国家責任論の再構成——経済と人権と（有信堂，1978年）

力の行使と国際法（信山社，1989年）

捕虜の国際法上の地位（日本評論社，1990年）

国連の平和維持活動（信山社，1992年）

主権国家と新世界秩序（信山社，1997年）

日本の安全保障と新世界秩序（信山社，1997年）

21世紀日本の安全保障（明石書店，2000年）

広瀬善男・国際法選集 I

国家・政府の承認と内戦　上

—— 承認法の史的展開 ——

2005(平成17)年 7 月11日　第 1 版第 1 刷発行　3339-0101

PP.352：P10000E：b060

著　者　広　瀬　善　男

発行者　今　井　　貴

発行所　株式会社 信山社

〒113-0033 東京都文京区本郷 6 - 2 - 9 -102

Tel 03-3818-1019　Fax 03-3818-0344

笠間来栖支店編集部

〒309-1625 茨城県笠間市来栖2345-1

Tel 0296-71-0215　Fax 0296-72-5410

henshu@shinzansha.co.jp

出版契約No. 3339-0101　Printed in Japan

印刷・製本／松澤印刷・大三製本

ISBN4-7972-3339-7 C3332　分類329.401

3339-01010-012-050-010